JN409475

思惟의 窓

思惟의 窓

香谷 崔炳輪

思惟의 窓을 열며

살되 그 전부를 살며 죽되 그 전부를 죽으라며 전인의 길을 걸어라 독촉하던 성현의 가을 서리같이 지엄한 채찍에 꼬리를 사리듯 두려우면서도 그물 같은 눈빛을 피해 매 자국 하나 없이 도망쳐 용케도 살았다는 안도의 뒤를 돌아 보았습니다. 일확천금이거나 벼락출세이거나 하나만 맞아도 성공이겠지. 아뿔싸 지엄한 채찍을 피하는 순간, 하늘이 내 몫을 거두어간 후 였으니 옛글에 하늘에 지은 죄는 빌 곳조차 없다 하지 않던가. 그러하다. 참회의 눈물을 식히려 세상 밖에 비켜서서 옷깃을 여미며 조용히 사유의 창을 엽니다. 아무리 참회의 눈물이 뜨거워도 자신의 슬픔 때문에 세상이 운행을 중단하지 않는다는 사실을 보았습니다. 역사를 통해 세상의 수많은 인걸들이 천하를 손에 쥐려고 대망을 불태웠지만 막힌 길은 초야에 묻힌 은자에게 물었고 은자들은 한 목소리로 경천외인의 자세를 바탕으로 용맹보다 덕과 겸양을 강조하였지요. "군자는 지혜의 모자람보다 덕의 상실을 근심한다." 라는 말처럼 대망은 무장한 장수가 아니라 덕의 수양이 높은 장부가 이루었다는 사실을 역사가 대변하고 있습니다. 시대는 상전벽해라 할 만큼 달라져 초일류 문명시대라 자처하고 있어도 인간은 변함없이 자연의 섭리 속에 대를 잇는 역사와 전통의 길을 걷습니다. 살되 전부를 살라는 말은 나는 나만이 아닌 남과 세상과 함께 살란 말이고, 죽되 그 전부를 죽으란 말은 죽은 후의 들림에 욕됨이 없게 하라는 말이 아닐지 감히 생각하였습니다. 통관 규천이라 했던가 좀부의 안목으로 세상을 관조하며 이도치세하고 이의보본을 강조한 허물에 큰 관용 있기를 바랍니다. 끝으로 맑은 심신을 물려주신 부모와 사상을 전수하신 스승 비천한 몸 의지한 세상과 마음을 잇던 인연과 가족에 감사하며 출판을 도우신 신아출판사 서정환 회장께 깊이 감사드립니다.

2018.

향곡 최 병 륜

차례

세 사람의 석공石工

옛날에 한 수도자가 길을 걷다가 신전을 짓고 있는 공사장에서 돌을 열심히 다듬고 있는 세 사람의 석공을 발견하고 그들이 어떤 생각으로 돌을 다듬고 있는지 물었다 첫 번째 석공은 "나는 주인이 시키는 대로 게으름 없이 열심히 힘들여 하면 그만입니다." 라고 대답하였다. 두 번째 석공은 가족의 생계를 위하여 열심히 하지 않으면 안 되기 때문에 최선을 다하고 있는 거라 대답하였고 세 번째 석공은 '나는 나와 가족의 생계도 중요하지만 내가 다듬는 이 돌로 인해서 세상에서 가장 위대한 신전이 지어지기를 바란다.'며 상기된 표정을 지어 보였다. 수도자는 아직은 빈 터로 남아 있지만 거기에는 반드시 훌륭한 신전이 지어질 거라는 예감이 들었다. 두 사람의 석공은 비록 피동적이지만 설계된 대로 돌을 다듬을 것이고 한 사람의 석공은 어쩌면 신전을 설계한 주인과 같은 생각과 열정이 있기 때문이었으므로 이는 곧 긍정의 힘이었다. 현대사회는 다양성을 존중하면서 효율성 제고를 위해 조화의 기술로 발전을 꾀한다. 세 석공의 진솔한 생각에서 사회의 보편적 가치관을 가늠하며 더 나은 사회를 위하여 세 번째 석공을 갈망하지만 우리의 현실은 물질적 발전이 정신적 발전을 앞서다보니 무한경쟁의 각박한 세태 속에서 나보다는 남이라는 현재보다는 미래라는 공영의 과제에서 내가 먼저라는 용기가 아쉬운 사회다. 사람들은 대개 자신은 아무런 허물도 없는 것처럼 세상을 탓하거나 남의 잘못을 나무란다. 필자도 이에 자유롭지 못함을 무릅쓰고 사유思惟의 창窓을 통해 세상 소리를 전합니다만, 존경하는 독자 여러분 이 땅의 하늘에는 생명을 위협하는 오염된 기층이 덮여 있고 이 땅에 있는 모든 사물은 공존의 대상이 아니라 먹이사슬처럼 착각되고 있습니다. 우리가 조석으로 접하는 언론매체의 지면과 화면에는 미래지향적이고 긍정적인 소식보다는 차마 이성의 양심으로는 이해할 수 없는 일들이 다수 국민들의 가슴에 대못을 박습니다. 정치, 경제, 안보, 사회, 문화, 입법, 사법 등이 나라를 지탱하는 근간의 주변마다 일부의 곡학아세하는 무리들이 들끓으며 맑은 방죽을 흙탕물로 더럽히면서 나라와 민족의 존엄한 위상에 상처를 낼 뿐 아니라 선량한 다수의 양심까지 유혹하는 한국병 오명까지 양산하고 있습니다. 이제는 과거를 들추어 출세의 구실로 삼으려는 구태를 벗고 미래를 빛낼 대안으로 인정받는 청결한 사상과 용기로 의식을 시급히 전환해야 합니다. 안으로 안고 있는 병폐뿐 아니라 이 나라의 동서남북에 포진한 정치 경제 안보적 위협들은 사안마다 논쟁과 투쟁으로 소일하는 소인배적 사활 논쟁에 존망의 틈이 생긴다는 사실에 눈을 돌려야 합니다. 필자는 감히 세 사람의 석공을 우리가 선택한 지도자로 가정하고 수도자는 바로 우리 국민으로 가정하여 보고자 하였습니다. 존경하는 독자 여러분 우리는 다시 철없는 유년시절 천진난만하던 시절로 돌아가 세 번째 석공을 동경하며 우리의 손으로 대한민국이라는 세계에서 제일 위대한 신전을 짓자고 온 나라에 외치면 어떨까요. 모닥불만 보고 달려들어 타 죽는 하루살이처럼 탐욕에 매몰되어 윤리와 도덕을, 성공을 가로막는 장애로 착각하며 법과 질서를 발로 차는 통탄스런 사회를 지성들의 희생적 용기가 아니면 바로 잡을 수 없습니다. 저마다 서 있는 자리에서 자신답게 살라는 법정의 말씀을 상기하여 봅니다. 평생을 내 안에 갇혀 더 이상 세상과 담을 쌓는 어리석음을 자각하고 생의 값이 내게가 아닌 나를 있게 한 세상에 돔이 옳디는 인식 전환이 절실하다 생각됩니다 사람은 자신의 현재와 미래를 빛내기위하여 일초의 여가도 없이 분주하지만 오히려 자신이 잊고 있는 것이 무엇인지 돌아보며 허물을 질책하는 겸손이 앞서야 하지 않을까, 생각하여 봅니다. 경에 이르기를 상을 짓지 말라 하였듯이 자신을 벗어나 더 넓은 세계에 시선을 멈추는 지혜가 필요하다 여겨집니다.

수명授命

육 척에 불과한 인간의 내면에 잠재한 정신세계는 우주를 벗어나 미치지 않는 바가 없으며 그 도량 안에 들지 않음이 있을까. 그러나 이토록 신비하고 위대한 육신이라도 자신의 사상과 신념이 머무는 곳에는 아낌없이 주는 숭고한 수명의 희생이야말로 자신다운 생의 마침이 아닐는지. 운해를 박차고 솟아 오른 검푸른 준봉들의 장엄한 위용이 시봉처럼 지켜선 불계. 때는 바야흐로 파란만장한 고난의 백년 역사를 남겨두고 석별의 절차도 없이 약속이나 한 것처럼 대망을 예고하며 고대하던 21세기의 문전. 아직도 청천을 수놓은 성광들이 지켜보던 1998년 6월 27일 새벽 성하의 진록이 백일白日을 맞을 무렵, 한줄기 새파란 연기에 싸여 하늘에 오르는 고독한 영령이 있었으니, 곳은 경기도 청평 땅에 몸을 낮춘 도량 '감로암' 법납68세 세수85세 이충담 스님이었읍니다 일찍이 영욕의 덧없음을 깨닫고 평생을 통해 광구 중생을 서원하다 남은 일신 태워 부처께 공양하리라 예언했던 초심으로 분단된 국토에서 헐벗고 괴로운 삶을 이어가는 중생들의 고통을 몸소 지고 가겠노라며 손수 준비해 온 참나무 장작더미에 기름을 붓고 정결한 법복을 수하신 후 의연히 오를 적에 수많은 제자와 불자들이 눈물로 만류하였으나 거듭 엄명을 내려 불을 붙이라 호령하자, 무심한 장작더미가 일시에 화염에 싸일 적에 스님은 미동도 없이 소신공양을 실천하니 이는 한 인간이 세상에 나서 결백한 정념으로 신심의 깊이를 체득한 후 세상 고통을 대신 지는 아름다운 수명이 아니던가. 우리는 유구한 역사만큼이나 환란도 많았지만 나라가 위태로우면 하나뿐인 목숨도 흔쾌히 바친 선열들의 영령 앞에 옷깃을 여미지만 진실로 우리는 그 값진 희생에 감사하는지 돌아볼 일이다. 나무 가시에 찔린 상처의 아픔도 고통으로 느끼거늘, 세상 무엇과도 바꿀 수 없는 천금 같은 육신이 죽음에 이르는 고통을 인내하는 숭고한 순절 우리는 수신에서 평천하에 이르는 원대한 이상 실현을 덕목이며 가치라 여기는 가운데 견위수명하는 사명이야말로 이도경세하고 이의 보본하는 도리가 아닌가 하였습니다.여기에 덧붙일 찬사야 산 같겠지만 그숭고한 희생의 넋은 분신의 향연이 되어 이 산야에 고루 나투어졌으리라 미루어 봅니다.

전통傳統

전통이란 계통을 받아 전하다의 뜻으로 우리 사회의 관습 가운데 역사적 배경을 가진 높은 규범적 의의를 계승하는 것이라 정의한다. 나라에는 국법과 주의가 있고 가정에는 전해 내려오는 가풍이 있다. 우리는 단일민족으로 효와 충서를 사람의 기본 덕목으로 삼아 동방예의지국이라는 우수 민족의 대우를 받아왔지만 빠르게 진화하는 인류문화는 자연의 생태까지 변화시키는 위력을 보이는 가운데 현대사회는 수구적인 윤리보다 창의적이고 개방적인 합의 문화를 존중하는 윤리의식이 앞서고 있다. 그러나 안타깝게도 인간애의 가장근본적인 효와 충서 전통이 첨단 문명 세계의 그늘에 가려지고 있는 현실세계는 우려를 넘어 자학으로 작용하고있는 것이다. 인간은 행복을 추구하지만, 적자생존의 경쟁시대가 양산하는 비윤리적 위험부담은 효와 충서의 뿌리인 인륜도덕이 아니면 면하기 어렵다. 지난 1960년대 초 아일랜드 출신 '골롬반 외방선교회' 신부인 휴 맥마흔(한국명 민후고) 신부는 가톨릭 성직자이면서도 신자들에게 공동선을 추구하는 유교의 정신으로 돌아가야 한다고 주장하였다. 조국에서 사제서품을 받은 민 신부는 1963년 한국으로 건너와 광주와 제주에서 본당사목으로 활동하면서도 한국의 효와 충서孝忠恕의 전통을 숭상하며 한국 사람들은 왜 이 좋은 전통을 쉽게 버리려 하는지 안타까워하면서 유교 경전 중 《논어》와 《맹자》를 정독하였다. 그 후 민 신부는 1971년 캐나다로 건너가 세인트폴 대학에서 유교와 가톨릭의 유사점을 비교한 비교종교학 석사학위를 수여받았다. 우리나라의 전통문화인 효와 충서의 전통에 이해가 부족한 사람들은 수직적이며 상명하복을 강요하는 비인권적이고 비문명적이라며 오해하지만 부모가 있어 내가 태어났고 나라가 있어 내가 살고 이웃이 있어 어울려 사는 자연적 관계를 현실로 인정하고 평화롭게 유지하는 전통으로 바르게 인식하여야 한다. 국리민복을 추구하는 국시의 으뜸 덕목 또한 효와 충서에 근거한다 하겠다. 윤리와 도덕이란 덕목은 우리가 존중하며 지켜 가는 헌법에도 우선한다는 인간 본연의 양심적 가치를 재인식해야 한다. 이것이 우주자연의 섭리를 따르는 순응한 삶이다. 전통이란 역사적 문화적 정신적 제도적 등 다양한 관습으로 유지되는 우리 삶의 형식이지만 이는 우리가 가고자 정해놓은 길이니 더욱 소중히 지키고 존중할 가치이다. 왜 구태여 효냐고 반문한다면 효는 탄생의 근본이니 이보다 더 긴밀한 관계가 없음이 고충은 내가 사는 터전이고 조건이니 더없이 소중한 관계이니 그렇다 하리라 인간은 대를 이어 나고 죽으며 그 자리에서 나고 묻힌다. 바로 타고난 자연의 섭리를 따라 지키는 삶이라는 순수한 행위임에 동의하는 것이다.

출세出世

출세란 선비가 세상에 나가 벼슬길에 오른다는 말이다 학문과 덕행이 높고 신념이 확고한 이는 세상에 나가 조국과 민족을 위해 소임을 다하는 것은 백성으로서의 떳떳한 도리라 하며 이는 선비들에게 출세의 세 가지 유형이 있었다. 하나는 자기에게 주어진 직분에 충실하되 나라의 녹을 먹는 공복으로서 더 높은 학문을 연마하여 경륜을 쌓아 국가와 국민에게 이바지하며 항상 몸을 낮추고 국시를 최고의 가치로 숭배하며 자신의 역량이 미치지 못한다는 겸양지심으로 깨끗한 족적을 남기는 충신형이고 두 번째는 벼슬에 임하는 이는 학문과 덕행을 최고의 덕목으로 삼으며 사심 없는 양심으로 직분을 수행하되, 옳은 일에는 신명을 바치고 의롭지 못한 사례나 주장에는 냉정히 대처하여 비록 국가의 명일지라도 정도가 아니면 사리에 맞는 대안으로 바로 잡으며 나라와 백성을 부모처럼 섬겨 국태민안에 이바지하는 간성으로서의 자부와 긍지를 견지하되 만일 어떤 일에 접하여 자신의 역량이 그에 미치지 못함이 확인되면 기꺼이 자리에서 물러나되 나라와 백성은 결코 버리지 않는 선비 정신형이고, 세 번째는 나라의 부름을 받아도 사양하고 초야에 묻혀 학문과 덕행에 정진하며 자기 성찰을 게을리하지 않는 성심으로 장차 이 나라의 간성으로 바로 설 후세 양성과 재야의 백성을 어루만지며 벼슬에 오른 선비와 같이 사인여천하는 정신으로 시대의 사표가 되는 세 가지 유형이 있다. 그중 어느 길을 선택하든 국운 융성에 자신을 바치는 위대한 이상향으로 맑은 이름을 남겼다. 눈을 돌려 우리 앞에 전개되는 세상을 보느라면 현대는 첨단 과학문명의 시대로 물질의 풍요는 물론 국민의 지식 수준도 세계적으로 당당히 경제 문화 선진국이다. 그러나 안타깝게도 국가 운영의 근간인 관료와 정치계의 극히 일부에서는 탐욕에 눈이 멀어 돈과 권력을 위해서는 인륜도 도덕도 국법도 사회윤리도 자기 성취에 걸림돌인 양 천대하며, 붙이도 생존의 수단이라 억지하며 부끄리이 여기지 않는 파렴치한 이들이 이 땅을 누비며 선량한 국민과 자기 소임에 충정을 기울이는 관료세계와 정치, 경제, 사회, 문화 등 사회 구성의 맑은 호수를 더럽히는 무리들과 언제까지 동거해야 하는지 이 땅에 뜻이 있는 관료와 정치계는 이를 멀리하기 위해 동행하는 국가와 민족을 위하여 출세의 진정한 가치 추구에 특단의 성찰이 있기를 간절히 희망하여 본다. 진정한 출세는 명리보다 맑은 이름을 남기는 것이다. 우리는 유구한 역사의 정평에 올려놓은 높고 맑은 이름을 우러러보며 산다. 그뿐만인가. 그 정점을 향해 옷깃을 여미며 조심스럽게 발걸음을 옮기지 않았는지 삼가 사고할 일이다. 출세, 그것은 누구나 바라마지 않는 바지만 결코 가벼이 여길 소망만은 아니니 죽음을 각오하는 자기 담금질이라도 넘침이 없다 할 것이다.

훈자訓子

자식을 낳아 기르는 것은 타고난 자연적 이치이지만 어떤 사람이 어떻게 기르느냐에 따라 인격이 달라지며 그로 인해 인간세계의 흥망에까지 영향을 미치니 훈자의 수단인 교육을 가문이나 국가의 백년대계라 한다. 그리하여 바른 교육을 위해서 군사부君師父일체를 강조한다. 즉 나라와 스승과 부모가 한마음이 되어 올곧은 인재를 육성하여 장차 가정과 사회와 국가의 번영을 꾀해야 한다는 정론이다. 누가 이에 반론을 제기하겠는가. 이조 순조 때 영의정을 지낸 김재찬의 어머니 윤尹씨는 그 아들을 분가시키려고 약현이란 고을에 집을 사서 수리하던 중에 부엌 땅속에서 백은白銀이 가득 찬 은괴 셋을 발견하였으나, 오히려 본래대로 묻은 후 그 집을 팔아 버렸다. 김재찬이 벼슬길에 올라 호조판서에 올랐을 때, 청나라 사신들의 횡포가 극에 달했었다. 급기야 청나라 사신이 황제의 명이라며 백은 5천냥을 임금에게 요청하자 김재찬 판서에게 엄명이 내려졌다. 당시 국고에는 2천5백 냥뿐이었다. 김재찬은 퇴청 후 식음을 전폐하는 궁지에 몰려 근심하자 어머니 윤 씨가 전후사정을 들은 후 팔았던 집을 고가에 매입한 후, 은괴를 나라에 바쳐 임금과 나라의 위험을 덜었다. 윤 씨 부인은 재물은 자식의 본성을 해칠까 두려워 땅에 묻었고 막대한 보물이 있는 줄을 모르고 산 집이지만 재물의 횡재는 지조를 해칠까 염려함이었으니 윤씨부인은 현명한 어머니요 충성스런 백성이었으니 어찌 시대의 자애로운 사표가 아니겠는가. 부모의 자식 사랑은 시대를 초월하여 다를 바가 없지만 부모가 어떤 생각으로 어떻게 기르느냐는 훈자의 가치관이 자식의 미래를 결정짓는다 하리니, 세상 모든 부모들이 타산지석의 선례로 삼을 일이다. 치열한 경쟁사회에서 능력과 자질을 인정받아 선택된 이라도 의롭지 못한 자리나 재물은 신성한 자신을 더럽히는 유혹임을 깨닫고 간단없는 자기성찰을 통하여 자신을 곧고 맑게 지키려 노력하되 자신을 낳아 기르신 부모가 윤씨부인과 다르지 않음을 명심해야 할 것이다.부모의 도리 부모의 지혜가 세상을 바꾸는 행실이 된다면 세상의 모든 부모가 어떡해야 할지 깊은 성찰이 요구된다 하리라.

가치관價値觀

가치관이란 인간이 자기를 포함한 세상이나 그 속의 만물에 대하여 가지는 평가의 근본적 태도나 견해라고 정의하고 있다. 세상에서 인간이 타고난 탁월한 지능과 자유만큼 보장받는 것은 드물다. 어떤 사람이 무엇을 어떻게 보고 느끼고 판단하던 당사자의 주관적 견해는 불문율에 속한다고 하겠다. 그러나 인간은 집단을 이루어 사는 공동체의 구성원이다. 구성원들의 균등한 발전을 위하여 표방하는 목적이 공동선이라 할 수 있다. 이를 성공하기 위하여 개인의 주관이라도 공동의 이익에 합치되지 않으면 부득이 제약이 따를 수밖에 없다. 예를 들자면 법률로 정한 인권이나 권리도 주어진 의무의 수행 없이는 보장되지 않는 것과 같다. 만일 주어진 의무를 부정한다면 주어진 권리를 포기하는 것과 같다. 인간세계의 지상 목표는 공존공영이고 이 대의를 승화시키는 방법이 교육이며 누구에게나 인류 평화의 수단은 이를 존중하는 가치관과 행동의 용기로 여긴다. 특히 우리 민족은 전통적으로 경천애인 사상을 견지하며 충서와 인의를 존중하는 동방예의 지국의 예우를 받아왔다. 시대가 변천하여 물질문명의 풍요 속에 욕구의 갈증이 높은 것은 현대 문명인들의 기치혼돈이 아닌가. 뜻있는 이들은 크게 우려한다. 더구나 우리나라는 내우외환의 위기를 겪고 있다. 안으로는 만연한 부패와 갈등으로 인한 사회통합의 난관 밖으로는 강대국들의 첨예한 이해관계에 의한 안보적 경제적 난제 등 국민 모두가 하나가 되어도 벅찬 난관 속에 분별도 가치도 없는 이 나라의 소수 지도층의 행태는 존엄한 국기와 국민의 여망에 배신하는 사례들이 만연하다니 개탄스런 현실 속에서 지난 6월 일본의 비즈니스저널이란 매체에 한국인은 숨쉬는 것처럼 거짓말을 한다며, 각종 불법 사례의 통계까지 적시한 것에 분개하며 쓴 유력 일간지 칼럼을 읽었다. 머리를 조아리며 사죄하여도 통분을 금치 못할 숙적의 비아냥에 자존을 칼에 베는 이런 황당한 소식을 접하다니 나라를 지키고 국민을 보호한다며 국민 앞에 선서한 이 나라의 지도자들이 국격을 무너뜨리고 국민의 좌절을 자아내는 비뚤어진 가치관을 언제까지 방치할지 비단 천을 두른 허수아비보다는 우주를 가슴에 품은 가난한 선비를 원하는 것은 손가락을 보지 말고 달을 보라는 격언처럼 국가의 지중한 명령을 신봉하는 지도자들이 투철한 애국애족의 가치관을 되새겨 국가와 국민이 거는 기대가 무엇인지를 성찰하라는 뜻이다. 사람의 진정한 가치는 그 사람의 지위나 재력에 있는 게 아니라 세상에 끼치는 헌신의 무게에 있다는 것을 명심해야 한다. 자신의 욕망에 사로 잡히지 않고 대의를 위하여 자신의 역량을 기울이는 대범한 기질 바로 그런 정신이다.

잡초雜草

허기진 배를 움켜쥔 농부는 보릿고개라는 높은 고갯길을 오르면서 등골을 적시는 땀냄새에서도 풋보리 내음에 희망을 걸며 기근을 인내한다. 초근도 목피도 주름 잡힌 창자를 채우면 양식이던 시절, 가난의 한계를 느끼는 농부의 머릿속에 또렷이 자리하는 환상은 가난을 극복하는 일과 자식에게는 물려주지 않으려는 간절한 소망이다. 어느덧 설익은 풋보리에 배를 채우며 엊그제 내린 빗물에 논을 고르고 정성을 쏟아 기른 어린모를 논에 심는다. 산과 들을 누비며 풀과 나뭇잎을 뜯어 모아 인분에 섞은 퇴비를 뿌리며 하루가 다르게 자라는 볏잎을 어루만지며 오지도 않은 가을을 앞당겨 만끽한다. 별빛에 집을 나서면 달빛을 이고 귀가하는 고된 삶 속에서도 등화가친의 행복한 꿈에 피로를 잊는다.

논밭에 나가면 무성하게 자라는 곡식 곁에서 원치 않는 잡초들이 곡식의 양분을 나누어 먹으며 주객이 바뀔 지경에 이르면 농부들의 손길은 더욱 바쁘다. 원하는 곡식을 수확하기 위해서는 주곡의 성장을 해치는 잡초는 깔끔히 제거해야 한다. 본래 잡초라는 풀의 이름은 없지만 가꿀 가치가 없는 것을 잡초라 한다. 사람 사는 사회도 이와 같다. 지나간 이야기이지만, 얼마 전 나라의 교육을 담당하는 교육부 정책계획의 실무장이 99%의 민중은 먹고 살게만 해주면 되는 개돼지라며 신분제도를 공고화해야 한다고 했다며 전 국민이 분개하고 있다. 확인된 보도를 보는 당사자의 부모나 가족은 어떤 심정일까. 확인된 공분을 감당해야 하는 임명권자는 어떤 심정일까. 낳은 부모나 부른 나라나 그 사람의 내재된 가치 역량까지는 짐작할 수 없었다 치더라도 큰 뉘우침으로 일벌백계로 삼길 바라며 국가의 미래를 개척할 인재 육성의 최고기관에서 정책계획관이라는 막중한 책임자로서의 본분을 망각하고 감히 대다수 국민을 금수에 비교하는 국가관도 역사관도 윤리관도 없이 단지 무엇이 되려는 목표만 가지고 출세한 이들이 얼마나 될지, 교육입국 국가 백년대계의 신성한 산실에 솎아내야 할 잡초라니 심히 부끄럽고 개탄스러운 일이다. 죄는 미워도 사람은 미워하지 말라는 말처럼 잘못을 인정하고 머리를 조아린 당사자도 환골탈퇴하는 반성으로 나라와 스승과 부모가 한몸이 되어 교육입국의 사명을 완수하는 데 동참하기 바라면서도 이를 바라보는 국민들의 허탈과 상실감은 어떻게 보상받을까. 더 한다면 가혹한 일이지만 우리 사회 속에 그 사람 하나뿐일까 하는 우려다. 우리 모두 나를 비롯한 모두의 의식 속에 비속한 일말의 양심이라도 다시돌아보는 세심한 성찰이 있어야 하지 않을까 한다. 내 맘속에 기생하는 잡초는 없는지 말이다.

나自我

나

나는 누구인가 참 나는 누구인가.

나는 어디서 왔다가 어디로 가는가.

이 세상에서의 나는 또 무엇인가.

사람들은 끝없이 솟아나는 숙명적 의심의 화두 숲에서 이상적인 자신의 참모습을 찾기 위해 일생을 바친다. 백 년도 못 사는 일생이면서 천년을 살 것처럼 자기 몰입을 통하여 천년보다 너긴 영원의 세계에 자취를 남기고자 한다. 만물 중에 유일한 영원성은 어디에서 왔는가. 우리는 부모의 몸에서 태어나 성장하면서 이성에 눈이 열리면 비로소 학문을 익히면서 선악을 구분하고 사물을 이해하며 수양을 쌓아 자신의 세계관과 가치를 정하는 독립된 성인의 인격체를 갖춘 다음, 부모를 섬기고 가족을 부양하며 가문의 전통을 빛내는 천륜의 도리를 실천하며 근본 윤리에 충실함으로써 도덕의 가치를 존중하는 선비정신을 함양한다. 안으로 축적된 내공의 신념과 사상을 세상 밖에 세우려는 이는 마땅히 소명의식이 있어야 하고 정당한 이론과 주관적 목적의식이 강하되 대중을 아우르는 보편적이고 조화로운 사고는 창조사회의 덕목임을 믿어야 한다. 대중을 가장한 인기나 이익에 영합하는 혹세무민의 함정도 경계의 대상으로 삼아야 한다. 세상은 한없이 자연스런 물 흐름 같으면서도 분초의 한가함도 허락하지 않는다. 자연과 인류세계 속에 자신을 돌아보며 사회의 미래를 고민하는 주인의식이 곧 우국이다. 행복을 위하여 이익을 나누고 명망을 위하여 공로를 양보하는 덕행, 이로움을 보면 바른 도리를 생각하고 나라가 위태로우면 떳떳이 자신을 던지는 효제와 충서의 진리가 한 나라와 민족을 지탱하는 힘이다. 영화의 시간보다 고뇌의 시간을 늘려 쓰는 선비정신, 이익에는 하나가 되고 고난에는 남이 되는 혼이 없는 나라 사랑의 허구, 과거와 음지에서 배를 채우려 미사여구에 단련된 걸인들, 자아도 가치도 팽개치는 졸부들의 방종을 달래는 뜻있는 이들의 용기가 아쉬운 세상, 국익이 최상의 가치임을 공감하며 살신성인 정신의 본보기가 절실한 세상,

시작에서부터 부러진 화살 같은 필자가 나는 누구인지 논하는 허물에 나무람이 있기 바라면서도 목숨을 잇기 위해서는 하루 세끼면 만족하고, 한 평이면 눕고 비 가리면 거처하건만, 한없는 욕망에 귀한 명예를 더럽히는 어리석음은 나를 스스로 베는 비수임을 깊이 사려해야 할 것이다. 사람이 세상에 태어나 일생을 사는 동안 수많은 사람과 사물에 인연을 맺게 된다. 자신에게 필연적이고 불가분의 관계나 조건에 마주할 때마다 거기에서 나는 누구인가라는 성찰에 게을리하면 성공할 수 없다. 인간에게는 끝없는 의심의 화두가 일어난다. 그때마다 거기에서 나라는 의식과 가식 없는 성찰로 자신을 완성하기에 전념해야 한다. 그것이 자기완성에 관계 없이 진정한 자아의식이다.

우국憂國

감격의 눈물 섞어 부르는 이름, 반만년 긴 세월 피눈물이 마를 새 없던 이 민족을 뜨거운 가슴으로 품어온 부모 같은 조국, 우리 어찌 그 위대한 조국 앞에 옷깃을 여미지 않으랴. 일찍이 수많은 우국의 선열들은 조국의 운명이 풍전등화같이 백척간두에 설 때마다 생사를 초월하는 우국충정으로 오늘의 우리와 조국을 물려주었으니 우리 또한 그리해야 옳지 않을까. 필자는 감히 차서를 가리기 앞서 사백여 년 전 사십구 세라는 짧은 일생을 수신제가 치국평천에 뜻을 두고 자신을 전인全人으로 절차탁마하며 진심으로 조국의 미래를 통찰하며 헌신했던 이이李珥 율곡(栗谷 1536~1584) 선생의 우국혼憂國魂을 상기해 보고자 한다. 삼세에 작시作詩하고 칠팔 세에 저술著述하며 과거에 아홉 번이나 장원하는 구도장원九度壯元한 천재성을 오롯이 조국의 미래와 민족 중흥에 쏟았던 숭고한 사표, 선생은 부모를 섬기고 형제를 사랑하는 마음으로 백성을 대하며 의견이 다른 이를 이해하고 조국과 민족을 내 몸처럼 아끼며 뛰어난 사상으로 잘못을 개혁하고 탁월한 안목으로 안주를 부추기는 관학官學의 폐단과 언로의 개척, 외침의 대비로 여진족의 침략주의 경계는 물론 일본의 이백 년 전국시대 마감과 대륙 야욕을 대비한 강병론强兵論을 주장했으나 태평성대의 단꿈에 젖은 기득권 세력들은 군대 양성은 군사혁명이나 주변국의 군비증강에 빌미를 준다며 국가 안보론을 철저히 배척하였다. 당시 선생은 판서와 지방관찰사 등 요직을 거치면서 조야의 칭송이 자자하였고 완인完人이라 일컬어졌음에도 국가의 존망을 좌우하는 강병론은 받아들여지지 않았다. 결국 선생이 돌아가신 팔 년 만(1592년)에 왜구인 풍신수길에 의해 임진왜란이 일어나 역사상 가장 큰 환란을 겪었다. 21세기 세계 속의 한국이라는 위상에도 불구하고 우리 대한민국의 존망이 걸려 있는 안보 현실에서는 사면초가 형국이다. 노자老子는 평화는 사랑하지만 무기는 버리지 않는다 했다. 지구를 몇 번이고 멸망시킬 수 있는 가공할 핵무기들이 분초의 태만도 허락하지 않는 세력들에 둘러싸인 반도의 반도에서 기득권자들의 공통 이익 부분만 빼고 어느 것 하나 일치되는 게 없이 분열과 반목이 그치지 않는 나라, 만에 하나라는 가정假定을 가벼이 여긴 역사에는 반드시 환란이 있었다는 사실을 외면하듯 극極에 달한 국론 분열은 시급히 청산해야 할 제일의 과제다. 이 나라에는 자기의 모든 것을 우국으로 불태워 나라와 백성들을 지켜 나갈 더 많은 현세의 율곡선생이 간절히 그리운 시대다. 이에 감히 누가 이의를 제기하겠는가. 신성한 의무를 진 이들이 자기를 낮추고 버리는 비움 없는 시대는 언제나 혼란과 환란의 취기를 맞는 것이 역사의 교훈이다. 개인적 집단적 이기주의는 국가와 국민의 혼란을 유발하고 그 혼란은 나라 밖에 도사리는 야욕을 유혹한다. '나'라는 존재나 내가 속한 집단은 그 수명이 짧지만 국가와 민족의 수명은 영원하다. 보잘것없이 짧은 인생이 영원의 고리를 끊는 행위는 영원한 적이다. 선택이라는 행운은 자신의 것만이 아니라 엄숙한 명령임을 재인식하고 이 나라 이 민족 영원한 미래 역사의 밀알이 되려는 웅지를 가지고 자신을 빛내는 하나밖에 그리고 한 번밖에 없는 자신의 인생에서 선택의 가치를 높이는 것이 영달이고 진정한 사명완수다.

지모智謀

지모智謀가 극에 달하면 어리석어진다.

중국 진晉나라 무제武帝의 장인인 양준楊駿은 권력을 이용한 부당한 이득과 권세 유지를 위한 친위 조직을 만들어 굴종하지 않는 세력을 배척하며 아우인 양요와 양제에게도 자기를 따를 것을 강요하였지만, 덕망을 갖춘 두 형제는 오히려 백성의 인심은 지모나 계책이 아닌 예의로써 사지 않으면 굴욕을 자처한다며 충고하였으나 듣지 않았다. 마침 황제의 지병이 악화되자 이때가 기회라는 생각으로 황제의 명命이라 속여, 자기 의견을 따르지 않는 명망있는 대신들을 퇴출시키는 등 횡포가 극에 달하였다. 그 후 쫓겨난 대신들의 상소로 양준의 권력이 분산되고 황제의 신뢰도 떨어졌다. 황제가 죽자 양준의 횡포는 가중되고 두 형제의 거듭된 충고를 무시하며 명분 없는 포상과 책봉으로 세력을 키워 평생의 영화를 누리고자 했지만 결국 상을 받는 이도 그를 고마워하지 않고 공로 없이 상을 받는 이는 남들을 감복시킬 수 없었다. 결국 정적이었던 맹관과 이조에 의하여 새로운 황제의 황후에게 미움을 사서 쫓기다 살해되었고 그를 따르던 수천 명의 무리들도 남김없이 주살되어 극에 달한 지모의 최후가 역사로 증명되었다. 현대를 살아가는 우리 눈앞에는 나라와 국민에게 충성을 맹서하는 이들이 넘쳐난다. 참으로 다행이며 고무적인 모습이다. 우리는 개국 이래 파란만장한 영욕의 세월에서 충성의 희생 없이 오늘의 번영이 있지 않음에서다. 예로부터 진정으로 나라를 사랑하는 지성들은 물리적 세력 구축이 아니라, 사인여천事人如天하는 진심으로 자신을 낮추어 예를 다하여 백성을 섬기는 덕으로 인심을 얻어 천명天命을 기대하여 왔다. 옛글에 불상현불상선不尙賢不尙善이라 했다. 자신이 지향하는 바를 달성하기 위하여 어진 이처럼 꾸미거나 짝하지 말며 남의 마음을 사기 위해 양심을 속여 착한 사람으로 꾸미거나 닮은 체하지 말고, 정직과 신념으로 남으로부터 인정을 받으란 교훈이다. 진정한 애국은 이익을 나누어 행복을 넓히고 공로를 양보하여 타인을 배려하는 아량으로 자신의 명망을 높이는 덕행이다. 다변한 현대 무한경쟁, 적자생존 등 절박한 화두 속에도 사필귀정이란 매서운 윤리적 규범이 지켜보는 게 세상사 아닌가. 필자는 세상에 무임승차했다는 고백을 숨길 수 없어 실토한 적이 있다. 같은 세상에 태어나 맑은 공기 마시며 자유로이 활보했건만 맑은 이름은커녕 발 디딘 흔적도 없는 부끄러운 인생이어서다. 다만 난마처럼 얽힌 조국의 난제들이 이 나라 이 민족 앞에 충성을 선서한 위대한 지성들의 충정으로 분열과 반목을 극복하고 국민의 기대가 충족되는 결실이 있기를 진심으로 바라 마지않으며 기필코 그리되리라 확신하는 바이다.

안심입명安心立命

명예와 지위名譽地位는 고금을 통하여 많은 사람들이 추구하는 목표이지만, 그 명예와 지위가 초래하는 위험을 보지 못하고 끝없는 욕망의 끈에 매달려 안심입명의 길을 잃는 안타까운 사례들을 흔히 본다. 명예와 지위에는 청탁과 사리의 망령들이 배회하며 어렵게 쌓은 금자탑의 밑돌을 빼내려고 인내의 한계를 노리는 무리들이 진을 친다. 그러나 군자는 재물을 취할 때에도 정도를 지킨다. 옛날 금金나라의 석거石琚라는 사람은 진사 시험에 합격하여 형대形臺의 현령이 되었는데, 당시의 관료사회는 매관매직과 부정부패가 만연하였다. 석거는 관료사회의 청렴을 강조하였지만 세상의 민심은 당신 혼자 세상을 바꿀 수 있느냐며 그를 어리석은 관리라 냉소를 보내며 도리어 비웃었다. 혼탁한 세류를 안타까워한 석거는 눈앞의 이익만 보고 숨어 있는 해악을 보지 못하면 돌이킬 수 없는 화를 당할 것이라고 설파하였다. 훗날 그의 청렴한 치세의 덕을 인정한 세종이 참지정사參知政事라는 높은 벼슬을 내리자 재능과 덕이 부족하다며 극구 사양하였으나 조야朝野의 강력한 설득에 황제의 명을 받든 후에는 더욱 맑은 정사에 전념하였으며 태자의 스승이 된 후에는 태자에게 충심으로 정사의 도를 강조하였다. 훗날 모든 관직에서 만류를 뿌리치고 사직하자 세상 사람들은 석거를 나아갈 때와 물러날 때를 아는 세상에 둘도 없는 현명한 인재라 극찬하였다. 청렴하고 지혜로운 인재, 지금의 우리 사회가 갈망하는 표상이 아니던가. 윗물이 맑아야 아랫물이 맑다는 극히 상식적인 진리를 부모와 스승과 나라가 불을 밝히며 설득하고 가르치건만 우리나라가 세계경제 선진국 가운데 청렴도 하위를 기록하며 사회 선망의 대상인 국가의 공복들이 본연의 책무를 망각하고 황금에 눈이 멀어 법 앞에서며 궁색한 변명과 일그러진 면모로 부모와 스승과 사회와 국가의 억장을 무너뜨리는 가슴 아픈 참상을 자주 본다. 옛글에 도덕을 지키며 살아가는 사람은 일시적으로 적막하지만 권세를 위하여 아부하는 사람은 만고에 처량하게 된다. 그러므로 지혜로운 사람은 일시적으로는 적막할지언정 죽어서까지 처량한 이름을 남기지 않으려고 노력한다 하였다. 명예와 지위는 국가와 국민의 명령이

지 보신과 사치와 향락을 사는 지폐가 아니다. 공복뿐인가, 자유로운 직업인도 이와 다르지 않다. 부모와 스승과 사회와 국가 없이는 존재도 성취도 없다. 이 나라의 국민 속에 부귀와 빈천의 씨앗은 존재하지 않는다. 지위에 있으면서 겸손하지 않으면 천하게 되고 가진 사람이 나누지 않으면 가난함만 못하게 된다. 무엇이 되고 되지 않는 것은 누가 명령하는가, 자신의 성패는 자신이 결정한다. 세상에서 가장 소중한 것은 자신의 명예다. 그래서 우리는 한 뼘의 얼굴로 산다며 자부심을 갖는다. 안심입명, 세상에서 부끄러움이 없는 떳떳한 삶을 추구하는 현명한 선택이다.

유죄有罪

한 그루의 나무를 잘 가꾸기 위해서는 토양과 기후환경은 물론 수종의 성격에 맞는 배수, 시비, 수형에 이르기까지 가꾸는 이가 나무가 되는 노력과 정성이 필요하듯 하물며 자식을 기르는 부모야 일러 무엇하겠는가. 옛글에 안으로 어진 부형이 없고 밖으로 엄한 스승과 벗 없이 잘된 이는 드물다 하였다. 올곧고 현명한 자식을 기름에 있어서는 먼저 부모가 그와 같아야 되고 스승의 정성과 사회의 분위기가 얼마나 중요한가를 이르는 글이다. 현대사회가 겪는 가장 큰 빈곤은 물질이 아니라 인재人才다. 아무리 경제가 풍요해도 나눔이 고르지 않으면 그 사회는 불행하고 아무리 문명이 발달하여도 향유하는 기회가 고르지 않으면 반목과 갈등으로 사회평화를 기대하기는 어렵다. 그래서 위정지요는 공여청

爲政之要公與淸이라 하여 나라를 다스리는 이들의 첫째 덕목이 공익을 존중하고 청렴을 사명으로 하는 인재이어야 한다. 필자는 지난 8월 동아광장에 게재했던 연세대학교 신학대교수 겸 논설위원이신 김상근 교수의 글을 읽으며 재판 없이 유죄판결을 받은 심정이었다. 김 교수의 논설 요지는 어느 젊은 작가의 한국이 싫어서 호주로 이민을 간 여성을 배경으로 쓴 글에서 한국의 2~30대 젊은이들의 90.6%가 자신들의 지리적 환경을 지옥으로 시대적 환경을 봉건왕조의 부조리가 만연했던 조선과 닮았다며 자신들의 조국을 지옥의 나라로 인식한다며 젊음의 환희를 구가하며 꿈을 펼치기에도 바쁜 눈부신 청춘들의 왜곡된 인식을 개탄하면서 700년 전 이태리의 작가 단테도 자신의 시대를 지옥으로 묘사하며 "이곳(이태리)으로 들어오는 자 모든 희망을 버려라."라는 문패가 걸려 있다며 자조 인식에 빠졌다. 그러나 그의 옆에는 '레르길리우스'라는 인자한 스승이 지옥의 입구에서 주저하며 떨고 있는 단테에게 희망의 끈을 놓지 말라며 격려하고 설득한 덕분에 단테는 스승의 손을 잡고 인생의 방향을 돌려 희망의 끈을 놓지 않았다고 소개하며 우리시대 젊은이들이 스스로 지옥을 만들어 갇히지 말고 시대의 주인공답게 생각을 바꾸어 원대한 이상을 펼치라는 충고였다. 미래 세대들이 내면에 가라앉은 좌절의 중증에 신음하는 것이 사실이라면 우리는 어떻게 해야 할까. 아무런 논리의 근거도 없이 그들의 생각을 나라 장래에 불길한 징조라며 자조에 그칠 일인가, 먼저는 '나는 아니야.'라는 면피성 변명보다 내가 당사자라는 용기로 부모와 스승이 되어 그들의 중증을 진단하여 완치시키는 데 사활을 걸어야 한다. 다시는 이 땅에 지옥이란 철없는 믿음이 사라지게 한 다음, 금 같은 자신의 인생과 미래 개척의 막중한 사명을 망각하고 위대하고 존엄한 조국을 가벼이 평가하는 것에 매서운 회초리를 들어야 한다.

사명使命

사명이란 누구로부터 받은 명령 또는 나에게 지워진 임무라고 정의한다. 필자는 이남훈 작가의 고전 읽기 중 사명에 투자하라에 집중하였다. 고전 《초한지楚漢志》에 등장하는 항우項羽와 유방劉邦은 진시황秦始皇의 폭정이 계속되는 가운데 그들은 각각 세상에 나가 자신들이 품었던 뜻을 떨칠 결심을 하게 된다. 두 사람이 세상에 나갈 최종 결심은 같았지만 지향하는 목적은 달랐다. 항우는 천하를 호령하는 황제가 되리라는 사익에서 출발했고 유방은 백성들의 소리에 귀를 기울이고 그들을 하나로 묶어 새로운 세상을 만들어야겠다는 사명使命의 관점에서 출발하였다. 항우는 황제가 되기 위하여 자신을 방해하는 모든 장애를 파괴하며 심지어 진나라 군사 40만 명을 학살하는 패악을 저지르기도 하여 백성들의 불만과 원망을 샀다. 그러나 유방은 개인의 이익을 추구한 바가 없었기에 백성들의 지지를 받았고 사방에서 용맹한 장수와 뛰어난 전략가들이 앞을 다투어 유방의 편에 섰다. 항우가 이익이라는 편협한 관점으로 세상을 지배하려 했다면 유방은 사명이라는 원대한 이상으로 공존공영을 실현하려 하였다. 즉 절대다수 대중의 요구를 진정한 가치로 삼아 새로운 세상 창조에 전념하여 급기야 한漢나라의 황제가 되었다. 고금을 통하여 흥망성쇠의 여정을 살펴보면 악惡이 선善을, 사私가 공公을 지배한 적이 없음은 역사가 명시한다. 우리는 인고의 반만년을 겪고도 갚아야 할 업보가 남았는지 조국 분단의 70년을 넘기고도 아직도 요원한 통일 염원 하에서 조국 통일의 주체임을 강조하며 대한민국에 황제가 되고자하는 용맹한 장수보다는 조국과 민족의 미래를 새롭게 열고자 하는 덕장을 맞이할 날은 언제쯤일까. 안타깝게도 국민의 눈과 귀를 놀라게 하는 것은 한결같이 권세와 치부의 탐욕 때문에 무너져 내리는 사회 붕괴의 굉음과 네 탓 공방의 소음뿐 자유와 평화와 행복에 목마른 국민의 소망은 어디에서 구할까 자못 걱정이 된다. 이제 때가 가까워지는지 황제의 꿈을 가진 잠룡이라 이르는 이들을 보는 다수 국민들은 과연 위대한 조국을 위하여 사명에 투자하는 인재가 있으리라 믿어지기를 진정으로 바란다. 분쟁의 현장마다 동조하고 높은 문턱 넘어 방문하며 누구의 사람이라 과시하는 주관도 주체성도 없이 누구의 힘으로 얻어지기를 바라는 것처럼 무기력한 모습을 보며 국민이 기댈 언덕으로서의 신뢰를 쌓는 성군의 기개가 보고 싶다. 진인사대천명이라 했으니, 진정한 나라의 일꾼이라면 수신제가의 도리를 다하고 치국의 도를 익힌 후라야 천명을 기다릴 수 있다 하였다. 더구나 분단의 조국을 원형대로 회복하고 이질화에 고착된 민족을 하나로 묶을 인재를 우리는 간절히 기대한다.

매국賣國

우리 조국의 반만년 역사 가운데 가장 치욕의 통사恥辱的痛史는 한일합방이다. 국운이 기울어 풍전등화 같던 존망의 위기에서 한 나라의 선비가 일신의 영달을 위하여 사명을 팽개치고 망국의 길을 터준 매국노 이완용賣國奴李完用이 있었다니. 그는 조국은 영원히 잊혀질 거라는 망각을 위안 삼았으리라, 그러나 그는 한때의 불안한 영화를 맛본 대신 매국노라는 더러운 누명陋名을 천추유한千秋遺恨으로 남기고 말았다. 하늘에 죄를 지었으니 빌 곳이나 있던가. 옛날의 망령을 되새기게 하는 국방 비리가 국민을 분노케 한다. 안보 주변에 기생하는 모리배들의 최면에 걸린 일부 책임 있는 관리들이 독이 든 돈 주머니에 눈이 멀어 국령을 배신하는 참상 앞에 말을 잊는다. 지난 8월(2016. 8. 17.) 조선일보 사설에 실린 방산 비리 논조를 읽으며 허탈감을 감출 수가 없었다. 우리나라는 정치 경제 과학 문화의 선진 대열에서 세계 속의 한국을 자처하지만 안보 현실은 사면초가 형국이다. 국가의 경제는 체력이지만 안보는 건강과 같다. 그 동안 국민이 가장 신뢰하는 국방 분야에서 각종 비리가 속출하면서 국민은 물론 대내외적으로 위상이 흔들려 안보 위기를 자초한다는 지적이다. 현재 우리의 주적이 아닐 수 없는 안타깝지만 북한은 선군정책을 고수하면서 가공할 핵과 미사일 등 각종 침략 무기의 기술을 고도화하면서 호시탐탐 기회를 노리는 안보 위기에서 적을 방어해야 하는 무기 소유에 관련된 문서, 성능, 기술, 단가 등을 속여 해충만도 못한 존재들이 배를 채우더니 이제는 북한의 도발 망동을 망서리게 한 대북방송 확성기의 성능(원거리 10K를 가청거리 3K)을 속여 돈을 벌려는 무리들이 있다니 통탄할 일이다. 우리나라의 안보는 굳건한 한미동맹과 철통같은 안보 태세로 유지되고 있으며 그 힘이 오늘의 번영을 가져왔다. 조선 순조 11년(1811) 홍경래가 서북인 차별을 구실 삼아 내부 갈등과 각종 재난을 틈타 국가 전복의 야심으로 난을 일으켰다. 파죽지세로 지방을 장악하던 중 기습을 받은 가산군주 정시鄭時는 아버지와 함께 저항하다 순절殉節하였으나 왕조의 외척이자 지위가 훨씬 높은 선천부사宣川 김익순金益淳은 목숨을 구하려 항복하였다. 방랑시인 김삿갓放浪詩人 金

笠은 영월향시寧越鄕試에 나아가 논정가산충절사 탄김익순죄우천 論鄭嘉山忠節死嘆金益淳罪于天이란 시제 앞에서 시혼을 토하여 일필 휘지로 감격과 통분을 삼키며 정가산을 칭송하고 김익순을 호령하는 글을 썼다. 감격의 장원은 하였으나 하늘에 닿는 죄인 김익순이 자신의 조부였다니 김삿갓金炳淵은 나라에 대한 죄의식과 조부를 탄한 죄과에 하늘과 조상을 우러러볼 수 없어 삿갓으로 하늘을 가리고 강산에 고아로 방랑하다 천재적 자질과 생을 땅에 묻고 58세 나이로 전라도 화순땅에서 가엽게 생을 마감했다. 이 땅에 입맞춤으로 감사해야 할 국민이 국가의 위기를 부와 생존의 기회로 삼다니 천인의 공분 대상이 아닌가. 다시는 이땅에 나라와 민족의 건강을 해치는 어리석은 씨앗이 싹트지 않기를 간곡히 염원한다

신념信念

영국의 세계적인 천체 물리학자이자 케임브리지 대학교수인 스티븐 호킹 박사는 김대중 대통령 시절(2000. 9.) 한국을 방문한 적이 있다. 호킹 박사는 불행하게도 근육이 마비되어 가는 희귀병에 걸려 현대 의학으로는 치료가 불가능할 뿐 아니라 죽음이 빠른 걸음으로 다가온다는 진단 상태였다. 그는 신체적 행동은 휠체어에 의지할 뿐 아니라 언어 구사조차 기계에 의지하지 않으면 안 되는 굳은 신념밖에 자유롭지 못한 신체적 조건을 가진다면 불구의 소유자다. 사람에게 최상의 조건이자 최고의 가치는 건강이다. 호킹 박사는 자신의 불우한 신체조건이 오히려 자신을 세계적인 천체 물리학자로 키웠다며 불구로는 굳건한 신념의 세계를 지배하지 못한다고 믿는 의식에 경종을 울린다. 자신이 겪었고 또 겪고 있는 고통과 절망과 불안을 인내하는 쓰디쓴 역경을 인류 공헌이라는 이상 실현의 과정으로 여기며 생명을 재촉하는 질병을 원망하기보다 자신을 연마하는 계기로 삼아 최악의 조건 앞에 좌절하지 않는 극기의 신화를 창조하는 신념의 가치를 극대화한 불사조 같은 용기 있는 석학이자 타산지석으로 세인의 극찬을 받아 마땅하다 하겠다. 호킹 박사는 청와대 영빈관에서 비서진과 정부 요인과 언론인 등 300여 명에게 연설하는 과정에서 나의 가장 큰 업적은 "아직 살아 있다는 것"이라며 다가서는 죽음 앞에 조금도 비겁함을 보이지 않는 대담성과 초연함으로 일관하는 달인으로 보였다. 우리는 종종 세상 소식을 통해서 유쾌한 것보다 불쾌한 통계를 보게 된다. 실패나 고통은 극복할 수 있는 대상임에도 불구하고 움직일 수 없는 숙명적 포기의 조건으로 여기는 경향이 짙다. 이러한 불행의 징조들은 우리 사회가 시급히 극복해야 할 과제다. 때마침 세계적 석학이 방문하여 우리의 잘못된 의식 세계에 충고와 교훈을 주었다. 우리나라가 경제 선진국 가운데 자살 비율이 가장 높다는 통계는 부끄러움을 떠나 국가 발전의 불행한 요소로 인식하고 원인 분석과 치유에 힘을 기울여야 한다. 특히 우리 사회의 젊은이들이 우리의 유일한 희망이자 자산인 만큼 그들의 자질과 용기를 펼칠 수 있는 사회질서를 바로잡아 주기 위한 전제 조건이 있다. 먼저는 온실 속의 화초처럼 생육 조건이 조금만 맞지 않아도 시들어 버리거나 가꾸는 이의 손을 떠나 살 수 없는 절대 의존에서 벗어나 환경의 악조건에서도 성장하는 강인한 생명력 제고이고 또 하나는 사회의 양극화를 조장하는 기성세대들의 탐욕스런 구태를 시급히 벗어 버리는 것이다. 우리 사회는 미래를 강조하면서 행동은 현재에 머무는 폐단이 짙다. 필자는 우리 사회에서 스티븐 호킹 박사처럼 세계적인 석학이 날 수 있는 토양은 부모와 사회와 정치가 만들 수 있고 또 이를 지향하는 바라 믿는 바이다.

우정友情

우정이란 단순한 개인 간의 신뢰와 애정을 떠나 국가 간의 상호 수호와 발전에 기여하는 바 클 뿐이 아니라 세계평화에 이르기까지 광범위한 영역에 적용되는 의로운 관계다. 우리가 돈독한 우정을 말할 때 관포지교管鮑之交란 말을 인용한다. 관중管仲과 포숙아鮑叔牙는 제齊나라 사람들이다. 관중은 어려서부터 포숙아와 가까이 지내며 성장하였는데 포숙아는 관중의 뛰어난 인품을 알아주었다. 관중이 가난하여 포숙아를 속여도 포숙은 속인 것을 따지지 않고 관중을 용서하였다. 성장 후에는 포숙은 제나라 공자인 소백小白을 섬겼고 관중은 소홀이라는 사람과 함께 공자인 규糾를 섬기게 되었다. 훗날 제나라 양공의 실정으로 환난을 겪은 제나라는 양공의 두 아들인 소백小白과 규糾가 다투게 되었는데 둘째 규는 노나라로 셋째 소백은 '거'나라에 도망쳐 있었다. 노나라에서는 규를 제나라로 보내되 관중에게 군사를 주어 소백이 제나라로 돌아오지 못하도록 하였다. 관중이 활을 쏘아 소백을 죽이려 했으나 소백은 거짓 죽은 체하여 관중을 속이고 장막을 친 마차로 제나라에 도착하였을 때 대부인 고혜와 국의중이 소백을 왕으로 추대하여 제나라의 황제 환공桓公이 되었다. 후일 둘째 공자인 규는 생독에서 죽임을 당하고 환공이 관중까지 죽이려 하자 포숙아가 환공에 간하여 관중의 지혜를 얻기로 하였다. 그리하여 관중의 보은 충성으로 제나라가 융성하게 되었다. 환공은 포숙아 덕분에 관중을 얻어 국운이 융성하였고 관중은 포숙아의 우정으로 나라의 공신이 되었다. 관중은 포숙아의 변함없는 우정을 술회하며 나를 낳아준 사람은 부모지만 나를 알아준 사람은 포숙아라며 감사하였다. 우리 속담에도 부모를 속인 비밀을 친구에게는 말할 수 있다는 말이 있듯이 우정은 값으로 따질 수 없는 소중한 인연이고 치세의 자산이다. 현대사회에서도 우정이란 친정에 버금가는 각별한 인연으로 때로는 인륜을 뛰어 넘는 관계인 경우도 있다. 현대사회를 경쟁사회로 규정하고 겨루어 이기는 자만이 살아남는 적자생존 시대로 일컬어지지만 진정한 우정 세계는 공존과 공영의 가치를 창출하기 위하여 협력과 협치의 수단으로 공생의 활로를 개척하는 예가 개인이나 동종의 업체나 사회단체나 지방자치나 국가 간에도 폭넓게 적용되고 있다. 진정한 우정은 출생년도나 지연이나 학연이 아니라 이상이 같거나 그를 추구하는 방법, 변치 않는 의지의 유무에 달려 있다. 인간사회를 가장 행복하게 만드는 방법 중에 상호 신뢰와 우정이 아닐까 한다. 우리의 영혼도 우정이 없으면 고독하다 하지 않았는가. 인간의 기본 윤리인 오륜에 들 만큼 소중한 인연 우정이 개인에서 국가 운명을 좌우할 만큼 중요함을 재인식하는 계기가 됨을 가르친 고사다.

냉소冷笑

웃음이란 즐거움을 나타내는 표정일 뿐 아니라 희망의 징조이기도 하여, 소문만복래笑門萬福來 일소일소一笑一少 등 긍정적인 행위의 대명사이면서 냉소와 조소冷笑嘲笑 같은 비웃음이나 부정적인 표현도 내포되어 있다. 옛날 고려시대에는 병든 노인을 버리는 풍습이 있었다고 한다. 어느 한 사람이 칠십이 넘은 병든 아버지를 지게로 지어 멀리 버리고 오는 길에 아버지를 내다버리고, 지게를 버리려 하자 아버지를 따라갔던 어린 아들이 아버지가 장차 늙고 병들면 갖다 버릴 지게를 왜 버리려 하느냐며 말렸다는 일화가 있다. 자식은 부모를 보며 성장한다. 부모의 양심과 언행이 자식의 순진한 마음에 각인되어 가치관으로 자리하게 된다. 옛말에 어린아이 앞에서는 냉수도 함부로 마실 수 없다는 속담이 있지 않던가. 선견지명이 뛰어났던 맹자의 어머니는 부모의 심성과 언행은 물론 보고 듣고 느끼는 감성에 이르기까지 세심한 배려로 세 번이나 거처를 옮기는 정성으로孟母三遷之敎 맹자를 동양의 아성東洋亞聖孟子으로 탄생시킨 역사는 만세의 교훈으로 전해진다. 특히나 요즘의 어린이들은 감수성이 매우 민감하고 강하여 성인들을 놀라게 한다. 그래서 요즘처럼 사회 기강이 해이해진 때는 초중생을 비롯한 이성형성기의 어린아이들은 일상의 경험에서 큰 혼란을 겪을 것이다. 즉 학교에서 배우는 것과 실제 사회 현실이 너무 다른 경우가 많기 때문이다. 교실에서는 도덕을 인간의 제일 덕목이라 가르치지만 자녀에게 가벼운 체벌을 가했다며 아이들이 보는 앞에서 선생님을 구타하는 학부모들의 일그러진 모습이나 건강한 젊은이가 군에 입대하는 것은 국민의 의무면서도 입대를 회피하고 민주주의를 외치면서 지위와 힘을 앞세워 이익을 챙기거나 유전무죄 무전유죄 사회를 만들고 모든 불행은 남의 탓으로 돌리고 돈이 되는 것은 국가건 사회건 개인이건 가리지 않고 인간의 근본 가치인 인륜 도덕도 눈앞의 욕심으로 판단하는 사회에서 아무리 억만금을 들이고 부모의 역량과 뜨거운 사랑으로 자식을 가르쳐도 자식에게 보이는 부모와 스승과 사회가 바르지 않고서야 어떻게 이 땅의 백년대계에 주인이 될 올곧고 현명한 인재를 탄생시킬 수 있겠는가 크게 자성할 일이다.

십수 년 전 일이지만 부산 해운대구 선거관리위원회가 초중생을 대상으로 실시한 의식조사에서 70%가 정치인들을 불신한다는 통계를 발표한 적이 있는데 만일 요즘 어린아이들의 생각은 어떨까 예견한다면 아찔한 결과가 나올 것 같은 불길한 느낌이 든다. 더군다나 요즘 우리 미래세대의 젊은 20~30대들이 우리 사회가 봉건왕조시대의 구태와 부조리가 재연되는 느낌이라며 만들어낸 헬조선이라는 불길한 징조의 냉소冷笑 의식을 이 나라 부모와 스승과 정치인들이 어떻게 바꾸어 줄지, 가던 길을 멈추고 고민해야 할 시대적 사명이고 절실한 과제다.

인문과 실용학人文과 實用學

인문이란 인간의 지혜가 발달함에 따라 삶의 질을 높게 하는 지적 수준을 향상시키는 동시에 사람으로서 떳떳한 도리를 다하여 상호간 호혜의 관계를 유지하여 사회평화를 이루는 관습 즉 사람 존중의 기조에서의 질서를 강조하는 학문이라 말할 수 있다. 더 나아가 인문과학은 정치, 경제, 사회, 문화, 역사 등 인류문화에 관한 정신과 과학적 탐구를 촉진하는 학문의 총칭으로 인문과 인문과학을 통하여 만물의 영장이라 자칭하는 인간이 자연과 더불어 다툼 없는 상생의 평화 세상을 추구하는 수단이라 이해하고자 한다. 다산 정약용(茶山丁若鏞 1762~1836)이 유배지에서 아들에게 보낸 편지에서 일본에서는 요즘 이름 있는 학자들이 많이 배출되는데 몽매한 일본사람들은 원래 백제로부터 많은 서적과 학문을 전수 받았고 중국에서 수많은 서적들을 도입하여 정독하였으며 벼슬을 위한 과제도 같은 획일적 학습이 아닌 학문이 가지고 있는 폭넓은 이치를 섭렵한 결과라고 하였다. 그리고 자신은 스무살 무렵부터 과거공부를 하여 벼슬을 하는 데 전념하다 보니 진정한 학문을 하지 못하였다며 자신의 시詩나 문장文章은 아무리 맑은 물로 씻어낸다 하여도 끝내 과거시험科擧試驗 같은 답안지의 틀을 벗어날 수 없다면서 탄식하였다고 전한다. 그러나 자기를 낮추는 겸손함에도 불구하고 많은 저서들이 전래되고 우리가 흔히 접하는《목민심서牧民心書》는 지금까지 국가 관리들의 목민 가치를 일깨우는 교과서적 가치를 견지하고 있다. 또한 실용학이란 실제 생활에 유용한 지식과 실용의 가치를 찾아내는 실사구시實事求是 즉 사실에 근거하여 진리를 탐구하는 과학적 학문이다. 역사적으로 조선조에서 인문학은 출세의 길로 우대한 대신 실용학을 천대하여 인류 문명의 한 축이 위축되어 소위 관료사회의 폐단으로 경제와 과학의 힘이 없어 쇠퇴하였던 반면 현대사회는 경제와 과학이 인류 문명의 축이 되어 인문학이 자리를 잃다 보니 물질문명의 풍요 속에 인류 사회가 추구하는 공영과 평화가 위협을 받고 있다. 이를 해소할 수 있는 방법이라면 당연히 인문학과 실용학의 병행 발전이라 할 수 있지 않을까. 과거에서 현재에 이르는 인류 역사에서 어느 한쪽만을 발전시키면 인간은 반쪽만의 성공이 아니라 전부의 실패로 귀결 된다. 완전한 성공을 기도하며 다툼이 유발되면 분쟁으로 인한 평화가 붕괴되는 불행을 맞게 된다. 어느 학자의 논평대로 과거 인문학이 개인의 영달 수단이 되어 실용학을 천대하다 경제과학의 부재로 국가가 쇠퇴하더니 이제는 실용학만이 인류 문명의 전부인 양 인문학을 기피하다 보니 물질문명의 평화 속에 겪는 빈곤과 삭막한 인정 속에 갈등으로 몸살을 앓는다. 이제부터는 인문과 실용의 양축을 균등 발전시키는 획기적인 깨달음의 시대가 되어야 한다. 즉 인문과 실용의 수평적 발전이 절실히 요구되는 시대를 살고 있는 것이다.

혼돈과 위해混沌과 危害

중국의 명明나라를 세웠던 주원장朱元璋은 과거에 망상증이 많았다고 전한다. 그는 젊은 시절 거지 중노릇과 떠돌이 도둑질도 하는 등 소위 밑바닥 인생을 살기도 하였다. 그의 출세가도는 알지 못하지만 파란만장했던 고난과 역경은 짐작이 간다. 그래서 그는 승려를 비하하는 말이나 적賊이라는 글자를 사용한 문인들은 자신의 과거를 비웃는 것이라며 가차 없이 처벌하였으며 도리나 도덕을 말하는 도道자를 써도 가혹한 형벌을 내렸다. 글을 써야 하는 관리나 글을 쓰는 문인들이 문장에도 목숨을 걸어야 했으니 그의 도량을 짐작게 한다. 홍무제(주원장)는 스스로 모범문집을 만들어 배포하고 그에 따르도록 독려하였다. 후세 사가들은 많은 문인들이 무고한 죽음을 당했다며 이때를 문자의 옥獄이라고 불렀다. 홍무제는 본래 천하가 문란하면 무武를 이용하고 천하가 태평하면 문文을 이용할 정도로 문무를 선용하는 지혜를 보였으나 문인을 가혹할 정도로 다룬 것은 무신武臣들의 간교한 부추김 때문이었다. 실제로 명나라 건국에 주역이었던 무신들은 문인들의 신뢰에 소외감을 느끼면서 문신들이 무식한 황제를 비방한다며 끊임없이 고자질을 했다고 한다. 명나라의 등장으로 몽골족의 무단통치에서 벗어났던 중국의 한족들은 크게 기뻐하였으나 황제의 철권통치에 다시 암울한 시대를 맞게 되었다. 직언과 진실을 말하는 문인들의 억울한 죽음을 당한 사례는 무수히 많다. 또한 직언과 진실로 국가의 안위를 걱정한 무인들의 수난도 적지 않다. 직언과 진실이 인정받지 못하는 것은 현명하지 못한 지도자가 인의 장막 또는 간교한 아부에 자신을 지킬 의지를 빼앗기기 때문이다. 현대사회도 다르지 않다. 자기나 자기가 속한 단체의 주장이 받아들여지지 않으면 갖가지 법령과 사례들의 왜곡 해석으로 중상모략하여 수단과 방법을 가리지 않고 주장을 관철시키려는 아집과 불통이 한치의 양보도 없이 양립하면서 정치를 타협이 아닌 정쟁으로 정의하고 모두들 국민을 섬기고 나라를 위한다는 구실을 붙여 먼저는 자신, 다음은 단체 국가와 국민은 제3위에 두는 소위 비뚤어진 민주주의 정치사가 국민을 실망에 빠뜨리는 현상이 우리의 현실이다. 국민의 권리를 위임받은 위정자들이 국민의 원성을 외면하고 자기 명리에 치중하며 국정에 있어서는 사사건건 대립하며 국가와 국민의 현재와 미래 국태와 안민은 뒷전이고 국가와 국민을 위해서라며 투쟁과 반목으로 소일하는 정치 현실에서 혼돈과 위해의 원죄가 어디에 있는지조차 가리기 힘들도록 국민까지 양시론에 가두어 식상케 하는 우리의 현실, 이 나라의 정치인과 관리들은 명예를 걸고 정도를 걷는 다짐이 있어야 할 것이다. 정치인들이 입만 열면 민주주의다, 국가와 국민을 입에 담지만 정치에 발만 들여놓으면 안면을 바꾸는 식상한 정치 현실, 말을 아끼며 그래도 그들을 존중하는 국민들의 안타까운 인내심을 시험하듯 백년하청의 의문이 가실 날은 언제일지 안타깝다. 세상에 났으니 세상에 보답하려는 아름다운 정신과 각오로 이 땅에 뜻있는 이들이 그 많은 피와 땀으로 쉼없이 이르고 보여왔건만 눈 감고 귀 막은 양 외면하는 세태, 우리는 언제나 저 맑은하늘을 바로보며 반만년 고난의 역사의 영예로운 금관을 씌울 수 있을까. 황금 같은 시간은 선과 악을 가려 역사의 혼돈과 위해를 배척하고 정의로운 우리의 과거와 현재 그리고 미래를 밝히라는 하늘의 명으로 삼아야 할 것이다.

성년식成年式

소년 소녀가 만 20세가 되면 법률적으로 성년이 되어 명실상부한 사회의 일원으로 어른 대우를 받는다. 옛 문헌에 따르면 고려광종16년 세자인 주에게 원복(元服덧저고리)을 입혔던 것이 우리나라 성년례成年禮의 시초로 기록되어 있다. 성년이 된 사람에게 어른 옷을 입혀 어른이 된 것을 세상에 알리는 의식이었다. 당시 양반가에서는 남자에게는 관례冠禮라 하여 상투를 틀어 관을 씌우고 여자에게는 계례笄禮라 하여 머리를 쪽 지어 비녀를 꽂았으며 평민의 자녀들은 힘과 담력을 과시하는 성인식으로 백 근이 넘는 돌을 들어 올리는 등 힘과 기예로 또는 진서턱(떨쳐보임)이라 하여 어른들에게 주안을 베푸는 등 각 지방마다 특성은 다르지만 성년례를 실시하였다. 성년이 되면 품삯도 반품에서 온품으로 바뀌는 등 신분이 상승되었다. 최근의 우리 정부에서는 지난 1973년 처음으로 4월 20일을 성년의 날로 제정 공포하였고 1975년부터는 청소년의 달인 5월 6일로 하였다가 1984년에 다시 5월 셋째주 월요일로 정하여 시행 중이다. 당당한 사회의 일원으로 자부심을 가지고 뜻을 세워 자기 성취와 사회발전에 일익을 담당하는 인생의 황금기로 삼으라는 것이 성년의 날을 제정한 진정한 이유다. 그러나 더러는 성년이 되어서도 몸만 어른이지 생각이나 행동은 소년 소녀의 티를 벗지 못하고 부모를 절대 의지하는 나약한 의지의 젊은이들을 보게 된다. 이렇게 되는 연유는 무엇일까. 요즘 세대들은 양육의 비용에 부담을 느끼게 되기 때문에 출산을 기피하다 보니, 한둘에 불과할 뿐 아니라 자식 사랑에 대한 애정만 있고 훈육은 없이 유리 온실 속의 화초처럼 조그만 변화에도 민감한 반응을 보이며 잠시라도 관리의 손길이 멀어지면 시들어 버리듯 자식을 과잉보호하는 잘못된 사랑은 성장 후에까지도 유리 인형처럼 평생 동안을 금이 갈까 깨어질까 근심하며 서로가 심리적고통의 불행한 예감 속에 고난의 생을 겪게 된다. 부모는 자식에게 제일의 스승이다. 사랑하되 엄하고 풍요 속에도 절제가 몸에 배는 생활로 고난과 역경을 이겨내며 자신이 가진 소질과 희망을 일구어 내는 금강석 같은 신념을 길러 주어야 세상에 나갈 용기와 능력이 생겨 부모와 사회의 기대에 부응하게 된다. 요즘 종종 듣는 소문이지만 선생이 학생의 수업태도가 불량하다며 꾸중하거나 회초리만 들어도 자식의 잘못을 확인하고 부끄러워 하기보다, 학생들 앞에서 선생에게 폭언과 폭행을 예사롭게 한다니 아이들이 무엇을 보고 배우겠는가. 국민들의 학식과 기예 현명한 판단력과 능동적이고 진취적 창의 정신을 한없이 요구하는 현대사회에서 의무를 무시하고 권리만을 주장하며 배려와 겸양 헌신과 보은의 떳떳한 진리를 냉대하는 혼돈의 사회 실상은 부모에게 절대적인 책임이 있다 하겠다. 우리 조상들은 자신과 가족의 모든 허물은 자신에게 있음을 부끄러이 여기며 개과천선하는 성의를 보였는데, 인류 문명이 최고에 달한 현대를 살아가는 이들이 성년이 된 자식들의 성취를 가로막고 원대한 이상의 날개를 꺾으려는지 깊은 깨달음이 요구된다 하리라.

오역죄五逆罪

오역죄라는 말은 본래 불가에서 나온 말이다. 그러나 어느 시대 또 어느 사안에 적용을 하든 적정한 곳에 인용하는 것은 쓰는 사람의 자유다. 다만 어떤 사람이 객관적 판단에 어긋나는 정의를 내렸다면 그 판단은 가치 없는 논조로 폐기되고 말 것이다. 오역이란 다섯 가지 중죄를 일컫는 말로 첫 번째는 자기를 낳은 아버지를 죽이는 죄고 두 번째는 자기를 낳아 기른 어머니를 죽이는 죄이고 세 번째는 정신적 지주인 성자를 죽이는 죄이고 네 번째는 교단의 화합을 깨뜨려 배움의 기회를 잃게 하는 죄이고 다섯째는 부처님의 몸에 상처를 내는 불경죄이다. 우리는 참혹한 현상을 보게 되면 아비규환이라는 말을 쓴다. 불경에서 씻지 못할 죄를 지으면 아비지옥이나 규환지옥에서 받는 고통을 의미한다. 아비지옥은 불교에서 말하는 팔대지옥 중 하나로 고통이 끊임없다 하여 무간지옥이라고 일컫는 무서운 지옥으로 저승에 가서 아비지옥에 떨어지는 죄가 바로 오역죄다. 근대에 거론된 것은 지난 1990년대 전두환 전대통령이 김영삼 전대통령을 간접적으로 비난하는 데 인용해서 논란을 일으킨 적도 있었다. 발단은 김영삼 전 대통령이 부산 경남지방을 방문하여 동서화합을 깨는 발언을 했다 해서, 전두환 전대통령이 불경의 오역죄를 인용한 것으로 우리나라 정치인들의 성급하고 직설적인 발언들이 국민들의 의식수준에서는 국격과 국익에 얼마나 부정적인 영향을 주는지 안타깝게 지켜보는 엄중한 기준을 돌아보지 않는 것 같다. 우리가 현재의 사회상을 진솔하게 활짝 열고 열거한다면 그 조항이 오역으로는 감당할 수 없는 수의 조항을 더해야 하지 않을까 하는 안타까운 생각이 든다. 이런 사실들을 옮겨 적는 필자야 초야에 묻혀 사는 속인으로 무엇을 평가하고 정의할 능력도 없지만 불행히도 요즘 사회현상을 보면서 과연 우리의 최선은 무엇이고 최고의 가치는 무엇인지 우리는 무엇을 향해 어디로 가고 있는지 멀미가 날 지경이라면 과장된 표현일까. 대학에 이르기를 배움의 목적인 인간의 바른 길은 넓게 배워서 이를 작은 사생활에서 나라를 다스리는 일에 이르기까지 덕을 근본으로 삼아 백성에게 새로움으로 만족하게 하며 최고의 선량한 사람과 일과 다스림이 멀리 머물게 함에 있다 하였다. 시대가 아무리 변해도 덕과 선은 바뀌지 않는 자리에 존재함을 인식해야 한다. 그럼에도 우리 사회는 덕과 선의 기준도 모호하여 어느 것 하나 지도자의 총의다, 국민의 총의다 내세울 것은 없고 과거를 거울 삼아 미래를 새롭게 발전하기보다, 과거의 잘못을 상대에게 비유하여 이익을 챙기는 아전인수의 의식이 팽배하다. 앞서 인용한 오역은 불교문화에 그친다 치더라도, 나라와 국민 속에서 자기주장을 펴는 이들이 타산지석으로 삼아야 할 교훈이 아닌가 한다.

읍참마속泣斬馬謖

촉蜀나라의 황제 유비가 죽자 전국 각지의 토호들의 반란이 일어났다. 그중에서도 승상인 제갈량의 두통거리는 단연 서남지방의 오랑캐인 맹획이었다. 그런데 어찌된 일인지 제갈량은 맹획을 일곱 번이나 사로잡았다가 목을 베지 않고 풀어주었을까. 그 이유는 맹획을 죽여 보았자 난세 정복이나 전과에 큰 영향이 없을 뿐 아니라 승자로서의 덕을 보여주기 위함이었고 여기에 더하여 승상이 가장 총애하는 장수인 마속의 권유가 있었기 때문이었다. 마속은 용병의 도리는 먼저 민심을 얻는 것이 상책이며 군사작전은 그 하책이니 승상께서는 그 무리들의 마음을 정복하시는 것이 으뜸임을 간청한 영향이 컸다. 마침내 제갈량의 은덕에 감복한 맹획이 심복 부하가 되기를 간청하자 그 공으로 마속을 군사 담당관인 참군으로 삼았다. 그 후 승상은 유비의 유훈에 따라 북방의 위魏나라를 정복하려는 전쟁에서 마속을 후방의 수송로를 지키는 장수로 임명하였는데 어찌된 일인지 마속이 전법을 어기고 진을 쳤다가 가정 지방의 장합이라는 적장에게 크게 패하여 정복작전에 큰 지장을 초래하게 되었다. 아무리 승상의 총애를 받는 유능한 장수였지만 엄중한 군법을 어겼으므로 제갈량으로서는 그를 일벌백계로 삼지 않을 수 없었다. 형장으로 끌려가는 마속을 지켜보던 승상은 옷소매에 얼굴을 묻고 슬피 울었다고 한다. 곧이어 마속의 목이 진중에 걸리자 모든 군사들이 제갈량의 진정한 우국충정에 감격의 눈물을 흘리며 전의를 다짐하는 하나가 되었다고 기록하였다. 한나라의 승상이라도 자식같이 아끼는 장수지만 국법을 어긴 죄가 크므로 눈물을 머금고 목을 베었다 하여 읍참마속이란 교훈적 고사가 전래하고 있으며 이는 곧 한나라의 대의 실천의 본보기다. 어느 시대나 국법이 엄존하고 국가의 지도자들이 지엄한 국명수호의 당사자임을 깨닫지 못하면 국가의 기강이 무너져 붕괴의 운명을 맞게 되는 것은 역사의 교훈에서 증명된다. 시대는 변하여 국민의 자유와 권리가 국시를 우선한다지만 국민 없는 국가도 존재할 수 없지만 국가 없는 국민도 자유도 권리도 존재할 수 없다는 실제에서 국법은 지엄한 국가의 보호막이고 국민이 안주할 수 있는 성곽이다. 신시대가 창조한 문화인 것처럼 죄는 미워도 사람은 미워하지 말자는 인본주의 같은 온정주의가 마치 적법인 양 적용된다면 자칫 국기 문란을 초래하는 근심을 낳게 됨을 명심해야 한다. 실제로 우리 사회에서 유전무죄 무전유죄라는 희귀한 화두가 난무하는 것은 국가의 유지 발전과 국민의 안녕과 행복을 방해하는 중대한 죄악이다. 민주주의를 신봉하는 대한민국에서 특정한 몇 사람을 위해 가당찮은 동정주의는 청산되고 국민으로부터 만들어진 법은 국민 모두에게 동등히 적용되는 공정이 성공해야 대한민국이 바로 선다.

성의 선악性의 善惡

사람이 얼마나 악하고 잔인할 수 있을까.

옛날 중국땅에 도척盜蹠이라는 사람이 있었다. 간교하고 흉폭하기 이를 데 없는 그는 무리들을 이끌고 방방곡곡을 누비며 노략질과 부녀자 겁탈은 예삿일이고 갖가지 악행은 물론 심지어는 사람의 간을 꺼내어 회를 쳐 먹을 정도로 잔인하고 극악무도하기로 악명 높은 인면수심의 표본이었다. 이는 사상가이자 도학자인 장자莊子의 도척 편에 실린 글이다. 공자孔子가 그의 비인간적 악행을 걱정하며 설득하려 하였으나 오히려 생명의 위협을 받을 것 같아 제자들에 의해 위기를 모면하였다고 전한다. 사람의 어디에서 이런 흉악한 행동이 나올 수 있을까. 춘추전국시대의 유학자이며 예치주의禮治主義를 주창한 순자荀子는 인간의 본성은 원래

악하지만 후천적으로 교육과 수양을 통해 선해질 수 있는 것이라고 주장하였다. 반면 유가의 아성으로 추앙받는 맹자亞聖孟子는 사람은 본래 착한 심성을 지니고 태어나지만 후천적으로 물욕에 의하여 악해질 수 있음으로 바른 교육과 끊임없는 수양을 통하여 착한 심성을 지킬 수 있다고 하였다. 결국 인간이 타고 난 성격의 선악은 후천적 관리에 의하여 조절될 수 있다는 결론인 셈이다. 세상에 음과 양이 존재하듯 선과 악도 존재하는 것을 자연스런 현상이라 하더라도 도를 넘는 정도가 위험수위에 도달한 현대적 병폐는 시급히 청산해야 할 과제다. 지난 일이지만 용돈을 주지 않는다며 또는 유산을 적게 준다며 부모를 살해하고 부양 부담을 없애기 위해 부모를 유기하고 어린 자식을 죽이고 버리고 돈을 갖기 위하여 가족의 생명을 이용하는 패륜은 물론 살인 공장을 차려놓고 엽기적 살인을 자행하는 폭악성에서 국법을 무시하고 스승에게 매질하고 속이고 이용하는 차마 거론할 수조차 없는 악행들이 문명사회를 좀먹는 가공할 범죄 행진이 언제 어떻게 멈추어질지 답답하다. 중세기 철학자들은 인간을 천사와 악마의 중간적 존재로 규정했다. 그래서 인간은 천사도 되고 악마도 될 수 있다고 했다. 여기에서 새삼 순자와 맹자의 성악설과 성선설을 떠올리게 한다. 그렇다. 스티븐슨의 소설 《지킬박사와 하이드》에서 보듯이 사람이 인간은 천사도 될 수 있고 악마도 될 수 있음을 시사하듯 순자와 맹자도 선악의 행위는 후천적인 교육과 수양에 의하여 선하게 될 수도 있다는 확신이 있는 이상, 현대사회가 안고 있는 모든 범죄적 악행까지도 치유될 수 있다는 희망에서 출발해야 된다고 생각한다. 이미 교육과 수양을 통하여 선악을 규정하는 부모가 자식을 낳아 기름에 있어 어느 부모가 자식이 훌륭히 되기를 원치 않는가. 남의 자식에게 최고의 지식과 사회윤리를 전수하는 스승이 나쁜 일을 해도 된다고 이르는 이가 어디 있는가. 어느 사회가 범죄와 악행에 아량만을 베풀던가. 사심 없는 양심으로 법과 제도를 중심으로 하던 대로만 한다면 머지않아 우리 사회는 선악을 거론하지 않아도 되는 평화로운 사회가 되리라고 믿는다.

대덕자필수명大德者必受命

큰일을 도모하고자 하는 이는 마땅히 큰 덕을 쌓은 후에라야 하늘의 부름을 받는다는 뜻으로 진인사대천명盡人事待天命과 같은 뜻을 가진 대인의 덕목大人德目이다. 중용에 이르기를 하늘이 사람에게 명하여 준 것을 천성天性이라 하고, 그 천성을 따라하는 것을 도道라고 하였다. 곧 사람은 하늘로부터 받은 명을 어김없이 실천하는 것이 가장 바른 길이라는 뜻이다. 사람은 도를 떠나 살 수 없으며 도를 떠나는 것은 길을 잃는 것과 같은 것이다. 그리하여 뜻을 가진 군자는 밖으로 보여지지 않는 데를 경계하여 삼가며 그 들리지 않는 곳을 두려워해야 한다. 숨기는 것보다 더 보여지는 것은 없으며 작은 것보다 더 드러나는 게 없으므로 혼자 있을 때에도 삼감을 잃지 말아야 한다 하였다. 뜻을 가진 이들이 수신제가치국평천하라는 원대한 이상 실현을 원하지만 수난과 실패를 거듭하며 심지어는 질병의 고통과 가죽이 등에 붙는 빈곤과 멸시 등 불가항력의 고통을 이겨내는 인내와 환란에도 움직이지 않고 뜻을 지키는 인격과 능력을 갖춘 후에라야 하늘의 부름에 응할 수 있다 하였으니, 가히 쉽게 얻을 수 있는 게 아니라는 것이다. 우리나라는 내년 말에 선출해야 하는 최고 지도자로 누구를 선택해야 될지를 놓고 큰 고민에 빠져 있다. 대한민국 건국 후에 여러 대통령이 선출되어 나라를 이끌며 유사 이래 최고의 부강을 누리는 시대를 맞았지만 어느 대통령이 국민들로부터 과연 이 나라의 국부였다며 존경을 금치 못하는 분이 있을까. 그저 통계상으로 누가 누구보다 나았다는 아쉬운 수치에 불과한 의사 집계일 뿐이다. 혹자는 시대가 바뀌어 이천 년도 넘은 왕조시대의 가치관을 의회민주시대 다수 의결을 존중하는 현대 제도에 접목하려는 것은 시대착오적 발상이라며 나무람도 있을 수 있겠으나 우리는 현재에서도 앞서 기술했던 대덕자필수명이라는 왕도의 잣대로 인물을 고르고 선출된 후에도 끊임없이 잣대질을 놓지 않고 있는 게 사실이다. 왕도란 고금에 변하지 않는 철칙이다. 현대라 하는 것은 고대가 발전한 형태이지 근본에는 변함이 없다. 현재의 우리나라 정세는 전 세계의 이목이 집중되는 안보 상황과 정치 불안 노사와 사회의 갈등에 의한 경제위기 등 마치 사면초가를 방불케 하는 형국이다. 이런 가운데 정부와 의회 등 국정의 중심에서 울려나오는 파열음들은 설상가상으로 국민에게 이중삼중의 불안과 실망을 안겨준다. 국가의 안위와 국민의 희망과 행복을 지킬 사명을 가진 정치권이 도덕적 질서도 법의 질서도 무너지고 과거를 들추어 상대를 공격하는 소모적 논쟁을 일삼다가 전 국민 앞에 그들의 치부가 낱낱이 드러나 국민의 불신과 불안을 가중시키고 있다. 내년 대통령 선거를 일 년 앞둔 상황에서 뜻있는 국민들이 과연 우리 정치지도자들 중에 대덕자필수명에 가까운 인물이 혜성처럼 나타나 주기를 바라는 염원이 이루어질지. 앞서 기술한 선성과 악성도 후천적 교육과 수양을 통하여 바뀔 수 있다는 선현들의 혜안에 기대게 될지 심히 기대된다 하겠다.

지성의 걸인知性의 乞人

지성이 앞선 사람들은 독립적으로 생각하고 남의 뒤를 따라가는 사람들은 저만치 앞서간 사람들 생각의 결과들을 빌려 쓴다고 말한 어느 철학교수의 명확한 진단에 평소 지성의 걸인임을 자처했던 나의 고백이 오히려 자만의 허물을 더는 양심선언이었음에 안도한다. 사람은 누구나 자기가 가진 생각의 높이와 두께 이상을 살 수 없듯이 정치도 경제도 사회도 문화도 국방도 다르지 않다. 생각이 앞서는 사람의 뜻이 중후하고 선도적이어서 변화와 발전의 여지가 있지만 생각의 결과를 빌려 쓰는 사람은 그 뜻이 단순하여 어느 유형에 고착되고 만다. 생각의 정점에는 철학이 있으며 철학은 현실에 귀결된다. 즉 철학의 고향은 구체적인 현실이라고 갈파한다. 현실세계에 맞지 않는 철학은 공상과 같다는 뜻이기도 하다. 지성의 두께와 현실 인식이라는 제하에 우리 나라의 현실과 미래를 위하여 던지는 석학의 고언은 잔잔한 양심의 파동이 되고도 남음이 있다. 석학의 양심으로는 우리 역사 인물 가운데 철저한 현실 인식에 기반한 지성적 활동을 한 사상가를 꼽는다면 단연 다산 정약용茶山 丁若鏞이라며 당시의 시대인식에서 다산은 이 나라의 털끝만큼도 병들지 않은 곳이 없으며 당장 개혁하지 않으면 나라의 보전도 장담할 수 없다고 현실을 직시한 탁월한 선견지명을 보였으면서도 안타까운 것은 세계정세나 일본의 발전을 누구보다 잘 알았지만 당시 일본은 조선을 통하여 도입된 유학에서 이의치세以義治世하는 왕도를 존중하므로 침략의 야심이 없을 거란 윤리도덕 사상으로 보는 틀에 갇혀서 양병설을 주장했던 율곡의 주장을 앞서지는 못하였다. 다산이 사망한 지 70년 후 일본이 조선을 점령하였다. 한 나라 역사상 가장 탁월한 지성으로 주목받은 다산도 변화하는 정세에서 그의 지성의 높이와 두께에 한계를 보였던 가슴 아픈 기억은 단순함에 빠져 우리의 운명을 타국에 의지하던 통한의 역사를 직시해야 하는 교훈으로 삼아야 했다. 현재의 남북관계도 단순히 동족이라는 편안한 도덕적 인식으로는 저들의 야욕을 잠재울 수 없으며 단지 자유민주주의의 확고한 기틀 위에 정치 안정으로 국민이 국가를 신뢰하는 애국애족의 정신으로 무장되어 난공불락의 일체감이 성공했을 때만이 민족의 고향인 통일을 말할 수 있을 것이다. 자위 능력이 없으면 아무리 이유가 정당해도 설득력은 무력한 구걸에 불과하다. 우리의 지도자들이 조국과 민족애라는 뜨거운 양심을 기울여 조국통일의 기반 조성인 화해 협력에 주력했지만 66년 전 자행하여 분단을 고착시킨 통일의 원죄자는 변함없이 대를 이어가고 있다. 정치도 경제도 통일도 백가쟁명의 혼란이 가져오는 무주공산 같은 국력으로 무엇을 이룰 수 있다고 장담하는 것인가. 혹시라도 국가와 민족의 존망을 우방이나 민족의 양심에 맡기는 허무한 무지는 청산되고 위대한 조국의 발전과 밝은 미래는 하나된 힘 밖에 없음이 확인되는 시대를 지성의 걸인이 감히 바라는 한마디 고언이다.

위대한 유산偉大한 遺産

유산이란 죽은 사람이 남겨놓은 재산 또는 앞서간 세대가 남겨놓은 유무형의 문화를 말한다. 유산이란 큰 노력 없이 얻어지는 것으로 여기면 한때의 편익에 불과하겠지만 유산의 성격과 가치를 깊이 성찰하여 보면 개인의 영달과 시대적 문화 창달에 막대한 영향을 끼치는 위대성을 깨닫게 된다. 필자의 지인 중에 한 분은 부족함이 없는 가정에서 태어나 경제적 어려움 없이 학업을 마치고 지방공무원이 되어 살면서 가장 어려움은 부모가 남겨준 유산을 지키는 것이었다고 술회하였다. 그런가 하면 부모가 이룩한 부의 그늘에 갇혀 절제와 낭비를 구분할 줄 모르고 방탕하다 패가망신하여 소중한 유산의 성격과 가치를 일시에 불사르는 사례들도 흔히 볼 수 있다. 제주대학 양진건 교수는 유배와 위대한 유산이란 제하의 글에서 영국의 소설가 찰스디킨스의 위대한 유산은 소중한 유산의 정체를 가리는 데 있었다. 소설의 주인공에게 상속하려 했던 유산은 훌륭한 신사神祠를 만들 수 있다고 믿었다. 이는 궁극적으로 신사의 가치를 재산으로 대신할 수 있다고 믿었던 당시의 배금주의 풍토를 풍자한 글이었다. 소설의 주인공은 물질적 사치로 자신의 삶을 탕진하고 방황하다 정도가 심해지자 정신적 공황을 겪으면서 패가망신한 극한 상황에서 주인공은 생각을 바꾼다. 결국 그가 받은 위대한 유산은 정신적 성장과 인간에 대한 조건 없는 신뢰임을 깨닫게 되었다고 소개한다. 우리나라 역사상 가장 철저한 현실 인식에 바탕을 두고 행동에 옮긴 다산 정약용茶山 丁若鏞. 다산은 청백리에 속할 정도로 청렴하였고 유배생활을 하다 보니 자식들에게 물려줄 유산이 없었다. 그는 자식들에게 정신적인 유산으로 두 글자의 부적을 전하니 그 하나는 부지런함을 뜻하는 근勤자와 검소함을 뜻하는 검儉자였다. 옛글에 위정지요는 공여청爲政之要 公與淸이요 성가지도는 검여근成家之道 儉與勤이라 하여 나라 다스림의 요체는 공평하고 청렴함이요, 가정을 일으키는 요체는 부지런함과 검소함이라 하였다. 고대 한서의 훈자서에 황금을 궤짝에 가득 채워준다 해도 자식에게 경서 한 권을 전함만 못하고 아무리 많은 재산을 물려준다 하여도 한 가지 재주를 가르침만 못하다 하였다. 재물은 절제 없이 쓰면 소모되어 버리지만 지식과 재주는 쓸수록 그 가치가 높이 축적되기 때문이다. 유산이란 지식이던 재물이던 쓰는 사람의 생각에 달려 있다. 아무리 많은 재산이라도 절제와 선용의 철학이 없으면 한 무리 구름 같고 아무리 높은 학문을 가졌다 하여도 경천외인하며 인의와 충서의 도리를 망각하고 곡학아세하면 차라리 모르는 만 못하다. 자연을 거스르고 인류사회의 평화를 해치는 것은 무지가 아니라 탐욕이다. 초인류를 지향하는 문명시대. 왜 하필 수백 년 전 이 땅에 살았던 한 선비의 소박한 유훈(勤勉儉素 근면검소)을 되새겨 보고자 하는가. 옛말에 현명한 사람만이 충고의 덕을 본다. 하였듯이 현인들의 가르침에 귀를 기울이는 이가 덕을 보아 성공할 수 있다 하겠다.

환골탈태換骨奪胎

환골탈태라는 말의 뜻은 뼈를 바꾸고 태어날 때 태를 벗고 태어나듯 묵은 껍질을 벗는다는 뜻이다. 더 깊이 해석하자면 아예 뼈를 바꾸어 끼우고 가죽을 벗겨 새것으로 만든다는 말이다. 이 말의 유래를 살펴보면 옛날 문인들 사이에서 다른 사람의 시구나 문장詩句文章의 줄거리를 바꾸어 자기의 작품인 양 사용한 것을 비유해서 지은 말인데 요즘 우리 문화계에서도 표절剽竊이라던가 위작僞作이라는 문제를 놓고 진위眞僞 여부를 가리는 일이 가끔 일어나고 있다. 이런 예도 있다. 오래 쌓인 먼지나 묵은 때를 솔질하듯 깨끗이 벗겨낸다는 뜻의 쇄신刷新 또는 의류나 신발 악기 등을 만들기 위해 갓 벗겨낸 소가죽의 속살과 기름기를 제거한 후에 무두질을 하여 가볍고 질긴 가죽을 만든다는 뜻의 혁신革新 또는 가마솥에 달라붙어 있는 찌꺼기나 녹을 완전히 닦아내기 위하여 쇠솔질을 하거나 아예 솥을 엎어 놓고 높은 압력을 가하여 새살만 남게 한다는 정혁鼎革 등이 있다. 다시 간추려 말하면 종전의 낡고 평범한 제도나 틀 또는 습관 그 시대 사람들에게 길들여진 의식구조와 수구적 사고방식守舊的思考方式을 모조리 뜯어 고쳐 사람들의 가치관과 사회구조를 완전히 재탄생시키는 일대 개혁을 의미하기도 한다. 현대 인류는 지구를 벗어나 우주를 개척하고 천체를 규명하는 초일류 문명을 창조하는 만물의 영장다운 위대한 업적을 축적하고 있다. 그러나 그 위대한 업적들이 완전한 인류 평화에 안착하는 전제조건은 인류애가 바탕이 되어 자연과의 조화를 통한 평화에 이르는 과정에 도덕과 사회윤리가 필수요건이다. 아무리 고도로 발달한 과학문명이라도 공격이나 정복의 수단이 되면 인류는 불행을 자초한 것이 된다. 사람이 가진 지능과 지식도 권한과 능력도 이와 같다. 필자는 환골탈태라는 단어를 조심스럽지만 우리 앞에 펼쳐진 우리의 자화상에 비추어 보려 하였다. 우리 대한민국은 파란만장한 반만년의 역사를 가졌지만 현재는 세계 속의 한국이라는 위상을 견지하고 있으면서도 정치적 경제적 풍요 속에 사회불안과 상대성 빈곤과 계층 간 갈등을 경험 중에 있다. 풍요 속에 빈곤과 불안을 겪는 것은 국민의 욕심이거나 정치의 부재에서 오는 영향의 결과다. 그러나 국민의 자율적 양심으로 선택하여 국정 운영이라는 신성한 권한을 위임받은 통치자나 입법과 견제라는 막중한 권한을 위임받은 선량 집단이 국가와 국민의 지엄한 명령을 망각한 듯 정략과 당략에 국력을 소비한다면 국민이 원하는 국가 안위와 백년대계는 하루 앞도 볼 수 없는 혼돈에 빠지게 되니 그것이 바로 풍요 속의 빈곤과 불안의 결과인 것이다. 지난 2014년 발표된 어느 통계자료에서 국민의 각 기관별 신뢰도 평가에서 청와대를 포함한 정부와 의회가 약 20개의 기관 중에 최하위를 기록한 바 있다. 나라의 핵심 기관으로 국민의 관심이 집중된 기관의 특성과 통치와 견제라는 상호작용의 원인도 있겠지만 무능 정부, 식물국회라는 비난과 우려에는 자유롭지 못한 게 사실이다. 설상가상으로 이 나라의 통치자가 한 여인의 간교한 탐욕을 경계하지 못하고 역사의 죄인이 되어가는 모습에서 허탈과 원망을 넘어 연민을 느끼게 된다. 한 나라의 융성을 사명으로 진 존엄한 지위를. 국민들의 억장이 무너지는 아픔보다 나라의 안보와 국제적인 신뢰 추락이 더 큰 화근이 될까 두렵다. 이제 책임 있는 정치 지도자들은 국가의 절박한 위기를 이 나라를 이끄는 모든 구성원들은 뼈아픈 교훈으로 삼아 사심 없이 수습하여 국가 수호와 국민 안정에 사명을 다 해야 한다. 이제부터 오천만 민족이 환골탈태의 각오로 난국을 타개하면서 나는 이 나라에 있어 누구인가라는 화두 앞에 서야 한다.

정치와 정치인政治와 政治人

탈무드에 나오는 글이다 큰 스승에게 한 청년이 찾아와서 정치를 하려 하니 도움 말씀을 주시라며 정중히 예를 드렸다. 그러나 스승이 보기에는 그 청년은 아직 정치를 할 만한 그릇이 안 되어 보였다. 그래서 스승은 그를 시험해 보고자 그 청년에게 제안한다. 내가 자네에게 문제를 낼 테니 문제를 맞추면 정치를 허락하겠네. 두 소년이 굴뚝 청소를 함께 했는데 끝난 다음에 보니 한 명의 얼굴에는 그을음이 많이 묻었고 한 명은 깨끗하였다네. 그러면 어떤 사람이 세수를 해야 하겠나, 그러자 청년은 당연히 그을음이 묻은 소년이 해야지요. 스승이 말했다. 자네 생각은 틀렸네. 자네는 아직 정치 할 때가 아닐세. 그 소년들은 서로 상대의 얼굴만 보기 때문에 그을음이 묻은 소년도 자기 얼굴이 깨끗한 줄로 착각하지. 그러자 청년은 한 번 더 문제를 내어 주십시오, 하고 간청하자, 스승은 허락한 다음 다시 똑같은 문제를 내었다. 청년은 의기양양하여 대답하였다. 그야 당연히 얼굴이 깨끗한 소년입니다. 라고 대답하였다. 그러나 스승은 이번에도 자네 대답은 틀렸다네. 이보게, 두 소년이 똑같이 굴뚝청소를 하는데 어떻게 한 사람의 얼굴에만 그을음이 묻겠나. 정답은 두 사람이 다 같이 세수를 해야 맞네. 여기에서 말한 굴뚝은 정치 현장이고 두 소년은 정치를 하는 사람으로 비유한 글이었다. 정치란 국가의 주권을 가진 사람이 그 나라의 영토와 국민을 통치하는 것을 말하는 것이고 정치인이란 나라를 다스리는 일에 종사하는 사람이다. 왕조시대에는 임금의 명命이 곧 법이었지만 민주주의를 채택한 나라에서는 행정과 입법과 사법등 삼권분립 하에서 나라가 다스려지며 통치권자와 입법 구성원들은 국민이 선거를 통해 정하는 선택직이다. 나라가 잘 다스려지기 위해서는 인재 선택이 관건이다. 우리는 대한민국 건국 이래 수많은 선거를 통해 최고의 선량이라며 선택하지만 우리나라 정치사에서는 단 한 번도 임기를 마치고 자리에서 떠나는 정치인을 감격과 눈물로 석별한 일이 기억나지 않는다. 그 이유는 어디에 있는가. 우리는 최근 대선과 총선 지방선거를 경험했지만 자신이나 자신이 속한 단체에는 갖가지 미사여구를 총동원하여 자화자찬하지만 상대나 상대가 속한 단체에는 입에 담기도 민망한 저속한 표현으로 비방한다. 유권자들이 냉정한 입장에서 보면 모두가 정치를 할 그릇이 못 되어 보이지만 부득이 차선의 선택을 하게 되는 여지밖에 없다. 우리는 결국 얼굴에 그을음이 묻은 사람을 고르게 되었고 그들의 정치 과정을 지켜보면 우리는 정치인다운 정치인을 선택하기가 쉽지 않다는 것을 뼈저리게 느끼게 된다. 방법은 정치에 뜻을 둔 이나 정치인들은 정치란 부와 명예와 권력의 획득 수단이 아니라 국민을 대신하여 위대한 조국의 번영과 국민의 행복을 위해 신명을 바쳐 사명을 완수할 것을 선서한 책임을 다하여 국민의 신뢰를 생명으로 여겨야 진정한 정치요 올바른 정치인이라 할 것이다. 우리 국민들과 이 나라의 평화적 보전과 민족의 번영과 행복을 소망하며 자신을 바친 선열들의 영령들도 바라던 소망이 아니던가.

대공무사大公無私

대공무사란 대의를 위해서는 사사로운 인정이나 이해관계를 배제하고 공평무사하게 처리해야 함을 이르는 말이다. 중국의 춘추전국시대 진晋나라의 평공平公이 중신重臣 기황양祁黃羊에게 이렇게 물었다. "지금 남양현의 현감南陽縣縣監 자리가 비어 있는데 누구를 임명하는 것이 가장 합당하겠소." 기황양은 조금도 주저하지 않고 대답하였다. "신하 중에 해호解狐가 가장 적임자라 여겨집니다. 그는 틀림없이 현감의 임무를 잘 수행할 것입니다." 그러나 평공은 뜻밖의 천거에 놀라면서도 "해호는 그대의 원수가 아니요 왜 하필 원수를 천거하는 이유가 무엇이요" 하니, 기황양은 "전하께서는 누가 현감의 적임자인지를 신에게 물으셨지 신과의 사사로운 관계를 물으신게 아니시었습니다." 평공이 해호를 임명한 후 현감 해호는 고을 백성을 가족처럼 섬김에 헌신적으로 노력하여 남양현의 온 백성이 현감의 선정을 높이 평가하여 마지않았다. 얼마 후 평공은 또 다시 기황양을 불러 "지금 조정에 청렴강직한 법관이 긴급히 필요한데 누구를 기용하는 게 좋겠소." 이번에도 기황양은 망설임 없이 "기오祁午를 기용하는 게 옳을 것입니다. 하자 평공은 더욱 놀라면서 기오는 그대의 아들이 아니요, 자기 아들을 천거 하다니 다른 사람들의 비난을 생각지 않으시오?" 기황양은 태연히 대답하였다. "전하께서는 신분을 따지시지 않고 적소에 맞는 인재를 물으시기에 천거했을 뿐입니다." 평공은 이번에도 기황양의 천거대로 기오를 법관으로 임명하자 나라의 법이 바로서 국태민안의 대업이 성공한다며 공평무사를 치국의 도로 삼아 충성을 다하니 백성들로부터 칭송이 자자하였다. 진나라에는 기황양이라는 인재가 실천한 대공무사가 나라를 융성하게 하였다. 지금 우리 사회의 가장 중요한 화두 중 하나가 대공무사다. 한나라의 성공 여부는 대공무사가 관건關鍵이다. 모든 사회 단체의 조직이나 국가의 공조직에 있어서도 경영의 첫 단계가 인사이기 때문이다. 우리 사회의 불만 요인도 공평하지 못한 인사였거나 자리에 맞지 않는 정실인사 등용인의 원칙을 무시한 데서 오는 정책 실패였다. 시중 여론에 자주 등장하는 것이 인재 등용에 대한 불공정 시비다. 일자리는 본래 일을 잘할 사람이 필요하지 돈이나 명예를 얻어 가려는 사람에게 필요한 자리가 아님에도 혈연, 지연, 학연, 정실 이권 전관 등 연고주의가 만연하여 실제로 전문지식과 인격을 갖춘 인재들이 현 사회에 등을 돌리는 일은 국가적으로 도덕적으로 사회통합 차원에서도 큰 손실이다. 인재 등용에 실패하면 국가도 사회도 미래가 없다. 진나라가 융성기를 맞을 수 있었던 것은 임금과 신하 사이에 의리가 지켜졌고 널리 보는 혜안과 인격을 갖춘 인재를 등용하는 등 임금이 공평무사에 가치를 둔 선정을 베풀었기 때문이다. 어진 임금과 현명한 신하 우리나라에도 없어서가 아니라. 행동하는 양심을 탐욕의 마수에 현혹되어 쉽게 잊는 의지의 결핍 때문이다. 바라건대 이나라의 지도자들이 경계해야 할 것은 본심을 지키는 수양이다.

이 가을을 보내며

나락 향기가 정겹던 황금 들녘에 풍요를 구가하던 농부들의 분주한 발길이 그치기 바쁘게 해탈한 선사의 깨달음의 경지처럼 텅 비운 충만으로 넘쳐 있다. 조급한 인간들이 오지도 않은 내일을 근심하며 노심초사하는 어리석음을 나무라듯 넉넉한 여유로움을 잃지 않는 대지. 우리가 함부로 밟기조차 조심스런 이 땅은 만물의 고향이자 돌아갈 영원한 안식처다. 어제(2016. 11. 14)저녁에는 68년 만에 한 번씩 볼 수 있다는 “슈퍼 문”이라는 음력 10월 보름달을 처음 보았다. 유난히도 크고 둥근 완전한 만월이 쏟아내는 눈부신 섬광에 풍진세상이 새롭게 바뀌었으면 하는 공상에 젖어 보았다. 어둠에서 헤어나지 못하는 무명에 길을 밝히며 두 손 모으는 청수잔에서 강과 호수에서 사람의 가슴에서 마음이 가는 곳은 어디서나 어둠을 밝혀주는 달. 인간은 자연의 섭리 앞에 경외심을 가져야 한다. 우리가 사는 이 땅에 공교롭게도 대한민국 건국 68주년째에 또 한 번의 정변을 맞게 되었다. 심약한 지도자가 간교한 여귀에 홀려 존엄한 국정을 농단당한 전대미문의 비보는 전 국민을 경악케 하였다. 이성을 가진 국민의 양심으로 참담하고 부끄러운 비보가 아닐 수 없다. 우리가 가장 뼈저리게 느끼게 되는 것은 이 나라의 지도자를 지망하는 인사들을 검증하는 과정은 전 국민의 관심 속에 국가관에서 통치 능력 심지어는 사생활의 면면까지도 검증 결과 최고의 지지를 받은 이가 지도자로 선출되었다는 잘못된 결과가 오늘의 우리에게 돌아온 업보라는 사실이다. 우리에게 가장 두려운 것은 국가안보와 경제 정상화 더하여 국민의 분노다. 이 나라의 진정한 지도자는 난국에서 찾아진다. 죄인들은 서릿발 같은 법으로 다스려야 하고 중단 없는 국정을 위해서 사심 없는 순수한 애국심으로 난국을 타개하여 국민을 안심시키며 안보와 경제의 틀을 해치지 않는 대안에 너와 나를 가리지 말고 최고의 지성들이 시급히 머리를 마주하고 양심적 토론을 통해 국가 정상의 토대를 마련해야 한다. 그리고 죄를 지었다면 솔직히 고백하고 벌을 두려워 말아야 한다. 화는 요행으로 면할 수 없으며 하늘에 지은 죄는 빌 곳도 없고 용서하는 이도 없다는 것을 알아야 한다. 다시 한 번 강조하지만 난세를 수습하는 첫째 조건은 당사자들의 양심에 좌우한다. 중대사에는 한치의 사심이나 당리당략도 허락하지 않으며 보복성이나 출세의 밑돌로 여기는 사심은 이나라의 존엄한 국리민복에 적이 되기 때문이다. 국민에 의해 선출된 지도자들 또는 헌법에 의하여 선택된 지도자들은 지엄한 국민의 뜻을 어기거나 속여서는 아니 된다. 지금 온 국민의 마음속에는 이 나라의 치부가 전 세계에 낱낱이 드러나 민족의 자존심과 신뢰가 무너지고 안보와 경제의 취약성이 노출되어 실로 반만년 만에 이룩한 국가 위상이 붕괴될 것을 염려하는 것이다. 이 나라의 정치 지도자와 공직자들에게 호소한다. 정부수립 후 지금까지 정치 집단 간의 영일 없는 정쟁 속에서 정치인들의 장점보다는 단점 들추기에 열중하며 자기와 자기 집단만이 진정한 지도자라 외쳤지만 국론만 분열되고 정치 선진화는 여전히 장기과제로 남아 있다. 이 나라의 정치지도자들은 위기를 극복하고 새로운 시대로의 전환에 앞장서는 자랑스러운 정치인이 되어 청사에 맑은 이름을 남기는 남아로서의 이상을 실현하려는 이를 보기를 온 국민은 간절히 바란다는 사실에 정치의 생명을 걸어야 한다. 이 땅에 다시는 역사에 불행한 오점이 남아서는 안 되기 때문이다. 한 사람의 망령된 오판이 나라와 민족의 미래를 어둡게 해서는 안 되며 그렇게 하기 위해서 선택은 냉철해야 한다. 또다시 당리나 당략을 고집하여 기회와 인재를 배척하면 이 나라는 끝없는 전쟁에 휘말려 국민은 도탄에서 헤어나지 못하는 불행속에 지도자를 원망하는 악순환을 겪게 된다. 뼈를 깎는 각성이 간절히 요구되는 게 지금의 우리 사회다. 옛말에 성군이나 영웅은 난세에서 태어난다 하였다. 지금 우리는 전대미문의 지도자에 대한 실정을 캐묻고 벌을 하는 과정에 살고 있다. 이 뼈아픈 사실은 오히려 수많은 화두를 우리에게 던져준다. 한 나라와 국민을 대표하는 지도자의 명예가 바르지 못한 탐욕으로 먹칠 되다니! 수신제가 치국이라는 너무나도 익숙한 교훈도 기억하지않는 가벼운 운신, 이와 같은 부끄러운 환락을 전화위복의 기회로 삼기 위하여 이 나라의 지도자들은 환골탈태의 각오로 기존의 의식은 과감히 바꾸어 또다시 국민의 엄중한 심판대에 서는 이가 없기를 바라는 마음 간절하다.

추상秋霜

연한 생명에 내려진 가혹한 찬서리

나락 향기 정겹던 지평선 광야에 어느덧 황금 물결이 출렁인다. 흰 눈썹 날리며 새벽바람 가르면서 새벽별과 저녁달과 동행하던 농부들의 소망이 영그는 계절 계화도 백릿길에 향기를 뿌리며 하늘과 땅과 사람에게 행복을 나누며 평화의 사자처럼 자비롭고 아름다운 코스모스의 나약하지만 용기 있는 고운 모습 아직은 따사로운 햇볕을 가려주는 고마운 가로수 등에 기대어 맑게 고인 하늘을 바라본다. 어디서 왔는지 흰구름 한 조각 떠간다. 땅을 디딘 뿌리도 매어 놓은 끈도 없으니 바람의 의도대로 떠돌다 흩어질 무상한 운명, 저 구름의 무위無爲의 두려움에서 어리석은 필자의 붓끝이 날카로워진다. 해가 뜨면 일하고 해가 지면 쉰다네, 우물을 파서 마시고 밭을 갈아먹으니, 어찌 황제의 힘이 필요하겠는가. 평안의 운명을 스스로 개척하여 즐기는 농부의 감흥시를 경청한 요임금은 성군이라는 화려한 장막에 가려 무위의 두려움을 모르는지 성찰하며 자신을 더욱 낮추어 경천애인의 왕도에 더욱 정진하였으니 왕도王道도 신도臣道도 탐욕貪慾과 연고緣故에 순위를 빼앗겨서 선공후사先公後私의 정도正道가 실종된 지 오래라면 누가 동의할까. 하늘에서 땅끝까지 곧게 내려친 정도의 경계조차 구분할 수 없는 무명無明의 안목으로 세상을 말할 수 있을까. 무위無爲의 안일함으로 치국治國을 논論할 수 있을까 명리名利를 내려놓지 않고 국민을 말할 수 있을까. 국가와 민족을 자기라는 애정이 없이 왕王이란 명패를 상상할 수 있을까. 우리 머리 위의 하늘도 우리가 디디고 선 땅도 몸을 부비는 사물도 만유는 우주의 섭리가 정한 길따라 운행한다는 것을 우연이라 착각해서는 안된다. 첨단으로 치닫는 과학문명이 우주의 실체와 역사를 규명하며 신과 숙명의 무용을 밝히지만 우주 섭리의 일정함은 과학이전에 정해진 질서임에 이론이 있을 수 없다. 또한 인간세계는 인과의 법칙이 존재하여 행위에는 결과가 있음이 일일이 확인된다. 사람이 지키기에 급급하는 체면은 나에게 있어 아주 작은 것이고 치국은 위대한 것이다. 그러나 권세는 덧없는 것이어서 어진 사람은 결코 의존해서는 안되는 영역임을 유념해야 한다. 옛글에 권세는 군자에게 가하지 말고 덕은 소인에게 주지 말아야 한다며 욕심을 참지 못하는 인간의 나약함을 경계한 말이 있다. 그침의 현명함에 익숙하지 못한 현대에 있어서는 더욱 그러했다. 근세에 있어 치욕의 역사에서 벗어난 지 칠십 성상 쓰라린 과거를 교훈 삼아 정의롭고 부강한 나라를 염원했던 민족의 한은 주변 열강의 탐욕으로 무산되어 분단이란 또 하나의 치욕스런 경계를 허물어 본래의 모습으로의 원상회복도 요원한 가운데 그 책임을 통감하며 통일조국의 주체임을 자부하던 대한민국의 국시는 구호문이 되고 책임보다 직책에 몰두하거나 양심적 인재 곁에 기생하는 모리배에 의한 변절에 나약한 반쪽짜리 군자들이 통치의 운전석에 앉아 조국과 민족을 백번 암기하여 왔지만 현재를 제외하고 누구 하나 국가와 국민의 뜨거운 눈물을 흘리게 한 적 있던가. 그 개인에게 일일이 묻는다면 모두가 성군이었다는 자만이 바로 그게 아니었다는 증표인 것이다. 그 많은 기라성 같던 인재 중에 누가 이 나라를 정의롭게 이끌면서 미래 통일의 현실성 있는 대안 제시에 평생을 바치려는 살신성인하는 모습을 보였던가. 주변 열강의 이해 남북의 대치, 세계 질서라는 세류, 임기라는 통치의 제한 등 나번한 환경도 한 사람의 의지로 허물수 있는 벽은 아니지만 열강의 이해에 약소민족이 감내해야 하는 죄없는 형벌에 오열하며 세계 인류에게 호소하는 절규를 토하며 하늘을 우러러 민족의 양심을 호소한 이 있던가. 우국충정으로 자신을 불사른 의사 열사는 있어도 최고 통치자들이 자신을 불살랐던가. 모두가 범죄자가 되고 법 앞에 자유롭지 못해 무에서 유를 창조한 조국 발전에 이바지한 바는 크다지만 그보다 더 큰 허물에 가려 빛을 잃는 반쪽짜리 군자들의 처량한 모습들. 공자는 사람이 가장 두려워할 것은 죽음이 아니라 죽은 후의 들림이라 하였다. 이 나라의 철없는 문명인들 나라와 민족의 사활을 가름하는 운명의 기로에서도 모닥불에 현혹되어 죽음을 당하는 하루살이를 보지 못하는 편협한 안목으로 자기방어의 수단이라는 권리니 행복이니 줄을 짓는 모습에서 나라 없는 민족도 민족 없는 권리도 권리 없는 행복도 모두가 허상임을 왜 외면하는지, 백척간두에 선 이 나라의 운명이 진정으로 두려운 우리들의 현실이 안타깝다. 아직도 시간은 우리 편이라는 긍정적 예감을 믿으며 우리 스스로 위대해지자고 호소하는 바이다. 저 한없이 높고 청명한 가을 하늘은 우리의 미래이고 바람에 흔들려도 아름다움과 향기로움을 잃지 않는 코스모스는 우리의 희망이다. 우주의 섭리는 한없이 너그러워도 때를 지킴에는 가을 서리와 같이 냉엄하고 분명하듯 아름다운 자연을 만족하는 이들은 문득 자기의 내면 세계에 가을 서리 같은 경계를 늦추지 말아야 세상을 밝히는 태양을 바로 볼 수 있다. 대인춘풍 지기추상待人春風 持己秋霜이라 하였으니…….

과유불급過猶不及

공자孔子의 제자인 자공子貢이 선생께 물었다. “선생님 자장子張과 자하子夏 중에 누가 더 현명합니까.” 공자는 자장은 재주가 지나치고 자하는 조금은 소심하여 모자란다 하였다. 자공은 “그러면 자장이 낫다는 말씀인가요?” 공자는 지나친 건 모자람과 같으니 두 사람 모두 다 중용中庸에 이르지 못하였으니 우열을 가릴 수 없다 하였다. 이어 공자는 중용은 바로 군자가 갖추어야 할 덕으로 그 값이 지극하다 하였다. 중中이란 어느 쪽에 치우치지 않음이요 용庸은 언제나 변함없는 형평을 뜻하는 거라 하였다. 현대사에 있어서도 균형이라던가, 형평에 가치를 존중하는 덕목임은 분명하지만 실현하기란 매우 어려운게 사실이다. 지금 우리 사회의 가장 큰 문제 중 하나가 형평에도 균형에도 맞지 않는 구조와 흐름이다. 바로 모두가 이롭지 못한 편향적 모순인 것이다. 공자의 생각과 같이 지나치거나 미치지 못하여 중용에 이르지 못하는 덕의 부재에서 오는 현상이다. 우리 민족이 살아온 반만년 역사 속에는 태평성대를 기대하기보다는 수많은 내우외환에 피눈물이 마를 새 없는 파란만장한 생존의 역사였다. 다행한 것은 국가와 민족이 위기에 처하면 하나뿐인 목숨이라도 조국에 바치는 살신성인의 희생정신이 전수되어 오기에 오늘의 이 나라와 우리가 존재한다는 역사적 사실에 감사하며 투철한 애국애족의 정신으로 역사를 거울 삼아 현재를 빛내며 영원한 미래의 초석을 다지는 후예로서의 도리를 다해야 마땅하다. 그럼에도 불구하고 지금 우리 앞에 전개된 전대미문의 국가적 환난은 준엄한 국가의 소명의식을 저버린 어리석은 군주와 자리에 연연하여 군신의 도리를 저버린 관리들이 만들어낸 무능과 탐욕의 산물로, 밖으로는 우리의 생존을 위협하는 안보 환경과 경제 회생이라는 난제들이 표류하면서 국위 손상과 신뢰 추락 등 대외정책까지 지금이야말로 이 나라의 정치지도자들과 국민 모두 이성을 발휘하여 기우는 국운을 바로 세우려는 충정을 불태울 때다. 죄상은 원천에서부터 사심 없이 캐내어 가감 없이 밝히고 죗값은 법이 정한대로 처벌하여 다시는 이 땅에서 권력에서 얻을 것은 맑은 이름뿐이라는 것을 깨달아 미래의 청사에 부끄러운 기록이 없을 기회로 삼아야 한다. 국민들은 난국 타개의 과정에서 이 나라의 진정한 정치인과 관리가 어떤 사람인가를 똑똑히 기억할 것이다. 지금까지 백성을 다스리는 목민관들을 오히려 백성들이 목민관의 입장에서 지켜보았다는 사실을 잊으면 안 된다. 다시 한 번 공자의 가르침을 상기하면서 현명한 지혜와 높은 학문도 사욕에 이끌리면 망하고 못 미치는 것을 지모나 술수로 대신하려 해도 망한다. 민주주의를 표방하며 탄생한 대한민국 70년사에서 국부로 추앙받는 대통령 한 분 없고 대타협을 이루는 국회상도 청백리라 존경받는 관리도 우리 기억에는 떠오르지 않는다. 최근에 인재는 넘쳐도 국민의 눈높이를 넘지 못하는 현실상을 우리 오천만 민족은 이 환난을 전화위복으로 삼아 최고의 양심과 지성을 아낌없이 캐내며 이 위대한 역사 앞에 나는 과연 누구이며 무엇인가를 성찰하는 성숙된 국민의 도리를 지키자고 호소한다. 중국 속담에 백년하청이란 말이 있다. 중국을 가로지르는 황하강 흙탕물이 언제 맑아질까를 빗댄 말이다. 어떤 이는 넘치고 어떤 이는 모자라고 넘침도 없고 모자람도 없는 세상은 꿈이겠지만 바람마저 끊긴 것은 아니다. 지금 나부터 맑은 물이 되어 나로 인해 역사의 강이 흐릴지를 염려하는 역사인이 절실한 세상 현재를 살아가는 우리가 윗물이 되어 백년하청의 심정으로 바라보는 후예들이 없기를 항상 과유불급의 교훈을 좌우명으로 삼음이 어떨는지.

만추유감晩秋有感

나락 향기 정겹던 만추의 들녘 푸른 물결 넘치던 풍요의 보고는 어느샌가 남김없이 돌려준 빈 가슴으로 해탈한 선사처럼 텅 빈 충만으로 파안대소하며 맑은 하늘과 환담 중이다. 무아의 경계에 고요 홀로 길게 누운 정경, 낮게 엎드린 산그늘이 동구에 걸칠 때면 초가지붕 위에 피어오르는 저녁연기 타고 코끝을 스치는 고향 냄새, 지친 몸 눕히던 방 등잔 불빛들 잠든 뒤 새벽 찬바람 헤치는 닭 울음소리에 내 아버지는 샛별과 동행하시고 게으른 소울음 소리에 내 어머니는 앞치마에 물기 마를 새 없으시던 모습 한 이불 속에 살며 얼굴 마주하며 할 말도 있었으련만 돌아갈 때는 다르다며 젖은 눈으로 총총히 떠나신 아득한 세월. 나 어릴 적 젖냄새 짙게 배인 고샅길 담 너머로 날 부르시던 어머니의 낭랑한 목소리에 가슴이 메인다. 머리 허연 갈대숲에 숨어 살던 바람 한자락 상념에 잠긴 나를 깨운다. 훌쩍 가버린 아련한 추억을 회상하면서 응석처럼 황홀한 기억을 더듬는 무념의 삭막은 아마도 부딪치는 거친 세파에 지친 사유의 무게가 아니었나 싶다. 안으로 먼저 나를 돌아보는 겸손을 넘은 무례를 무릅쓴 생각으로 말이다. 영원불멸의 우주 섭리는 분초의 어긋남도 없는데 백 년도 못 견디는 인간은 조급함에 사로잡혀 방황한다. 산천은 의구한데 인심은 쉬변하여 섭리도 거스르며 하늘 소리도 외면하는 사악하기 쉬운 인심을 사람들은 모른다. 진정한 사랑의 승리자는 열매를 위해 떨어지는 꽃잎이듯이 세상에 태어나 성공하는 삶이란 자신이 아닌 타인이 누리는 영화에 있음을 말이다. 사람들의 이상은 현실을 뛰어넘어야 위대한 것이라 믿는다. 그래서 누구나 희망은 최고여야 한다. 하늘의 허를 찌르듯 인간의 두뇌와 과학기술은 천기를 엿볼 직전까지 닿은 듯싶다. 아무리 무한경쟁 속에 적자생존의 기회를 잡는다 해도 이 세상에는 하나의 태양과 하나의 달빛에 의존할 수밖에 없는 섭리 안에 매어 산다는 것을 인정해야 한다. 우리들은 우리가 살고 있는 사회에서 수많은 모순에 의한 갈등을 겪으면서도 자신을 드러내어 남으로부터의 냉정한 평가를 두려워하면서 남의 뒷면을 의심하며 자신의 은신처를 물색하는 비겁함을 드러내는 예도 흔히 있다. 다스리는 자나 다스려지는 자의 의를 벗어난 의기가 투합되면 그 사회는 부패한다. 부패는 발전의 뿌리를 썩게 하여 생존도 성장도 결실도 기대할 수 없는 절망으로 좌절할 수밖에 없다. 이것은 우리 사회 주요 기관의 신뢰도 평가에서도 여실히 증명되고 있다. 지난 2014년도 기준이기는 하지만 우리나라 최고의 지성 집단인 청와대와 국회와 중앙정부다. 그뿐만 아니라 선진경제 개발국 중에서도 우리나라는 자살률을 비롯하여 부정적 사회상의 우위를 차지하는 수치스런 통계를 목도하고 있다. 그러나 우리에게는 더 큰 희망이 있다. 중국 시진핑 주석의 사드 배치 기사 속에 한국인은 결정적인 순간 하나 되는 민족정신을 강조한 바 있고 이백만의 성난 함성 속에서도 질서와 청결을 유지하는 인내와 지성이 있고 지금도 우리 머리 하늘에서 지켜보는 선열들의 희생의 애국혼이 새파랗게 존재한다. 우리는 반만년을 지켜온 불멸의 후예임을 자부하지 않던가. 이 어두운 회색 계절도 얼마 남지 않았다. 우리 몸속을 흐르는 민족정신은 이미 하늘과 땅의 사랑 속에 강물처럼 그침이 없으리니 돌아오는 가을은 시화연풍時和年豊하는 계절이 될 것이라 소망하며 믿는다.

지급즉우야智扱則愚也

(지모가 극에 달하면 어리석어진다)

진나라 무제晉武帝 때의 양준楊駿은 임금의 장인이었다. 그는 자기 신분에 맞지 않게 탐욕스럽고 그 세도가 하늘에 닿았다. 그는 권력을 평생 동안 누리는 방법은 덕을 베푸는 선행보다는 자신을 보호할 수 있는 친위 세력 확보가 우선이라고 여기며 선심공세에 주력하는 동시에 자기와 뜻이 같지 않으면 가차 없이 배척하였다. 또한 형제들에게도 가문의 장래를 위하여 자기의 뜻을 따를 것을 강요하였다. 이를 지켜보던 양요와 양재 등 두 아우들은 인심은 지모나 계책만으로 살 수 있는게 아니오니 형님께서는 사람들을 예의와 덕행으로 사귀고 다스림이 옳다고 간언하면서 정도를 벗어나면 굴욕을 자초하게 된다며 만류하였지만 그는 듣지 않았다. 세월이 지나자 그동안 거짓 누명으로 파직당하거나 무고한 형벌을 받았던 관리들이 일제히 일어나 임금께 양준의 만행을 상소하여 뒤늦게 이를 깨달은 무제는 양준을 크게 꾸짖으며 여남왕汝南王 왕량王亮으로 하여금 정무政務를 분장토록 하여 권한을 분산시켰다. 그러나 양준을 따르는 간신 중 하나가 때마침 임금께서는 병환 중이시니 이 기회를 이용하여 거짓조서를 꾸며 권력을 회복하면 된다는 말에 양준은 그렇게 실행하였다. 얼마 후 무제가 죽자 양준의 횡포는 극에 달하고 나라는 피폐하여 갔다. 이를 참다못한 맹관과 이조孟觀李肇 등 충신들이 황후皇后에게 간諫하자 황후는 즉시 군사를 풀어 양준을 참살하도록 엄명하였다. 양준은 도망하다 잡혀 살해되었고 권세에 눈이 멀어 아부하던 무능한 수천 명의 관리들도 참살을 면치 못하였다. 옛글에 이르기를 악한 마음이 가득차면 하늘이 반드시 벌을 내리리라 하였고 세상의 모든 일은 분수가 이미 정해져 있거늘 사람들은 부질없이 바삐 움직인다 하였다. 탐욕을 참지 못해 악행을 자행하고 욕심에 차지 않으면 남을 원망하는 참으로 나약하고 허무한 게 사람의 삶이던가. 삼국지의 주인공인 유비와 조조와 손권은 난세를 극복하고 천하를 통일한다는 명분으로 수십만씩의 군사를 동원하여 천하를 피비린내로 뒤덮으며 국토를 삼분하였지만 부모와 처자와 고향을 버리고 낯선 전쟁터에서 이유 없는 죽음으로 고혼을 허공에 묻었건만 누구 하나 그들을 위로했던가. 촉한蜀漢의 소열왕이 된 유비劉備는 죽음을 앞두고 아들인 선禪에게 조칙을 내려 착한 일이 작다고 하여 하지 않으면 안 되고 악한 일은 작아도 해서는 안 된다며 생을 마쳤다. 그에게는 그것이 생의 고백인 것이다. 사필귀정이다. 참된 삶을 원하는 사람은 욕심을 줄여야 하고 자신을 오래 보존하려는 사람은 이름내기를 조심해야 한다. 우리가 살아가는 현대사회에서도 앞서 소개한 양준과 같이 지나친 욕심을 자제할 줄 몰라 짧은 쾌락을 위해 값진 백년인생을 헛되이 던지는 사례들도 왕왕 있다. 세상은 위대한 스승이라는 순수한 철학. 우리는 그러하기에 떳떳하지 않은가.

불환지과환덕유실不患智寡患德有失

(성인은 지혜의 적음보다 덕의 상실을 근심한다)

진실陳實은 동한東漢시대 사람으로 이름을 널리 떨친 사람이다. 그가 젊은 시절 양성산陽城山에 은거하고 있을 때 영천군 허현이라는 고을에서 살인사건이 일어났는데 그 고을을 양씨성을 가진 관리 하나가 진실을 범인으로 오인하고 고발하여 감옥에 가두고 모진 고문을 가한 일이 있다. 다행히 훗날 혐의가 풀려 무죄로 석방된 후 진실은 영천군의 독우督郵라는 벼슬에 올랐다. 그 후 진실은 자기를 욕보인 바 있는 양씨를 현령에 천거하였다. 원한을 덕으로 갚은 진실은 많은 사람을 감동시켰지만 가족들은 크게 원망하면서 당신은 지혜로우면서 어리석다며 불평하기도 하였다. 그러나 진실은 나는 평생 군자의 길을 추구해 왔으니 원한을 원한으로 갚는다면 그와 무엇이 다르겠느냐며 설득하였다. 고을 현령은 양씨 관리에게 진실의 진심을 전하자 양씨는 부끄러움을 무릅쓰고 진실을 찾아가 용서를 빌면서 옛 성현들은 사실의 진위를 가리지 않았어도 천하가 우러러보았으니 대인이야말로 성현에 가깝다며 감복하였다. 진실의 청빈함이 세상에 알려지자 어떤 이는 그를 비웃으며 학식이 깊고 넓은지는 몰라도 부유하지 못하니 그대의 명성이 헛됨을 알겠네. 장부에게는 가난도 치욕이거늘 어찌 부끄러이 여기지 않는가. 진실은 조용히 미소를 띠며 재물을 위해 명성을 더럽히는 것이야말로 가장 큰 수치이며 재물이 쌓일 때는 현명하였다 여겨지겠지만 후회할 날이 멀지 않음은 알려 하지 않는다 하였다. 진실은 사물에 뛰어난 혜안과 판단력을 가진 인재였다. 인재를 등용하거나 등용함에 있어 적재적소를 명확히 판단하였다. 또한 상관에게 간하여 듣지 않으면 관직을 미련 없이 던지는 단호한 강직함에 조정의 신뢰가 두터워 명신의 반열에 올랐다. 진실이 84세로 별세하자 임금이 조의를 표했을 뿐 아니라 그를 조문한 인사가 삼만에 이르렀다고 전한다. 옛글에 이르기를 덕불고필유린德不孤必有隣이라 하여 덕을 베푸는 이에게는 반드시 동정하는 이웃이 있고 고독하지 않다 하였다. 옛날 어느 형제가 먼 길을 가다가 길 옆에 버려지듯 놓여 있는 두 개의 황금 덩어리를 주웠다. 각각 하나씩 나누어 가진 뒤 나루터에 이르러 나룻배를 타고 강을 건너는 중에 이게 웬일인가. 형은 품속에 깊이 숨긴 황금덩어리를 꺼내어 강물에 버렸다. 그러자 아우도 뒤따라 품속의 황금덩어리를 버린 뒤 형제는 누가 먼저랄 것도 없이 서로 부둥켜안았다. 만일 두 형제 중에 황금을 버릴 지혜를 짜내지 않았다면 반드시 형제의 윤리는 무너져서 모자라는 지혜로 말미암아 형제가 지킬 덕은 무너져 버렸을 것이다. 재물이라 할 수 있는 한 줌의 곡식도 끼니를 대신할 한 푼의 금전이라도 탐욕이 결부되면 자신을 태우는 불씨가 되고 쪼개어 나누면 덕이 쌓이면서 자신을 영원히 높이는 밑돌이 된다. 현명한 사람은 지혜보다 덕을 높이 여기니 자신을 보전하고 주변을 정화하는 스승적 교훈으로 삼아 마땅하지 않은가.

충효사상忠孝思想

사람들은 예로부터 집단을 이루어 살아가는 특성이 있다. 일정한 영토에서 다수가 살기 때문에 자연스럽게 언어, 생활양식, 심리적 습관, 하나된 문화와 역사를 가진 민족이 국가를 이루게 되고 민족의 뿌리인 조상과 조국을 갖게 된다. 한 민족과 국가를 수호하고 보전하기 위하여 나라를 다스리는 임금을 둔다.

◎ 忠이란 나라를 다스리는 임금에게 진심으로 정성을 다하여 돕고 섬기는 것을 말하며 궁극적으로는 나라와 민족을 위한 사심 없는 정성을 말한다.

◎ 孝란 자식이 늙은 부모 또는 조상을 섬기는 본능적인 순수하

고도 최고의 착한 행실이며 인륜의 전통적 예의다.

옛글에 孝를 百行之本이라 이른 것은 사람이 근본을 존중하는 자라야 그 밖에 모든 일에도 사심 없는 정성을 기울인다는 뜻으로 행위의 동기가 중요함을 말한 것이다.

◎ 思想이란 사람의 판단이나 추리를 통하여 집약된 결론 의식으로 삶과 사회정치를 보는 중심적 견해인 것이다.

필자는 먼저 숭고한 충효사상에 대하여 정의할 만큼 학식은 물론 국가관과 경륜이 천박하여 조심스러우면서도 유년시절부터 일생 동안 막연히 충효사상을 동경하여 왔고 노년에 이르러 작은 봉사를 통하여 전수를 실천에 옮겨본 일도 있다. 한 가지 분명한 것은 사람의 행실 가운데 충효정신은 극히 지당한 행위임을 안다는 것이다. 나는 1938년 1월 생으로 유년시절을 일제 치하에서 보내면서 일제의 핍박에 불이익을 당한 아버지와 몰락한 양반가 출신의 어머니 사이에서 독자로 태어났다. 나는 부모님의 일상과 대화에서 조국과 해방이라는 단어를 흔히 들었고 평소 아버지와 지인들의 대화 속에서 짙은 반일감정을 느낄 뿐 아니라 내 어머니는 새벽마다 청수기도를 올리시는데 어느 때에는 작은 단지 속에서 빛바랜 태극기를 꺼내어 잠시 보시고 누가 볼세라 서둘러 다시 감추시는 모습을 종종 보아 왔다. 이와 같은 부모님의 일상이 나의 심리적 사상을 태동시킨 훈육이 되었다. 나는 1945년 해방 되던 해 3월에 여덟 살 나이로 소학교에 입학했고 그해 5월 어느 날이었다. 아이들이 신작로 길을 줄지어 가던 중 선배인 이상두 라는 형이 아이들을 불러놓고 나를 바라보며 너는 글을 배웠으니 땅바닥을 다듬으며 여기에다 '일본은 진다.'라고 크게 써보라며 곱돌을 쥐여 주었다. 나는 아주 크게 썼고 아이들은 나를 자랑스럽게 바라보았다. 학교에서 두 시간쯤 지났을까 나는 선생님에게 끌려가 얼굴이 붓도록 매를 맞고 교장실에 맡겨졌는데 이상두 형도 얼굴이 빨갛게 익은 채로 끌려와 있었다. 교장 선생님은 한국인 김영철 선생님이었다. 우리에게 한동안 말이 없었다. 얼마 후 무거운 목소리로 너희들은 아직 아무것도 모른다 라는 말만 하시고 창밖을 바라보며 집으로 돌아가라고 하였다. 우리는 무거운 얼굴로 말없이 돌아왔다. 집에 들어서자 아버지는 웃는 표정을 지으시고 어머니는 부어오른 얼굴을 손으로 감싸며 오열하셨다. 후에 알게 된 일이지만 건너 마을에 당시 면장이 살기 때문에 일본밀대(정보원)가 순시 중 어린아이들의 동향을 목격하고 양가 부모까지 고발하였고 면장 덕분에 어린아이들의 소행으로 벌을 면하게 되었다. 사람은 누구나 유년 시절의 감성이 평생 가기 때문에 밥상머리교육을 중시하며 옛말에 천 명의 교장선생님 보다 한 명의 아버지가 낫다는 말도 가정교육의 중요성을 강조한 말이다. 필자는 생각을 가다듬어 스스로 충효사상 전수회 회장이라 자칭하며 1995년 10월 월드비전 사회복지관장이시던 고재만 현재 성광교회 원로장로이신 어른께 청하여 계림원 무료 한문교실을 연 후 12년 동안 생활예절을 기초로 인성교육을 통하여 청소년들에게 맑은 심성과 높은 이상을 가지며 충효사상을 통하여 건전한 가치관과 확고한 자아의식을 확립하여 미래세대를 주도하는 인재가 되라는 당부를 잊지 않았고 기회마다 습관처럼 충효사상 전수를 강조하며 살아간다. 아직도 배움의 길 위에 서서.

세상을 보는 눈世上觀

사람이 세상에 태어날 때는 선천적 천성을 타고 나지만 부모의 사랑과 가정환경 그리고 양질의 교육과 체험 등 독립체를 전제한 훈련기를 통하여 주체적 인격이 형성된다. 그러고도 자신을 바로 세우고 가정과 사회 더 나아가 국가에 있어서의 구성원으로서의 자신을 확인하며 더 넓은 세상에 시야를 돌려 원만하고 보편적인 도량을 갖기까지는 학문 외에 끊임없는 사색을 통한 자기 수양기를 거처 독창적인 사상과 이상이 설정되어 올곧은 결의 지성에 이르게 되는 것이야말로 정상적인 성장과정이고 너나 없는 목표라 할 수 있을 것이다. 그러나 사람의 성장과정에 다양하게 전개되는 환경의 변화는 생존적 적응을 요구하는 사정이 일정하지 않음으로 심리적 동요 또한 불가피함으로써 격을 달리하는 인격체가 존재하게 된다. 그렇다고 선과 악의 기준조차 다르지는 않다. 옛글에 권세는 군자에게 가하지 말고 덕은 소인에게 주지 말라 하였다. 그것은 군자가 권세를 얻게 되면 자칫 군자의 높은 기개의 상실을 염려함이요, 소인에게 덕을 주면 자칫 덕을 핑계 삼아 위선과 탐욕을 정당화 할까 두렵기 때문이다. 군자는 본디 절개가 높아서 권세와 부귀에 아첨하지 않으며 고고한 인격과 정직성은 권세 앞에 머리를 숙이지 않는다. 소인은 본디 인덕에 감화되지 않으면서 천명을 어기는 것을 생존의 수단으로 돌리며 물욕을 탐하고 윤리를 무시한다. 필자는 이 문장을 대소와 귀천을 가리기 위함이 아니라 인류가 염원하는 최고의 가치인 평등과 평화를 위한 충고적 교훈이라 생각한다. 인류 문명이 날로 발전함에 따라 물질적 풍요에 수반되는 삶의 방식과 욕망의 질량도 다양하지만 달라질 수 없는 것은 인간 집단의 평화적 유지다. 인종과 국적 문화는 다르지만 공존공영이 지상목표인 것은 변함이 없다. 다만 수많은 인류가 공생하는 가운데 상대성에 의한 분쟁과 욕망의 절제력 부족에서 오는 범죄 등 서로의 안녕을 해치는 일이 빈번하자 연대적 성격의 동맹이 등장하여 분출되는 갈등 진화는 물론 교류 협력을 위한 대집단도 등장하게 되었다. 공자는 일찍이 인간이 희구하는 최고의 선은 추구할 뿐이라며 인간의 끝없는 노력과 인내를 촉구하였다. 인간사회에 혜성처럼 나타난 공자 석가

예수 등 성인들은 한결같이 혜안적 안목慧眼的眼目으로 천지인天地人을 통찰通察하며 권선제악勸善制惡의 교리로서 세상을 교화하기에 자신을 바쳤다. 수천 년의 장구한 세월 아니 영원히 성인聖人들의 형용할 수 없이 높고 넓고 깊고 자비로운 가르침은 불멸의 교훈적 절대 존재로 남을 것이다. 인애와 자비와 사랑은 인간을 포함한 우주 만물이 영원히 제자리에 존재하며 번영하는 염원이다. 여기에서 마치 자신만이 세상을 달관한 것처럼 과시하며 명리를 노리는 소인배가 있다면 당장 눈높이를 달리해야 한다. 만일 자기 기만에 속아 성인들의 혜안을 외면하면 반드시 빌 곳조차 잃고 말 것이다. 사람은 사람 같아야 사람이기 때문이다.

부덕권세不德權勢

덕 없는 권세는 오래 가지 않는다

소인의 세력은 남에게 은혜를 베풀지 않으니 거기에 아부하는 자는 반드시 화를 입게 되는 것은 오랜 역사를 통하여 전해지는 교훈이다. 그뿐인가 수양이 부족하거나 탐욕에 사로잡히면 사리 판단의 눈이 어두워 분별력을 잃게 된다. 세상에는 예외 없이 실패에는 경고의 신호가 따르지만 정도의 길을 스스로 포기하면 필연적으로 망한다는 사실만 남게 된다. 古史를 빌려 보기로 한다. 옛날 중국 서한西漢의 창읍왕이었던 유하劉賀는 간사한 왕으로 알려진 인물이었다. 그의 수하 신하들은 그 위세에 눌려 간언하기보다는 현상유지가 선책이라며 오히려 경쟁하듯 섬겼다. 신하 중에는 랑중령郎中領의 벼슬에 오른 공수龔遂라는 사람이 있었다. 그는 늘 임금을 걱정하면서 아첨하는 무리들을 나무라며 멀리하였다. 그러나 임금은 주지육림과 쾌락에 빠지자 조정은 조용할 날이 없었다. 보다 못한 공수가 임금의 측근들에게 임금의 안일한 국정을 방관하면 머지않아 예상치 못한 화를 입게 된다며 직간할 것을 건의했지만, 누구 하나 목숨을 걸고 충언하려 하지 않았다. 오히려 따로 생각이 있을 거라며 신하의 본분은 마치 임금에게 맹종하는 것이 도리인 양 응하지 않았다. 인내의 한계를 느낀 공수는 결심을 하고 임금 앞에 나가 통곡을 하였다. 그러자 임금은 놀라면서도 임금의 흥취를 깬다며 엄벌을 내렸다. 그러나 공수는 위로는 조정의 기강을 흐리고 아래로는 깨끗해야 할 임금의 명예를 깨뜨리니 이는 망국의 징조라며 충고했지만 듣지 않았다. 불행히 전자인 소제昭帝가 죽은 후 아들이 없어 유하가 천자의 뒤를 이었다. 그러나 그의 악정惡政이 천하에 드러나자 즉위한 지 27일 만에 각 국왕들의 합치된 응징으로 폐위되고 수백 명의 간신들과 최후를 맞이하였다. 다만 공수만이 살아남아 벼슬을 이어갔다. 개인의 인생이나 한 나라의 역사적 운명도 사필귀정이란 단문의 교훈 한 구절에서 판단된다는 단순한 진리를 깨닫기까지는 오랜 세월과 집요한 고찰과 멈추고 인내하는 성찰과 소양이 절실하다. 우매함이 가진 것의 전부인 필자가 세상 소리에 귀 기울이며 선악과 시비를 말하는 것은 주제에 넘치는 지적이지만 부모 같은 이 땅에 기대어 사는 국민 속의 한 사람이라는 영광에 힘입어 세상을 돌아보게 된다. 지금은 언제 어디서 누가 무엇을 왜 어떻게 라는 육가의 법률적 판단이 나기 전이라 성급한 언급은 두렵고 조심스럽지만 국민뿐 아니라 지구촌 주요 국가와 국민들이 이 나라 한복판에 벌이는 부끄러운 진풍경은 무엇에서 기인한 것일까. 그러하다. 한 나라의 군주가 백성들에게 신의를 잃으면 충신은 흩어지고 간신은 변절한다. 우리는 조국과 역사 앞에 손을 들어 선서하는 가슴 벅찬 감격의 장면은 익숙히 보아왔지만 때가 되어 물러날 때 국민들의 뜨거운 눈물로 환송하며 숭덕을 기리는 아름다운 모습은 본 적이 없다. 누구 하나 목숨을 걸고 충심을 다해 군주의 명예를 지킨 선례도 들은 적이 없다. 오호라 이 나라의 외우내환을 다스리고 조국 통일의 대업을 이루어낼 성군을 볼 날은 진정 언제일지, 간절히 서원하면서 가버리는 날들을 아쉬워한다.

선비정신이 아쉬운 사회

선비는 벼슬에는 오르지 않았지만 높은 학식을 갖추고 어진 성품을 가진 인재를 일컫는 존칭이고 또한 군자는 학식과 덕행이 뛰어나고 높은 벼슬에 오른 이의 존칭이다.

이조시대에는 학문이 높은 사람을 무예가 높은 사람보다 더 높이 여겼다. 또한 각 성씨의 가문의 격을 평가할 때에도 그러했다. 권좌의 서열에서도 임금 다음에는 영의정 좌의정 우의정이 있지만 높은 학문과 도덕을 겸비한 학자에게 내려지는 대제학을 높이 평가했으며 특별히 세파에 물들지 않고 초야에 묻혀 학문에 전념하며 후학 양성에 자신을 바치는 처사(處士, 선비)야 말로 존중의 대상이었다. 조선 후기의 문신이자 사상가요 외교관이자 소설가

이며 실학자였던 연암 박지원은 《열하일기》, 《양반전》 등 여덟 권의 소설 저작 등 활발한 저작 활동은 물론 청나라의 상공업 발달상을 평가하며 중상주의를 강력하게 주장한 인물로 후일 면천군수와 양양부사를 끝으로 낙향하여 초야에 묻혀서 학문도야와 후대 양성에 전념하였다. 연암의 많은 업적 가운데 뜻 있는 선비들의 이상이라 할 수 있는 선비의 구사九思와 계율에 가까운 수양덕목으로 삼십육조덕목을 제사하여 정도의 교훈으로 삼게 하였다. 앞서 서술한 바와 같이 나라를 이끄는 문무백관 관료들이야 막중한 권한과 사명이 있어 나라를 통치하는 중추조직이지만 권한도 보상도 없이 초야에 유유자적하면서도 절제된 심신으로 학문 도야는 물론 국가 백년대계인 후대양성에 자신을 바치는 선비의 덕행과 도량은 나라 다스리는 공적과 무엇이 다르겠는가. 우리가 살아가는 21세기는 인간의 지능을 앞서가는 초인간적 과학문명 시대로 제도와 이상 가치관도 세류에 따라 변화하겠지만 인간의 궁극적인 목적은 자유와 평등을 넘어 정의正義의 잣대에 매겨지는 참된 값어치일 것이다. 이는 바로 우리 역사에 일찍이 제시되어 온 경천외인에 바탕을 둔 인륜과 도덕의 제하에 열거된 선비의 구사와 삼십육조 덕목에서 크게 벗어남이 없으리라 믿는 바이다. 현대사회가 염원하는 물질과 과학의 풍요에서 얻어지는 행복도 평화도 인간의 원초적 영혼의 교류 없이는 진정한 결과로 보기 어렵기 때문이다. 요즘의 우리 사회에서 목도되는 현상은 세계 십대 경제 중진국답지 않게 정치 경제 사회문화 어느 곳 하나 국민을 안심시키고 미래를 예측하며 희망을 걸 수 있는 곳이 있던가. 물질문명의 풍요 속에 희망의 빈곤으로 밝은 표정을 가져볼 기회가 없는 것은 무엇 때문일까. 경쟁사회에서 적자생존의 불가피성이 원죄일까. 아니다 권력과 부는 가진 자의 전유물이 아니라 못 가진 자를 위한 아직 나누지 않은 자산이라 여겨야 되고 못 가진 자는 가진 자이기까지를 인정해야 된다. 쟁취에는 사활이 걸리지만 조화에는 희망이 걸린다. 분열과 경쟁의 먹구름에 가린 조국의 하늘에 백일이 눈부신 세상을 열 선비정신이 지배하는 내일이 있기를 간절히 기원한다.

조국의 존엄祖國의 尊嚴

조국은 우리 민족이 대를 이어 살아가고 있는 나라의 존칭이다. 내가 태어난 곳이니 부모와 같은 모국이고, 내가 일생을 살아갈 곳이니 고향과 같은 고국이다. 그러므로 조국이라는 존엄한 명예는 우리 민족의 절대 가치이다. 불행하게도 우리 조국은 반만년의 역사에서 천 번에 가까운 외세 침략과 치욕의 식민사 등 파란만장한 영욕의 세월로 얼룩진 인고의 땅이지만. 다행하게도 나라가 존망의 위기에 처할 때마다 우리 선열들은 하나뿐인 목숨을 초개처럼 버려 국난을 극복하는 살신성인의 민족정신이 오늘을 있게 한 원동력이었다. 근세 들어 힘의 논리에 좌우되는 인류사의 변천에 휘말려 우리는 다시 조국 분단이라는 불행한 현실에 처하게 되고 설상가상으로 공산 집단의 통일을 빙자한 동족상잔의 전화로 분단의 고착과 민족의 이질화와 적대화 등 돌이킬 수 없는 천추의 한을 남기고 지금도 겉으로는 조국과 민족을 말하면서 공격용 핵무기로 위협하는 안보 불안이 지속되고 있다. 현대 세계는 평화를 가장한 군사적 경제적 냉전의 연속선상에서 약육강식의 야성이 저변에 도사리고 있는 국제환경 속에서 세계 십대 경제 교역국이라는 명성에 걸맞지 않는 정치적 불안정이 국민 통합의 실패로 이어져 계층 간, 세대 간, 집단 간 갈등이 사회불만으로 비화하면서 정치 혐오, 국가 불신 등 조국에 대한 존엄이 붕괴되고 있음은 시급히 청산되어야 할 제일의 과제다. 19세기말 이스라엘과 이집트 사이에 일어났던 소위 7일 전쟁에서 인구 300만 명에 불과한 이스라엘이 1억 명이 넘는 인구를 가진 이집트를 불과 7일만에 항복받을 수 있었던 세계사적 교훈은 국가의 절대 신뢰 속에 국민의 일체감이 이루어낸 결과로 현재의 우리 대한민국이 타산지석으로 삼아 지나침이 없다고 여겨진다. 이 나라의 지도자를 자처하는 일부에서 조국과 조국을 상징하는 유무형의 문물까지 모독하며 따라하는 심리적 동요까지 양산하는 적폐는 조국의 존엄을 범하는 죄임을 깊이 반성해야 한다. 이와 같은 악습은 교육과 정치가 낳은 수양과 사명의 무지에서 오는 자아와 가치의 부재 현상이다. 광복 이후 좌우 대립에서 태동된 정치사가 70년이 지난 민주화 시대에도 잊히지 않고 사상 대립의 적대

정치 형태를 답습하듯 분열과 대립에서 소통과 타협의 민주주의를 실현하지 못하면서국가관도 민족관도 없는 아집과 이기뿐인 국정농단 같은 환란의 뿌리가 뽑히지 않는다 조국의 존엄이 표현의 자유와 인권의 뒤에 선다면 우리의 미래는 어두울 수밖에 없다. 마음의 문을 활짝 열고 밖을 본다. 지구상에 존재하는 나라들은 앞서거니 뒤서거니 경쟁의 승자가 되기 위해 25시를 사는 열망에 사로잡혔는데, 우리가 서로 삿대질에 시간을 허비해서 위대한 대한민국의 존엄한 명예가 세계의 중심국으로의 위상이 곧게 설지 오천만이 일등국민의 안목으로 깊이 사유할 일이다.

정읍

나는 왜 정읍을 사랑하는 가

1973년 이른 봄 정읍의 하늘은 차가웠고 사람들은 모두 다 낯설었다. 낮게 엎드린 슬레이트지붕 밑 희미한 전등 아래 버려지듯 불안한 표정의 철없는 아내와 돌도 지나지 않은 어린 딸 자식 하나 멀리에서 평생을 바치고도 못난 자식 위해 행방도 모른 채 두 손 모으실 내 어머니, 모진 가난과 고독 그리고 돌처럼 무거운 생의 빚, 그것이 전부인 나, 뇌리를 스치는 회한의 아픔에 그 밤은 너무 길었다. 세상은 나를 위해 있어야 하는 것처럼 우둔인지 오만인지 분수에도 능력에도 없는 출세와 일확천금을 넘보며 자초한 패가망신, 나를 원했던 많은 인연들은 실제보다 낮게 평가했을까, 원죄자는 바로 나였다. 원망의 대상도 없는 독백 속에 염세 행각으로 방랑길을 걷던 허송세월의 아픔보다 나를 지켜보던 수많은 인연들에게 안겨준 상심의 무게가 더 큰 것이 내가 짊어진 상실과 죄업의 짐이었다. 이제는 사회 밑바닥에서 잡초처럼 누워 조석을 근심하는 생활인으로 순수한 인생 수업의 새내기가 되었다. 날이 가면서 늘어가는 인생의 동료들 그리고 지역유지 분들과의 교류, 삶을 위해 구할 것과 구할 곳 모두 정읍이라는 확신, 말과 생활습관 그리고 두 아들을 생산하여 다섯 가족이 된 홍복은 정읍사람이 되기 위한 명분이었다. 닫혔던 마음을 열어 정읍을 바로 아는 것은 주민의 기본 예의다. 천혜의 명승 내장산의 빼어난 절경에 걸맞게 조선의 명신 최치원과 무성서원 불후의 충신 이순신과 충렬사 조선말의 애국지사 박준승과 백정기 의사 제폭구민 구국안민을 주창한 전봉준의 동학혁명사 백제여인의 부덕을 상징하는 정읍사와 정극인 선생의 고현 향약과 상춘곡, 분실 위기의 이조왕조 실록 수호 등 일필난기의 사적들은 정읍이 이 나라의 성지 중 하나로 손색이 없는 위상은 가히 상상을 압도했다. 이 고장에 면면히 흐르는 격조 높은 명성은 이 나라 정사에 빛날 뿐 아니라 후예들의 사상을 정의롭게 적셔 언제나 정의 편에서는 올곧은 민심으로 자리매김하여 왔다. 나의 탄생 이력 김제 백구 출신의 아버지와 정읍 태인 출신의 어머니는 왜정시절 운명처럼 충청도 부여 땅으로 이주한 후 나를 낳았고 나는 다시 운명처럼 순창 복흥이 고향인 아내와 일가를 이루어 정읍에 뿌리를 내렸으니 제2의 고향이다. 근세 지성 중 한 분인 성철 스님은 법어를 통해 자기를 바로 알라, 남모르게 도우라, 남을 위해 기도하라, 당부한 바 있었다. 부족하지만 사회봉사의 원을 세우고 1995년부터 2007년까지 충효사상 전수강사가 되어 계림원 무료 한문교실을 열고 초중생들을 대상으로 한문교육을 통한 인륜도덕과 효제충서의 도리는 물론 생활예절과 인격수양으로 미래세대를 주도할 민주시민의식 고취에 봉사하였고 민선 자치 원년부터 역대 시장님들의 배려로 민방위 강의를 통한 투철한 국가관과 민주시민으로서의 사명의식 함양을 강조하여 오늘에 이르고 있으며 일등 시민운동을 주창하며 나는 누구인가를 돌아보는 감히 자기성찰과 세응종덕하는 진심으로 생각을 바꾸는 시민의식 고취도 강조한 바 있습니다. 다행하게도 우리 고장은 늦었지만 명성에 걸맞은 현대화 사업들이 활발히 전개되어 백 년 낙후의 구태를 벗고 당당히 현대 문명 대열에 선다는 사실은 지도자들의 탁월한 능력과 깨어 있는 시민들의 참여가 이루어 낸 결과라 믿어 의심치 않습니다. 다시 한 번 방랑의 길을 멈추고 대대로 뼈를 묻을 정읍을 만나 일생을 기대게 한 정읍과 정읍인을 사랑하며 아직도 충정을 바칠 곳이 있는지 찾고자 합니다. 나는 진심으로 정읍을 사랑합니다.

엄사부嚴師父

나의 아버지는 엄한 스승

이 세상 어느 누가 사람에게 닥치는 길흉화복을 예견하여 일생의 영욕을 판단하는가. 아무리 명석한 인재라도 예측하기 불가능한 인생의 일생. 사람이란 본래 분수대로 타고나는 것이니 믿어버리려 하면서도 엿보고 싶은 충동. 알고 보면 사람이라서 심약한 고뇌에 쉽게 빠지는 게 아닌가 싶다. 때는 치욕의 식민시대. 수탈과 살육의 공포 속에서 시달리며 차라리 숨어버리고 싶은 절망의 순간, 우연인지 운명인지 옥관도사를 자칭하는 충청도 출신 기인을 만나 천운이 다한 이 땅에는 살육 전쟁이 일어날 뿐 아니라 천재지변으로 상전이 벽해가 되는 이변의 날이 머지않았다는 주장에 피난을 결정하고 충청도 부여 땅 심산유곡에 숨게 된다. 화전민이나 다름없는 궁핍한 생활에서 살아 있다는 안도감과 자식 하나 얻은 것으로 위안은 되었지만 기인의 예언은 빗나가고 피폐해진 삶은 한없는 인내가 요구되는 고난의 연속이었다. 전라도 김제 땅에서 대 이어 살던 고향을 등진 피난의 명분은 떳떳한 선택이었을까. 충청과 전라는 강 하나 사이지만 언어 풍습 등 다른 점이 많은 낯선 타향이었다. 사람들의 심성이 맑고 순하여 청풍명월의 고장이고 느린 말씨와 완만한 행보 말끝을 흐리듯 자신 없어 보이는 습관 뒤에 느껴지는 여백의 여유로움은 충청인만의 선비정신으로 자부심이 강하다. 대숲처럼 타인이 섞일 공간조차 허락되지 않는 민심 속에 내 아버지가 동화되기까지는 완고한 성격이지만 모나지 않는 언행과 친화력 그리고 궁핍을 부끄러이 여기지 않는 대담성이 오히려 자신의 격을 높이는 소신이었으리라. 또한 어렵게 얻은 자식이 악질에 걸려 죽음을 앞둔 때라 죽음을 서슴없이 선언하던 단호함은 주변의 동정까지 특히 내 부모님의 특이한 숭조 정신은 충청인의 양반 기질에 모자람이 없었다. 세월이 흘러 통한의 식민을 면하는 해방 후에는 고을의 존경을 받는 어른 중의 한 분이었고 가진 게 없어 자식에게 사회 진출의 길은 열어주지 못했지만 당신 그리고 지역의 존경받는 스승들께 인륜 도덕이 최고의 지성이고 가치임을 사상에 각인시키는 데 게을리하진 않았다. 부모로서 자식에게 시대 진출의 문을 열어주지 못한 것이 허물일지는 모르지만 자식이 자아성취에 게을리한 것은 나 자신이 스스로 저지른 자학일 수 있다. 내가 만일 부모 덕에 사회에 진출하여 인간이 지켜야 할 기본 윤리보다 지위나 부에 치중하다 자아와 가치 의식의 빈곤을 겪었다면 차라리 지금의 맑은 삶은 내 부모가 엄한 스승이었기에 가능하다 여기며, 부모님을 존경한다. 내 일생은 학문과 수양이 부족하여 긴 가시밭을 지나면서 육신의 상처는 있었지만 양심의 상처는 없었던 게 내가 하늘을 바로 볼 수 있는 행운. 모두가 내 부모님의 존귀한 업적이었다. 법정스님의 살아있는 것은 다 행복하라는 우주만큼이나 넓고 큰 도량에 경의를 표하며 짧게 남은 생을 걱정한다.

명예名譽

최후에 남겨질 이름

세력이 막강한 사람이라도 관용의 덕과 겸양으로 이끌지 않으면 의심을 받게 되고 높은 지위에 있는 사람이라도 지덕을 갖추지 않으면 그를 숭상하던 세력이 흩어지게 된다. 그래서 사람에게 덕과 수양을 강조하게 된다. 공자는 일찍이 사람이 가장 두려워할 것은 죽음이 아니라 죽은 후의 들림이라 하며 최후에 남겨질 명예를 중히 여겼다. 초야에 묻혀 사는 범부에서 임금에 이르기까지 생명처럼 하나뿐인 이름의 소중함에 경중을 가릴 수는 없지만 시대의 중심에서 만인의 기대와 조명을 받는 이는 먼 훗날까지 평가 선상에 올라 타산지석으로 반면교사로 평가되니 더욱 그러하다. 우리들의 일생 속에서 명멸하여 가는 수많은 이름들, 비교도 자랑도 최고이어야 하는 욕심도 없이 오직 열매를 위하여 아름답게 지는 꽃의 십일홍의 일생과 달리 사람에게 잠재되어 있는 욕망을 바로 운용하고 못함에 따라 자신의 평생을 대변하는 이름이 귀천의 운명을 맞게 되는 것을 어찌 가벼이 여길 수 있을까. 고사에서 중국 원세조 때의 재상이었던 '상가'라는 사람은 학문은 뛰어나지 않았지만 사람의 마음을 사는 사교술이 뛰어나서 당시 권세 있는 이들과의 폭넓은 교류에 힘입어 높은 벼슬자리에 올랐다. 어느 날 중서성 고을을 시찰하던 중 그 고을 참정인 양거관의 부정함을 발견하여 취조하던 중 양거관이 죄상을 자백하고 용서를 빌었으나 용서하지 않았을 뿐 아니라 부하를 시켜 그의 안면을 가격하는 등 심한 체벌을 가하자 귀인답지 않은 처사에 고을 민심이 동요한 바 있다. 사람에게 높은 지위가 결코 영광됨만 있는 게 아니라 막중한 도덕적 사명이라는 책무가 따르게 된다. 상가는 곡학아세를 치세의 수단으로 여기며 높은 이에게는 굴신을 일삼고 아랫사람에게는 안하무인의 횡포를 예사로 여겼다. 날이 갈수록 그의 치세가 민심의 도마 위에 오르자 어사대리인 왕양필이 임금께 상소를 올리고 그의 부인까지도 만류하였으나 결국 임금께 직간한 왕양필이 죽임을 당하는 등 조정이 어지럽자 뒤늦게 이를 확인한 임금은 충성심만 믿고 그에 대한 치세의 평가를 탓하지 않았던 허물을 인정하고 상가를 대역죄로 다스렸다. 훗날 상가라는 이름과 거짓으로 꾸며진 그의 공적사와 공적비 등은 일시에 산산이 불타고 조각나 잡석에 섞이고 말았다. 사람들은 자칫 지금에 도취하여 내일을 근심하지 않는 안일한 생각에 평생 쌓은 덕이 일시에 무너지는 재앙을 맞게 된다. 만일 상가에게 혼령이 있어 자기의 생을 돌아본다면 어떻게 생각했을까. 자기의 명예를 더럽힌 죄, 남에게 잘못을 저지른 죄, 죄라는 것은 옳음의 그물에 걸린 잘못을 이른 말이다. 한 번밖에 살아 볼 수 없는 사람의 일생, 푸른 하늘에 눈부신 백일을 부끄러움 없이 바라볼 수 있는 맑은 이름의 일생 목숨처럼 소중한 명예, 우리가 다시 한 번 돌아 볼 진지한 생의 진리다.

축복祝福

행복을 비는 마음, 살아있는 것은 다 행복하라

단 한 번뿐인 사람의 일생 채우고 느끼기도 부족한 평생을 무소유로 일관한 이시대의 스승인 선승 법정 스님, 소유와 발전을 가치로 삼는 물질문명의 현대는 적자생존의 치열한 경쟁 속에 소유와 발전이 성공하는 시대다. 그 선명한 빛과 그늘이 우주의 섭리처럼 윤회하며 상생의 원리로 회복하기를 바라며 염원하는 축복과 평화의 매시지, 무소유란 아무것도 갖지 않는 것이 아니라 없어도 되는 것을 갖지 않는 것이라 정의하면서도 필요하지만 굳이 갖지 않는 넉넉함으로 삶과 영혼의 충만을 누리는 넘볼 수 없는 신념과 사상으로 아무리 가난해도 마음이 있으면 나눌 수 있다는 진리를 실천하는 은자의 보리심, 그 화신이었다. 세류를 초월한 선구자로 수많은 저서와 세상에 전한 잠언과 기인다운 행적은 현대사회의 메마른 정서를 촉촉이 적시는 단비며 문명의 그늘을 밝히는 빛이 되어 분수의 경계를 넘나들며 좌고우면하다 스스로 걸음을 멈추는 이들에 생각을 바꾸는 양약으로 모두가 희망의 문앞에 서도록 독려한 울림이었다. 바야흐로 세상 사람들은 입신과 출세 명리를 향한 거센 물결을 거스르는 사이 밤하늘에 샛별같이 우주를 항해하며 진정한 자유와 자신을 발견한 선견지명, 작은 것에 감동하며 일말의 욕구에도 모두를 담보하는 범부들은 죽음을 두려워하는 소심에 그치고 자신을 버리고 남을 따라하는 모방심리 영화의 뒷전에서 소음과 틈새에 이목을 기울이며 원망과 변명을 철학인 양 즐기는 빈자들의 형상을 걷어내는 일대 변화의 광풍이 절실한 시대가 아닌가. 남으로부터 숨차게 달려오는 훈풍이 갈색 동토를 녹이면 동면에서 깨어난 생명들이 세상을 풍미하는 희망의 봄. 세상은 그 문턱을 넘는 중이다. 저마다 아름답게 피어나는 꽃들, 사람들은 아름답고 향기로움을 꽃의 전부인 양 감탄을 금치 못하고 흥분하며 못다한 찬사를 시서로 남기려 한다. 그러나 우리는 꽃의 생명이 아름답고 향기로움에 있지 않다는 것을 외면하는지도 모를 일이다. 꽃들은 아름답게 피었다 열매를 위해 떨어지는 마지막 모습이 진정한 아름다움이다. 눈부신 아름다움과 환상적 향기는 생의 수단이고 최후의 목적은 열매의 결실에 있음을 알면서도 아름다움에도 취한다. 사물의 진리는 꽃의 아름다움을 생략한 궁극의 목적에 그침에 있다. 우리는 누구의 초대도 받은 바 없이 이 세상에 왔고 또 누구의 부름이 없어도 어디론가 돌아가야 한다. 우리는 일생이라고 하는 한 순간을 힘겹게 건너지만 떠남을 아쉬워할 뿐 허락된 순간을 어떻게 살았는지에 대한 고뇌는 생략하려 한다. 옛날 송나라 때 어느 여류시인은 일생을 한바탕 행복한 꿈길을 걸었다며 자기의 삶을 자책하였다. 세상에 태어난 금 같은 행운의 일생을 어떻게 살아야 작은 흔적이라도 남기게 될지는 살 때는 삶에 철저해 그 전부를 살아야 하고 죽을 때는 죽음에 철저해 그 전부가 죽어야 한다는 선사의 철학에 귀 기울이며 아직도 못다한 학습과 수양에 매진할 따름이다.

각주구검刻舟求劍

뱃전에 새긴 표시로 물에 빠진 검을 찾다

사람의 생각, 그 생각으로 헤아릴 수 있는 영역은 과연 어디까지일까? 그 생각을 널리 하는 사람은 우주 밖의 우주를 살필 수 있고 그 생각이 예민하면 광속을 앞지를 것이다. 그러나 생각이 단순한 사람은 발끝에 차이는 돌도 볼 수 없으며, 한 치 앞의 미래도 아득할 뿐이다. 일생의 길흉화복도 사람의 도량이 좌우한다면 지나친 판단일까.

춘추전국시대 초나라 사람의 일화다. 그 사람은 초야에 묻혀 사는 농부로 하늘이 하란 대로 살아가는 순진한 농부였다. 해가 뜨면 일하고 해가 지면 쉬는 농자의 일상. 그는 생각 끝에 반복되는 일상에 지친 심신을 달래기 위해 낯선 세상을 구경하리라 생각하고 여행길에 오르는 데 특별히 갖출 것도 없는 처지라 얼마 안 되는 노잣돈과 대대로 물려받은 유일한 가보인 귀한 보검을 몸에 지니고 길을 떠나 양자강 포구에 도착하여 나룻배에 올랐다. 때마침 봄이었다. 강 건너 한가한 농촌에는 복사꽃 살구꽃이 만발하여 꽃구름에 싸인 듯하고, 산마다 진달래가 피어 장관을 이루었고 들판은 온통 연록의 봄싹들이 융단처럼 깔려 향기와 풋내음에 흠뻑 젖은 황홀한 풍경이 대륙을 적시는 황하를 아름답게 수놓아 무릉도원을 무색케하는 듯 감격스러웠다. 배에 오른 승객들이 봄의 풍광에 취해 상기된 표정으로 즐기는 가운데 나룻배는 순풍에 밀리듯 강을 건너고 있었다. 농부는 낯선 풍경이 정리되지 않은 듯 먼 하늘을 바라볼 때 높은 하늘을 자유로이 날아다니는 물새들의 모습에서 눈을 떼지 못하였다. 세상은 이렇게 아름답고 자유로운 것인 걸 느끼는 사이, 배는 강의 중심을 벗어날 무렵이었다. 뜻밖에 돌풍이 일고 먹구름이 몰려오며 천둥 번개가 치면서 강물이 미친 듯이 출렁이며 나룻배와 사람들이 일시에 생사를 가를 듯 혼란에 빠져 좌충우돌하듯 뒤엉켜 비명이 난무하고 혼비백산하였다. 비록 짧은 시간이었지만 사람들은 기나긴 죽음의 터널을 지나온 듯 안도의 한숨을 쉬었다. 농부가 마음을 추스르는 순간 몸에 지녔던 보검을 잃어 버렸다는 확신에 몸 둘 바를 몰랐다. 농부는 언뜻 떠오르는 생각에 보검이 물에 빠진 쪽에 표시를 해 두면 찾을 거라는 생각에 자기 몸이 부딪친 쪽 뱃전에 표시를 해 놓고 안도하였다. 그리고 자기가 한 일이 자랑스러워 주위 사람들을 흘겨보았다. 이윽고 나룻배가 정박하자 그는 황급히 내려 뱃전에 새겨진 표시 쪽을 샅샅이 뒤졌지만 강 가운데에 빠진 보검이 그곳에 있을 리는 만무했다. 그러나 그럴 거라고 믿어 의심치 않는 그는 하루 사이에 일어난 환란을 돌이켜보기 전에 평생 처음 용기를 내어 시도했던 여행은 물론 조상으로부터 물려받은 보검까지 잃은 것을 모두가 세상 탓으로 돌리면서 여행을 포기하고 무거운 발길을 되돌렸다. 평생을 하늘과 땅만 바라보며 새벽별과 저녁달과 동행했던 고단한 삶 속에서 낯선 세상을 동경하다 실망과 상실이라는 큰 충격적 체험을 했던 그는 어떻게 세상을 살다 갔을까. 만일 사람에게 혼령이 있다면 나는 그에게 어떤 충고를 보냈을까. 그리고 그는 어떤 대답을 보내왔을까. 사람의 삶은 한없는 학습과 체험을 요구한다. 그래서 우리는 언제나 아직도 배움의 길을 걷는 학생 신분임을 잊어서는 안 된다.

생의 여적生의 餘滴

나는 누구인가 참 나는 누구인가

땅을 딛고 하늘을 이고 세상에 섞여 사는 '나', 필자는 이 준엄한 물음에 답할 자신이 없다. 태어나서 인자하고 현명한 부모는 가히 희생적이었고 뜻이 높고 근엄한 스승은 정신의 지주였다. 눈 뜨고 귀 열면 만상이 스승인 걸 반복되는 수신제가의 삼림 속에 가득한 맑은 공기와 향기로움이 참 나를 실현하는 길이 어딘가를 인도하는 징후였던 것을 우주가 찻잔에 담길 수 없듯이 다시는 구할 수 없는 천재일우의 홍복을 나 스스로 비켜서고 말았다. 사랑과 기대를 속박으로 오해하며 벗어남이 자유인 양 어리석은 착각에서 너무 일찍 사치스런 세속에 매료되어 분수에도 맞지 않는 허장성세를 흉내내는 자학으로 자아를 상실하고 부러진 화살처럼 버려진 나는 그 죄업으로 모든 인연을 등지고 사방을 유리걸식하며 염세가 행각에서 청백을 가장한 보시행각까지 온냉의 세속을 겪어 왔지만 아직도 속죄의 허물에서 자유롭지 않음을 스스로 자인한다. 다만 단죄에 앞서 나에게 주어졌던 숙명적 사명을 돌이켜봄으로써 역천자의 말로를 타산지석으로 삼기를 바라는 고백을 하고자 한다. 사람은 누가 초대한 바 없지만 부모의 몸을 빌려 세상에 태어나 이성이 들면 부모의 사랑과 스승의 가르침을 바탕으로 건전한 사상과 거시적 안목으로 도량을 넓히고 수처작주하는 한 개체로서의 정립을 완수해야 한다. 지식은 삶의 수단이기보다 자신의 격을 높이는 모토이며 인륜과 도덕에서 자신의 원대한 이상을 설정하며 궁극적으로 내가 누군지를 확인한 후 세상에 나가는 성찰의 모태로서 수신이 기본이다. 성인이 되면 한 가문의 책임있는 구성원이 된다. 혈연으로 맺어진 가족의 둥지를 대대로 이어오는 가계의 역사와 문화가 전승되는 근간임을 깨달아 가문을 빛내며 가족의 번영을 위하여 헌신해야 옳다. 가정은 씨족의 대를 잇는 번영의 산실이자 인륜과 도덕이 싹트는 산실이며 사회 구성의 첫 단위로 인간에게 주어진 태초의 안식처로 불가침의 영역으로 그 책무가 나에게 있는 곳이다. 하나의 국가는 일정한 영역 안에 사는 사람들로 구성되는 집단이다. 우리 민족은 뿌리가 하나라는 특성에 의하여 단일민족임을 자랑하는 국가로서 나라 사랑이 이 민족의 정신세계라 할 수 있다. 국가는 의무수행과 권리 주장을 동시에 허락하는 공존과 공영의 터전으로 국가는 섬김의 대상이자 성공의 터전이니 국가는 제이의 부모라 여기는 성역이다. 현대사에 있어 다양한 민의를 하나로 묶어 냉엄한 국제질서 속에서 위대한 대한민국 건설 그 존엄한 명제의 주인공으로서의 청운을 품은 이 누굴까. 필자는 조심스럽게 양심을 열어 보잘 것 없는 촌부의 좌절을 실토하여 현명한 현대인들의 마음을 움직이려는 욕심이 아니라, 가치부재와 자아상실을 근심하며 이 나라의 먼 미래와 국민의 번영을 위하여 밀알이 되기보다 개인과 집단의 명리를 낚는 못으로 생각하는 탐욕의 문화가 의무를 저버린 권리의 주장이 정당한 것처럼 애국을 가장한 곡학아세의 폐습이 청산되어 새로워진 위대한 대한민국이 보고 싶을 뿐임을 고백한다. 아직도 나를 갈고닦는 과제 앞에선 주제를 잊은 듯 세상이 부끄럽다.

노마지지老馬之智

늙은 말의 지혜

중국의 사상가이자 도학자인 한비자韓非子의 역사서 《한비자》 설림편說林篇에 나오는 이야기다. 제齊나라의 재상인 관중管仲과 습붕濕朋이 환공桓公을 따라서 숙적이었던 고죽국孤竹國을 정벌하기 위해 이른 봄에 원정을 나갔다가 돌아올 때는 세모에 가까운 동절기였다. 오랫동안 전장에서 지친 병마 행렬이 고국땅을 향해 오는 길은 멀고 험했다. 낯선 길을 오래 행군하다 보니 피로와 긴장이 축적되어서인지 길을 잘못 들어 깊은 원시림의 밀림 속에 갇히고 말았다. 그러자 행렬의 대오가 산만한 데다 사방이 절벽인 오지에 갇힌 것이 분명하였다. 밤이 되자 굶주린 맹수들의 울부짖음과 소산한 바람소리가 병사들의 간담을 서늘케 하는 적막의 연속이었다. 지루한 밤이 지나고 숲 속에 겹빛이 비쳤다. 밤새

고뇌에 빠졌던 관중이 마침내 입을 열었다. 아무래도 늙은 말의 지혜를 빌려보는 것이 어떤가, 생각하는 제의에 모두가 동의한 후 병마 중에 나이가 들어 보이는 말을 골라 안장과 고삐를 푼 다음 놓아 보았다. 그러자 그 늙은 말은 서슴없이 숲 속을 헤쳐가는 게 아닌가. 그러자 병마와 일행이 말의 뒤를 따라가자 얼마 가지 않아 길을 찾게 되어 무사히 행군을 하는 중이었다. 그러나 이번에는 병마 행렬이 마실 물이 없어 고통이 이만저만한 게 아니었다. 이때 습붕이 말을 꺼낸다. 개미는 겨울에는 산의 양지쪽에 살다가 여름에는 산의 음지쪽에 사는데 개미둑이 한 치만 되면 그곳에는 물이 있다고 하니 음지쪽에서 개미집을 찾으면 필시 물을 얻을 수 있을 거라며 병사들을 풀어 음지쪽에 있는 개미집을 찾게 하니 얼마 가지 않아 음지에 있는 개미집들을 발견하고 파보니 과연 식수를 얻는 행운을 얻게 되었다. 그러자 모두가 환성을 지르며 습붕을 칭찬했고, 관중과 습붕의 지혜로운 의지로 인해 원정대는 무사히 고국 땅에 도착하게 되었다. 그러자 환공은 관중과 습붕은 과연 성인이라며 칭송을 아끼지 않았다. 그 뒤로 그 샘을 성천聖泉이라고 불렀다고 전한다. 그렇다. 옛말에 노인들의 지혜로움을 일러 노마지지에 비유했다. 우리 현대사회는 발전의 극치를 행해 질주하듯 변화한다. 그러나 우리가 잊지 말아야 할 것은 모두가 옛것의 진화가 현대문명이란 사실이다. 옛글에 온고

지신溫故知新이라 하여 옛것을 비유하여 새로움을 탄생시킨다는 말과 같이 오랜 세월 속에서 배우고 겪는 경륜은 경우에 따라 놀라운 증명적 교훈이 된다는 사실을 소중히 여겨 마땅하다. 더구나 학문이 높고 이성이 앞서 사물 이해에 밝은 학자나 선인들의 지혜는 우리 인류 사회의 영원한 근본이리라. 어느 선사의 우레 같은 가르침이다. 도는 누구에게 묻습니까. 실제로 우리 인간의 삶에 대하여 세상 만유는 스승 아닌 바가 없다. 인간이 진정 행복한 삶을 희망한다면 항상 자신을 낮추고 세상소리와 거동에서 진리의 길을 찾아야 한다. 하물며 하늘과 땅의 자연과 부모와 스승만이겠는가. 우리 속담에 노인 한 분이 세상을 뜨면 도서관 하나를 잃는다는 말이 있다. 만고풍상을 겪으며 쌓아온 삶의 지혜가 교훈이 되어 영원한 후대의 문명 발전에 밑돌이 되듯이 늙은 말의 야성적 지혜가 고난의 행군을 구했다는 것만으로도 우리에게 무엇 하나 소중하지 않은 바가 없어, 지혜는 세상 가운데에서 구하라는 선승의 대답이 생각난다.

노익장老益壯

몸은 늙어도 의지는 강하다

중국 《후한서後漢書》에 있는 고대 역사다. 전한말前漢末 부풍군에 마원馬援이란 사람이 있었다. 그는 글을 널리 배웠을 뿐 아니라 무예에도 뛰어나 장차 나라를 위해 크게 쓰일 재목이라는 높은 평가를 받으며 성장하였다. 드디어 마원이 성인이 된 후에 군수를 보좌하는 현의 독우관督郵官이 되어 죄수를 수송하는 일을 맡게 되었는데, 많은 죄수들의 하소연을 듣게 되고 사정이 딱한 경범죄자들은 풀어주다 보니 지나친 동정심이 국법을 어기는 권리 남용이 되어 본분을 잃는 범법자라는 자책에 벼슬을 버리고 북으로 도망치고 말았다. 그는 평소에 지인들과의 대화에서 대장부의 의지는 어려울 때는 마땅히 더욱 굳세야 하며 늙어가며 더 왕성해져야 한다면서 노익장의 의지를 보여 왔다. 얼마 후 마원은 광무제光武帝를 알현하게 되었고 광무제는 예를 다하여 마원을 대하였을 뿐만 아니라, 조정의 각 부서에 대하여 조언할 말이 있는지 묻기도 하였다. 마원은 이러한 후한 황제의 대우에 감동되어 돌아가지 않고 광무제의 휘하에 있기로 결심하였다. 그러자 광무제는 마원을 복파장군伏波將軍으로 임명하여 남방의 교지交趾를 평정하게 하여 성공하였다. 얼마 후 동정호洞庭湖 일대의 민족이 반란을 일으키자 광무제가 군대를 파견하였으나 오히려 전멸하고 말았다. 이 소식을 들은 마원이 황제께 나가 자신에게 군대를 주면 능히 평정하겠노라고 간청하자 황제는 그대의 나이가 이미 적지 않으니 원정의 꿈은 접는 것이 옳을 듯하오, 하자 마원은 소신의 나이는 비록 예순두 살이나 갑옷을 입고 말도 탈 수 있으니 어찌 늙었다고 할 수 있겠습니까. 그러고 나서 마원은 말에 안장을 채우고 말에 올랐다. 그 광경을 본 무제가 웃으면서 노인은 늙었어도 그 신념은 굳세구려 칭찬하였다. 질풍같이 적진을 향해 달려간 마원은 동정호 주변 민족의 반란군을 정벌하고 개선하여 노익장을 과시하였다. 육십을 넘긴 노장이 난세의 영웅이 된 것은 몸은 비록 늙어도 장부의 기개와 황제에 대한 충성심이 불타고 있었음을 증명한 용기와 신념이었으리라. 노장은 사라질 뿐 결코 죽지 않는다는 어느 전쟁 영웅의 포효가 생각난다 사람이 몸은 늙어도 평생을 거쳐 내공으로 축적된 기백이 식지 않는 것은 드문 일이겠지만 기울어 가는 자기 육신에 정신을 따라 보내지 않는 강한 의지의 소유자라야 가능하다 하겠다. 사람들은 대개 나이가 들면 노화의 속도에 맞추어 욕망도 눈높이도 낮추며 편안한 종말을 맞으려 한다. 그러나 더러는 평소 어떤 목적의식이 뚜렷한 사람은 그 목적에 성공하였다 하더라도 그 정열의 불꽃을 끄지 않는다. 그것은 바로 그 사람만이 가진 성공의 철학이 아니라 그렇지 않은 사람에 대한 시사의 가치가 유효하기 때문에 그렇다. 사람들은 한 번밖에 살 수 없는 숙명적 생을 살다간다. 어떤 이는 인류의 스승이고 어떤 이는 인류의 지도자고 어떤 이는 자신도 발견하기 전에 생을 마치기도 한다. 자연에서 왔다 자연으로 돌아가는 오고가는 길은 같지만 노익장을 과시하여 아직도 남은 투혼을 세상을 위해 쓰고 가는 것이 얼마나 아름다울까.

견토지쟁犬兎之爭

무용한 논쟁은 제 삼자의 노획물

춘추전국시대 세객說客으로 유명한 순우공이란 사람은 변론이 뛰어난 인물로 유명한 인물이었다. 하루는 제나라 선왕이 위나라를 공격하려는 뜻을 보이자 순우공이 이런 비유를 들어 만류하였다. 옛날에 한자로라는 사나운 개와 동곽준이라는 토끼가 있었는데 하루는 한자로가 동곽준을 잡으려고 쫓아갔다. 개와 토끼는 수십 리나 되는 험한 산비탈을 세 바퀴나 돌고 또 높은 산을 다섯 번이나 오르내리다 결국에는 모두 지쳐 쓰러지고 말았다. 그러자 때마침 그곳을 지나던 농부는 힘을 들이지 않고 개와 토끼를 얻게 되었다. 지금 우리 제나라와 위나라는 오랫동안 서로 대치하는 사이 병사들과 백성들은 모두 지치고 쇠약해졌다. 신은 진나라나 초나라가 힘들이지 않고 개와 토끼를 노획한 농부처럼 자칫 주변국에게 나라의 망국의 기회를 줄까 두렵다며 만류하였다. 이 말을 들은 제선왕은 자신의 계획을 철회하고 병사들과 백성들을 쉬게 하였다. 당시 제나라의 도성인 임치성은 전국시대 굴지의 대도시로 성문이 13개나 있었다. 그중에서도 서문의 하나인 인직문에는 제선왕의 부전 선포 이후 천하의 학자들이 모여 학문이나 사상을 연구하고 그 결과를 상호 간에 기탄없이 토로하며 내린 결론들은 결국 치국과 평천하의 공론이 되어 국익에 큰 자문역으로 기여하게 되어 급기야 백가쟁명의 요람지라 불리게 되었다. 훗날 제나라가 신흥국이면서도 전국칠웅戰國七雄 중의 강국이 된 것은 훌륭한 인재를 등용한 데 있었음을 깨달은 왕은 직문 부근에 좋은 저택을 짓고 인재를 모아 학문의 토론 광장으로 삼았을 뿐 아니라, 후한 급료로 토론과 연구에 전념하도록 하며 어떤 직책을 명하지 않았음으로 자기 분야에 전념할 기회를 넉넉히 제공하는 정책을 써서 국가 운영에 반영될 많은 시책들을 얻어내었다. 바로 직문의 학자촌 건설이 순우곤이었을 것으로 추정되었다. 당시 중국의 아성이라 일컫던 맹순학파들이 다수 참가하는 소위 백가쟁명百家爭鳴 시대를 연 것이라 하겠다. 따라서 직문의 백가쟁명은 중국 문학사상의 황금기라 할 수 잇을 것 같다. 이런 면에 비추어 제나라 위왕齊威王의 공적은 잃은 영도를 되찾거나 인정을 베푼 위용보다는 천하의 인재를 모아 백가쟁명의 문화를 창조한 공로가 위대하다 할 것이다. 어느 시대 어느 나라를 막론하고 교육을 국가의 백년대계로 삼지 않는 나라는 없다. 다만 교육을 개인의 성공 수단으로 삼으면 실패한 기교가 되지만 국가의 미래자산이란 대의명분으로 개인의 도덕적 수양의 바탕 위에 지식을 쌓는다면 개인의 명리는 물론 국가부흥의 원동력이 되는 것이다. 현대를 살아가는 우리들이 목도하는 사회현상에서 지식의 장단을 가리는 잣대는 같으면서도 공사公私의 관계 설정에서 자신을 낮추어 모두를 이롭게 하는 겸양과 포용의 관대함을 잊어 학문과 지식의 가치를 무용으로 버리는 예가 흔하다. 자유로운 백가쟁명의 문화 곧 민주사회의 기본이 아닌가. 우리는 수많은 역사적 교훈을 접하면서도 취하지 못하고 흘려버리는 경향이 있다. 현명한 사람만이 아닌 우리 모두의 익혀 둘 과제이지 않은가.

선비의 구사九思

선비가 지킬 아홉 가지의 지침서

글을 읽어 학문을 쌓고 수양을 통하여 인격을 기르며 장차 세상에 나가려는 이를 선비라 하고, 높은 학문과 덕을 숭상하며 후학에 힘쓰거나 조행이 분명한 이를 일러 군자라 한다. 또 지위가 높거나 품격이 고결한 이들을 양반이라 하는데 양반이란 광범위한 통칭이지만 문반과 무반을 갖춘 씨족에게 붙이는 별칭이기도 하다. 시대상에 따라 난세에는 무반이 평화시에는 문반이 득세하였다. 문을 숭상한 조선시대에는 문반을 무반보다 높여서 벼슬보다 학문을 귀하게 여겼다. 그래서 정승 셋이 대제학을 못 당하고 대제학이 처사를 당하지 못한다 하여, 학문을 가장 높이 평가하였다. 줄여 말하면 글을 읽는 이를 선비라 하며 선비는 곧 양반이라고 불려 왔다. 이와 같이 선비는 학생의 신분이면서 조정에 나아가 대부가 될 수 있는 신망의 인격자이므로, 선비가 지켜야 할 덕목이 많은 가운데 여기에서는 선비가 지킬 덕목 가운데 아홉 가지로 간추린 구사九思는 광범위한 선비의 수행목의 중심적 사고라 할 수 있어 살펴보기로 한다. 먼저는 시사명視思明이다. 모든 사물을 볼 때에는 바른 마음으로 목적물의 내외양과 생리는 물론 그 혼까지 보아 생존의 정의를 내려야 한다. 다음은 청사총廳思聰으로 전해오는 언어나 그 음성을 살필 때 전하는 목적과 사실 또는 그 의미까지 바르게 기억하고 인식해야 한다. 다음은 색사온色思溫으로 자신의 온화하고 겸손한 얼굴은 남을 배려하는 자세이자 위엄을 지키는 당당한 태도라 할 수 있다. 다음은 모사공貌思恭으로 자신의 일거수 일투족을 공손하고 단정히 하여 흩어지지 않는 처신으로 신뢰를 견지해야 한다. 다음은 언사충言思忠이다. 사람의 말은 그 사람의 인격이고 자격이다. 어떤 말이든 사실에 입각하되 예의를 지켜 이해하고 설득력이 있게 전하고 또 들어야 한다. 다음은 사사경事思敬이다. 사람이 어떤 일에 임하여도 대소를 막론하고 신중을 기하여 작은 것도 큰 것처럼 가벼운 것도 무거운 것처럼 최선을 다해야 실수를 면하게 된다. 다음은 의사문疑思問이다. 진심이면 혼과도 통한다 했다. 사물을 대하고 학문을 닦는 이는 마땅히 의심을 푸는 게 핵심이고 목적이다. 의심의 생각을 전제하지 않는 것은 무관심이고 의심은 사물의 규명을 위한 유일한 방편이다. 다음은 분사난忿思難이다. 분함을 참는 것은 덕이고 지혜이다. 선은 선을 낳지만 악은 악의 연속을 의미한다. 분함을 이겨내면 후의 재난을 면하는 길이다. 끝으로 견리사의見利思義다. 우리 사회는 물질과 문명이 발달하였음에도 불구하고 사회의 불안과 불신의 사회로 행복지수가 낮은 것은 이익의 의로움을 구분하지 않는 탐욕과 배금사상 출세지상주의 때문이다. 의義는 올곧음과 사랑과 배려를 함축한 뜻을 가진다. 선비나 사서인이나 자기의 인생을 의롭게 가꾸어 명예롭게 사는 게 최고의 행복이라면 선비의 구사는 지침이자 교훈서라 할 것이다.

덕목德目

충, 효, 인, 의, 례 등 덕행의 명목

옛날 반상班常의 신분이 뚜렷했던 시대의 선비란 일정 기준 이상에 속하는 가문 출신의 후예들이 학문과 수양에 전념하는 면학도들의 통칭이었다면 반상의 계급사회가 철폐되고 만인이 평등한 민주사회에서는 신분과 빈부, 인종의 구별 없이 학문과 수양을 통한 입신의 기회가 주어지는 현대사에 있어서는 특히 선비라는 구분은 덕 있고 조행이 깊은 이들을 높이는 표현으로 남을 뿐이다. 그러나 변하지 않는 것은 옛날 선비가 지킬 지침인 구사나 삼십 육조로 구분한 덕목은 사람의 삶의 시작과 끝까지 지키고 행해야 하는 덕행의 명목들이다. 앞서 소개한 구사를 세분한 조목은 다음과 같다. 첫째는 하늘을 원망하거나 사람을 탓하지 않는 불원천불우인不怨天不尤人이고 둘은 세상에 도를 펴는 것을 자기의 책무로 삼는 인이위기임仁以爲己任이고 셋은 나라가 위태로우면 목숨을 던지는 견위치명見危致命이고 넷은 항상 세상을 걱정하는 군자유종신지후君子有終身之後이고 다섯은 널리 대중을 사랑하는 범애중汎愛衆이고 여섯은 세상 모든 일을 감당할 수 있는 군자불기君子不器이고 일곱은 말보다 실천을 앞세우는 선행기언이후종지先行其言而後從之이고 여덟은 의리를 좇아 행동하는 의지여차義之與此이고 아홉은 장점을 돕고 약점을 만류하는 성인지미불성인지악成人之美不成人之惡이고 열째는 가난을 마다하지 않는 안빈낙도安貧樂道요 열한 번째는 자기보다 남을 인정하는 불환인지불기지환불지인야不患人之不己知患不之人也고 열두 번째는 아첨하지 않는 교언영색선의인巧言令色 鮮矣仁하고 열세 번째는 항상 반성하는 일일삼성一日三省하고 열네 번째는 몸을 닦고 가정을 가지런히 하는 수신제가修身齊家하고 열다섯 번째는 조상을 받드는 숭조원시보본崇祖原始報本하고 열여섯 번째는 효를 조행의 기본으로 삼는 효백행지원孝百行之源하고 열일곱 번째는 성실하고 신용을 지키는 주충신主忠信하고 열여덟 번째는 허물이 있으면 고치는 과즉물탄개過則勿憚改하고 열아홉 번째는 자기보다 나은 자를 벗으로 삼는 무우불여기자無友不如己者하고 스무 번째는 일에는 민첩하고 말은 신중히 하는 민어사이신어언敏於事而愼於言하고 스물하나 먹는 데 배부름을 추구하지 않는 식무구포食無求飽하고 스물둘째 거처에 편안함을 추구하지 않는 거무구안居無求安하고 스물셋째는 이름을 바로잡는 정명正名에 힘 쓰고 스물넷째 온화하면서도 엄한 태도인 온이여溫而厲하고 스물다섯째 위엄이 있으나 사납지 않은 위이불맹威而不猛하고 스물여섯째 아랫사람에게 묻는 것을 부끄러이 여기지 않는 불치하문不恥下問하고 스물일곱째 있어도 없듯이 가득하나 빈 것처럼 겸손한 유약무실약허有若無實若虛하고 스물여덟째 남이 침범해도 다투지 않는 범이불교犯而不校하고 스물아홉째 두루 친하되 편을 짓지 않는 주이불비周而不比하고 서른 번째 마음을 편코 너그럽게 하는 항탕탕恒蕩蕩하고 서른하나 화합하되 뇌동하지 않는 화이부동和而不同하고 서른두 번째 태연하지만 거만하지 않은 태이불교泰而不驕하고 서른셋째 언제나 자기에게서 구하는 구제기求諸己하고 서른넷째 성현의 교훈에 행동하고 자기 주견에도 옛 사람을 인용하는 필즉고석칭선황必則古昔稱先王하고 서른다섯째 사사로운 일보다 공적인 일을 앞세우는 선공후사先公後私하고 서른여섯째 내 마음을 미루어 남을 헤아리는 추기급인推己及人해야 한다. 이상과 같은 실행 덕목 외에도 헤아릴 수 없이 많은 조목이 있으나 이를 근본으로 삼아 힘쓴다면 과히 허물 적은 성공 인생을 살지 않을까, 하여 잊히기 쉬운 선현들의 가르침을 적어 본 것이다.

사부상師父像

스승과 같은 아버지의 표상

앞서 소개했던 훈자訓子에서는 이조 순종조 시대 영의정을 지낸 김재찬의 어머니 윤씨부인의 사모상師母像을 간단하게 기술하였다. 그러나 훈자라는 것은 한 부모의 모든 것이기 전에 한 나라의 미래가 달린 인간사라는 중요성에 따라 아무리 강조해도 넘침이 없다 하겠다. 여기에서는 조선 초기의 명신으로 청사에 빛을 남긴 방촌 황희 정승의 아들 기르기에 쏟았던 사부상師父像을 소개하고자 한다. 황희 정승은 고려 공민왕 시대에 성균관 학관으로 있었으나 고려가 망하자 불사이군不事二君의 충절을 지키고자 두문동杜門洞에 든 칠십이현들과 뜻을 같이했으나 이조 태종의 설득으로 이조판서에 오른 후 한때 남원에 유배된 일도 있었지만 다시 세종 사 년에 재상에 오른 뒤 이십사 년 봉직 중 영의정만 십

팔 년이나 역임하는 최장수 정승으로 조선 역사를 빛낸 인물로 성품이 청렴결백하여 청백리淸白吏에 녹선된 명신이다. 방촌은 철저한 중용주의자로 사람과 일에 편벽됨이 없이 자신은 물론 훈자에 이르기까지 흐트러짐이 없어 매사에 너그러우나 강직함을 겸한 스승형이었고 지나칠 정도로 자유분방하면서도 자신에게 엄격한 절도가 확실한 인물이었다. 방촌에게는 두 아들이 있었는데 치신致身과 수신修身으로 나이는 십 년 차이나 우애가 깊었다고 한다. 훗날 치신은 판중추부사우의정을 지냈고 수신은 세종조에서 영의정을 지냈다고 한다. 일설에는 보신保身과 치신致身과 수신修身등 삼형제라는 기록도 있다. 필자는 황희 정승이 자녀명에 쓴 글자들에 의미를 비추어 훈자의 사상과 격을 논해보고자 하는 것이다. 자고로 부모는 자식에게 기대하는 희망을 최대한 격상하여 축복하는 의미를 담고자 하는 것이 상례임에도 불구하고 '몸소, 줄기'의 뜻을 가진 신身자에 '닦다, 익히다, 다스리다'의 뜻을 가진 수修 또는 '정조 지조 지키다' 등의 수守 또는 '보전하다, 돕다, 맡기다'의 뜻을 가진 보保자 등을 썼다는 본뜻은 다분히 부모로서 자식에게 바라는 진정한 희망을 명리에 두되 단순히 부모의 축원이나 미학적 의미 부여에 의존하기보다는 하나의 개체로서 부모로부터 보고 느끼며 널리 배우고 받을 가는 정성과 자기성찰의 도리를 다해 절차탁마하는 노력으로 고결한 인생을 가꾸라는 가르침이 강하다는 것을 엿볼 수 있다 하겠다. 안타깝게도 현재의 일부 부모의 지나친 자식 사랑은 자유롭고 행복할 권리, 어떠한 경우라도 제약을 배제하며 언제나 자기 우선이고 오직 경쟁에서 살아남는 적자생존만을 성공으로 계산하는 부모가 생각을 바꾸지 않으면 우리 가정 우리 사회뿐 아니라 인류 평화도 요원하다 아니할 수 없으니, 내가 있어 가정도 있고 사회도 있고 나라도 있고 인류도 있다는 깨어 있는 안목을 갖는다면 이는 곧 자기 성공이 아닐까. 세상 부모가 자기 자식을 세상의 공기로 양육하려는 희생정신을 덕으로 삼는다면 이는 곧 위대한 사부상이 아닐는지. 현명한 부모는 사랑의 강도만큼 엄함이 있어야 비로소 자식을 훌륭히 가르쳤다 하리니.

이상과 현실理想과 現實

최고라 생각한 상태와 지금의 실제

이상理想은 사람이 가진 지식과 체험의 범위 안에서 최고라고 생각되는 상태 또는 이념으로 추구할 수 있는 사물의 가장 바람직한 상태를 이르는 말로 그 대상을 자신 또는 국가로도 할 수 있다. 여기에서는 이상국가를 염원했던 우국의 대선비들의 이상을 상기하여 보기로 하였다. 때는 이조 중종 시절 정암靜庵 조광조趙光祖는 과거 길에 오르자 벼슬길도 활짝 열린 수재首材였다. 성균관 전적에서 사헌부 감찰이 되고 불과 일 년만에 통정대부로 홍문관 부제학겸 참찬관 춘추관 수찬관에 이어 정삼품正三品으로 당상관堂上官에 오른 뛰어난 인물이다. 먼저 홍문관의 자리는 글을 맡아 임금의 자문에 응하고 경연은 임금과 경서를 강론하는 자리이며 춘추관은 정치사를 기록하는 자리로 예치禮治와 지치至治

를 중요시하던 그 시대에서는 맑고 깨끗한 자리로 선망의 대상이었던 자리다. 당시 중종 임금은 이복형인 연산군이 폭정을 일삼자 박원종과 성희안의 반정으로 추대된 왕으로 온화하고 원만한 성품의 임금이었다. 그러나 연산군의 폭정에 흐트러진 국가의 기틀을 바로잡기 위하여 이상정치理想政治를 꿈꾸던 임금은 정암을 만나자 그의 당당한 풍모와 신념의 웅변 넓고 깊은 지식을 높이 평가하여 국가 경영의 실세로 삼아 의지하였다. 당시 정암이 중종에게 강조한 것은 지치주의 실현至治主義實現이었다. 지치주의란 유교에서 추구하는 이상정치로 즉 도덕국가건설道德國家建設이었다. 이를 위한 실현은 먼저 임금은 착한 마음으로 학문을 닦아 덕과 예로 나라를 다스려 백성이 질서를 지키며 평화를 누리도록 인정을 베풀어야 하며, 둘째는 사회 기풍을 일신하여 건강한 도의 정신을 진작시켜 사회 정의를 실현해야 한다. 셋째는 새로운 인재를 과감하게 등용하는 혈연과 지연과 매관 등 폐단을 일소하는 탕평 인재의 정책으로 관료 사회의 청풍을 불어넣어 부패를 방지해야 한다. 넷째는 미신迷信을 타파하여 현실을 신에 맡기는 막연한 희망이나 허황된 낭비를 줄여 백성 모두에게 이상은 현실에서만 얻어지는 현실론의 주목으로 혹세무민의 유혹에 빠져 실제에 게으른 어리석음을 범하지 않는 사회 진작을 강조하였다. 다섯째는 국경지대의 오랑캐들野人을 포용하여 국경을 마주하는 여진족女眞族 등 호시탐탐 국토를 노리는 외세를 유비무환의 자세로 튼튼한 안보가 국가 발전과 백성의 안심 번영의 핵심임을 강조하고 끝으로는 선비의 기품을 배양하여 이 나라를 이끌 미래 인물들을 올곧은 정신으로 국가에 이바지할 수 있는 인재 양성이 국운을 좌우한다 강조하였다. 아뿔싸 정암을 절대 신뢰하던 중종도 이를 반대한 훈구파勳舊派의 모함을 액면대로 믿고 삼십팔 세의 새파란 인재에게 독약을 먹이다니. 진실로 믿어지지 않는 애석한 일이다. 중종이 지금도 살았다면 임금을 부모처럼 나라를 내 집처럼 햇빛이 있어 충정을 알아주리라는 정암 조광조의 피맺힌 끝말을 듣지 않아도 될 일을 어떻게 들었을까. 물었을 법하지만 세월이 훌쩍 떠난 지금에서야 세상사 무상함을 탓할수 밖에.

구국의 지혜救國의 智慧

환란으로부터 나라를 구한 슬기

구국, 그 위대한 충정과 희생정신은 한 나라의 백성된 도리로 나라를 위해 할 수 있는 일 중에서 최대의 가치를 실현한 숭고한 업적이며 이 땅의 파란만장한 역사 속에 드물게 빛나는 선열들의 높고 맑은 이름이리라. 부끄럽게도 미치지 못하는 필자가 어리석은 안목으로 감히 선열들의 하늘 닿는 충혼사를 우러러보며 사유의 창 틈으로 흠모하는 마음을 담은 붓을 들려 하니 그 두려움 일러 무엇하랴. 나라가 위태로우면 성심과 역량을 다 기울이고도 모자라면 하나뿐인 목숨마저 초개처럼 던지던 선열들의 숭고한 충절에서 불타던 애국심은 천추가 흘러도 그 빛은 오히려 찬란하여 대 이어 영전하리니 그보다 더 큰 덕이 무엇이겠는가. 위로 하늘이 있고 아래로 땅이 있어 만물이 생성하는 위대한 섭리를 지키고 규명하는 사람이 있음이니, 이는 곧 천지인天地人의 조화이며 사람의 가치이리라. 때는 조선 중종 37년(1542) 황해도 관찰사를 지낸 유중영의 아들로 태어난 유성룡柳成龍은 명종 19년 생원과 진사 양과에 합격 성균관 진사가 되고 이어 대과大科에 급제하여 벼슬길에 오른 수재다. 1592년 왜적의 침략전쟁인 임진왜란이 극에 달하여 조선군이 연전연패하자 임금은 하는 수 없이 서울을 버리고 피난길에 오르게 되었다. 임금도 신하들도 통곡을 하면서 서쪽을 향해 도망할 때의 일이다. 임금을 태운 어가御駕가 동파라는 고을에 이르렀을 때 임금이 대신들을 불러 모았다. 그 자리에 도승지都承旨인 이항복도 참석했다. 당시 임금인 선조宣祖는 통분을 참지 못하고 가슴을 치면서 나는 이제 어디로 가야 하는가, 라며 탄식하였다. 그러자 도승지 이항복이 아뢰기를 "일단 의주義州에 머물렀다가 국토를 다 빼앗긴다면 명明나라로 건너가 호소할 수밖에 없는 줄로 아뢰옵니다." 라며 최후 대책을 주장하였다. 그러자 유성룡이 나섰다. "아니됩니다 전하 만일 임금께서 이 땅에서 한 발자국이라도 떠나신다면 우리 조선은 이미 우리 땅이 아닙니다." 이항복과 유성룡은 긴 시간에 걸쳐 서로의 주장을 굽히지 않았다. 그러자 유성룡이 절규에 가까운 울분을 토하며 진언하였다. 지금 현재 동북지방의 여러 도(道, 지금의 강원을 비롯한 황해도와 평안과 함남북 등)는 온전하며 특히 호남지방에서는 충성스럽고 의로운 백성들이 벌떼 같이 일어나 왜적과 싸울 것이니 어찌 그런 자포자기의 허약함을 드러낸단 말이냐며 포효하듯 주장하자 이항복도 그 뜻을 이해하고 입을 다물었다. 백척간두百尺竿頭에 선 나라의 운명 앞에서 아직도 남아 있는 한 줄기 희망의 빛을 찾아 재기의 다짐으로 국운을 잇게 한 우국의 진언은 또 한 번의 역사 중단을 막은 구국의 지혜였고 서애 유성룡의 위대한 충심을 인정하고 자신의 단편했던 판단을 솔직히 고백한 백사 이항복도 큰 인물로 훗날 영의정을 지냈다. 나라의 운명이 위태로울 때 구국의 일념에서 우러나오는 대장부들의 진심 어린 충정들이 엿보이는 자랑스런 청사의 빛이다. 만일 두 신하가 서로 뜻을 굽히지 않고 분열했다면 어떤 결과에 직면했을까, 솔직한 고백과 합의 정신이 후일을 기약했으니 불행 중 다행이었다.

고매한 품격高邁한 品格

높은 학식과 덕망이 뛰어난 인격

높은 학식과 덕망이 뛰어난 인격을 가진 사람. 이 고매한 품격은 어디에서 오는가. 널리 배우고 익히기를 거듭하며 선덕을 숭상하고 끝없는 수양을 통하여 대의를 존중하는 자아 정립 등 자기 인생이 세상의 공기로서 기능하도록 절차탁마하는 성심을 기울이는 데서 온다 하겠다. 고매한 품격이라 칭한다면 그 인물은 이미 지성의 반열 윗자리에 있다 할 것이다. 필자는 역사를 빛낸 수많은 인물들의 업적이 있었기에 이 나라의 반만년 역사가 영원히 이어진다는 사실을 깨닫는 동시에 하 많은 나라 중에 이 땅에 태어난 행운에 감사한다. 이 장에서는 이조의 명신 가운데 조선 명종 2년 합천 부수 이억재의 아들로 태어나 17세에 생원시에 합격한 후 승승장구하여 인조 때 영의정을 지낸 오리 이원익梧里 李

元翼의 고매한 품격과 한 시대의 사표師表로 만인의 추앙을 받던 자취를 대강 살펴보기로 하였다. 오리 대감의 집은 너무 오래된 초가삼간 집으로 빗물이 새는 등 붕괴 직전이라 새로 지을 작정으로 목재를 마련하여 공사를 시작할 무렵, 호조판서로 임명되었으니 입궐하라는 전갈을 받았다. 그러자 대감은 집 짓는 일을 중단하였다. 호조판서戶曹判書는 나라의 재정을 총괄하는 관청이라 국가재정을 맡은 관리가 집을 새로 짓는다면 혹여 오해를 살 수 있을 뿐 아니라 이권을 노리는 모리배들의 무례한 유혹이나 물품 구입 또는 노임 등이 표준이 되어 물가 안정에 선례가 될까 염려되어 빗물 새는 초가에서 살기로 했다. 또한 오리 대감은 왕실의 친척이지만 천성이 강직하여 정도지행의 신념이 확고한 위엄의 소유자였다. 대감은 명종 2년(1547년)에 태어났으니 율곡 이이(栗谷李珥, 1536) 서애 유성룡西厓 柳成龍과의 연령 차이에도 불구하고 교류하였으며 탁월한 능력을 인정받았다. 이원익은 45세에 이조판서가 된 후 임진왜란이 일어나 국운이 백척간두에 섰을 때 충성을 다해 국난극복에 일익을 담당했고 80세에 정묘호란 광해군의 폭정에 인조반정의 공신으로 나라를 바로 세우는데 공헌했다. 임진왜란 당시 평안도 순찰사로 임금의 피란길을 호종하고 평양성 탈환에 성공하는 전과를 거두며 임진왜란 평정에 정승과 공신을 겸한 인물이었다. 어느 날 퇴궐해 집에 돌아오니 부인이 이르기를 높은 자리에 있던 아무개의 소실이 목숨을 살려달라는 부탁과 함께 놓고 갔다는 비단과 죽신을 보고 눈물을 글썽이면서 신하로 하여금 이런 물건을 갖게 했으니 그 임금이 어찌 망하지 않겠으며 아내로 하여금 이런 물건을 쓰도록 하였으니 그 남편이 어찌 죽음을 면하리 탄식하였다. 이원익은 공사에 사사로운 정을 개입시키지 않았다. 그 시절 이원익은 속을 수는 있어도 차마 속일 수가 없고 유성룡은 속이고 싶어도 속일 수가 없다는 속담이 유행했다. 87세라는 한 세기에 가까운 파란만장한 영욕의 세월 속에서 변함없이 자기를 지켜온 고매한 품격의 오리 대감 이원익. 그는 정녕 청사에 큰 획을 그은 선비요 대장부니 가히 영세의 사표가 아닌가. 세상은 고금을 막론하고 어진 이를 기다리며 후세 교육에 전념하는 뜻은 지금과 미래를 근심함이니 직위가 아니라 모든 백성의 한결같은 염원이 아니던가.

진소陳疏

충심으로 임금에게 올리는 글

예학의 대가禮學大家 사계 김장생沙溪 金長生은 이조 명종 3년(1548)에 태어나 한 세기에 가까운 83세까지 살다 간 인물이다. 동양의 전통사상에서 예학은 광범위한 분야를 포괄하고 있다. 예를 들어 하늘과 땅 사이의 모든 것의 원리 또는 질서, 일월성의 위치와 운행과 만물과 인간세계의 운행과 질서 등 우주의 운행에서 인류가 일군 문화정신 세계까지 모두가 예에 속한다. 한마디로 예禮는 의칙儀則이다. 의칙이란 만물의 행위법칙이란 뜻이다. 인간을 제외한 만물은 우주의 섭리에 어긋남이 없지만 사람은 자기 편의와 욕심에 따라 변하기에 예를 모든 행위의 머리에 두고 존중하는 것이다. 사계 선생은 예학의 일가를 이루며 예학을 집대성하여 아들인 신독재 김집(愼獨齋 金集, 1574~1656)에게 물려주었고 충청도 연산에 위치한 돈암서원이 있어 충청도 양반 유래가 생겼다. 사계 김장생의 일생은 다사다난하였다. 예측 불가한 국가의 흥망성쇠가 백척간두에서는 난세에서 올바른 경세 이론으로 국가 운명에 희망의 빛이 되어 온 높은 기여도 임진왜란 정묘호란 인조반정 이괄의 난 등 파란 많은 역사의 중심에서 사계는 언제나 선견지명의 선명한 빛을 발하였다. 사계는 말년인 80세 노구임에도 임금의 부름에 조정에 나아가 양호호소사兩湖號召使 즉 호남지방과 호서지방(전라충청)의 군사 지원관을 수행한 후 더 높은 관직을 사양하고 낙향한 후 임금께 진십삼사소陳十三事疏라는 유명한 상소를 올려 그의 높은 경륜을 발휘하였다. 진소陳疏란 신하가 진솔한 충정으로 임금께 올리는 글이란 뜻이다.

一, 먼저는 입대본立大本으로 확고한 국가관 정립이다. 二, 다음은 희구업悕舊業으로 역사적 선정을 거울 삼는 것. 三, 존홍범尊洪範으로 나라 다스림의 큰 틀을 높여 행하라는 뜻이며 四, 강소학講小學으로 청소년들에게 예도를 가르쳐 인성을 바르게 하는 것이고 五, 진성효盡聖孝로 임금이 먼저 효도의 본보기가 되어 백성들이 효가 백행의 근본임을 깨닫게 하는 것이며 六,은 경사전敬祀典으로 숭조 정신을 높혀 공경의 예를 갖추라는 뜻이며 七, 친구족親九族으로 가족이 상화하목의 덕목을 지키게 함이며 八, 체군신體君臣 역지사지易地思之로 임금과 신하가 일체감으로 임금은 백성의 입장에서 백성은 임금의 입장에서 서로를 이해하는 군신 화합을 뜻함이며 九, 친청정親聽政으로 정치는 치밀한 계획과 신중히 펴야 하며 十, 혁민폐革民弊로 백성은 나라의 근본이라 임금과 조정은 백성들의 기댈 언덕이 되라는 뜻이며 十一, 파선혜청罷宣惠廳으로 백성들로부터 혈세를 걷는 관청을 폐하라는 것이고 十二, 수군정修軍政으로 국가를 수호하는 군사 행정의 기강을 바로 세우고 十三, 엄궁위嚴宮衛로 임금과 국가 수뇌부의 철통같은 방위 태세로 외부의 침략 행위로부터 위엄을 보이라는 등이다. 80세 노구 사계가 고백한 뛰어난 우국충정이었다. 현대를 살아가는 우리에게 더욱 절실한 훈육의 계율이라 여겨지는 바다.

군자지국君子之國

군자가 대를 잇는 문명의 나라

세계 인류 평화를 지향하는 최고선을 이상으로 삼아 추구해 온 공자(孔子, BC 552)는 유가의 비조儒家鼻祖로 입신에 뜻을 두는 이는 마땅히 먼저 자신을 닦는 수양으로 학문에 뜻을 두어 정의로운 자아 정립을 완성해야 하며, 성인이 되면 근본을 존중하고 가정을 이루어 가족과 가문을 빛낸 후에 나라를 근심하고 민족을 섬기는 대의에 자신을 바치는 뜻을 둠은 물론 장차 가슴의 온기는 조국을 덥히고 냉철한 시선은 밖으로 돌려 나라를 보전하고 세상과 교류하는 수신제가치국평천하修身齊家治國平天下의 대의를 이루라는 지론으로 수많은 제자를 양성하여 천하의 인재를 배출함은 물론 주유천하하며 제왕들에게 선정을 역설했던 대학자로 성문선왕成文宣王 지성선사至聖先師 만세사표萬世師表 성인聖人으로 인류사에 불멸의 성좌聖座에 새겨진 인물이다. 공자는 평소 동이국東夷國 즉 어질고 가무를 즐기는 긍정적이며 평화를 사랑하는 나라에 살아보고 싶다, 라며 우리나라를 극찬했던 일화도 있다. 전통적으로 예의를 숭상하는 동방예의지국이자 군자가 죽지 않는 나라君子不死之國 로 돌아보면 우리 민족은 중국의 문물을 본받은 바 적지 않으면서도 오히려 그 나라 민족보다 훌륭했던 민족정신이 파란 많은 운명을 극복하며 반만년 유구한 역사를 계승하여 오지 않았나 생각한다.

군자의 나라, 군자란 어떤 사람인가. 높은 학문과 덕행을 겸비한 이상적 인격의 소유자를 말한다. 또한 우리 조상들이 숭상했던 효제충서의 근본인 예는 무엇인가. 예禮는 사람이 마땅히 지켜야 할 의칙이며 타인을 공경하는 겸손한 자세를 말한다. 우리 민담에는 도깨비에 대한 설화가 가장 많은데, 도깨비는 사람을 만나면 씨름을 하자며 덤비는 오만함을 가지고 있다. 만일 사람이 도깨비의 위협에 겁을 먹고 머리 쪽을 쳐다보면 키가 하늘 닿게 보이지만 가벼이 여기며 밑쪽을 보면 하잘것없는 존재로 보인다. 우리 할아버지 할머니들이 들려주시던 도깨비 이야기의 결론은 언제나 손때 묻은 빗자루거나 지팡이 등이었다. 여기에서 우리 조상들의 힘을 과시하며 오만함으로 도전해 오던 도깨비에게 지거나 죽임을 당한 이야기는 들어본 적이 없다. 이와 같이 우리 민족은 수많은 외세 침략을 막으며 민족을 지켜온 용기와 신념이 있었음이 민담에서도 묻어난다. 세월은 강처럼 흐르고 사람과 문화도 변한다. 그러나 인간과 사회의 변치 않는 소망이 있다면 바로 현재를 빛내고 미래를 밝히는 군자상君子像이다. 자연에 절대 의지하던 농경사회가 아닌 고도의 과학 문명 시대로 적자생존의 경쟁사회라며 국가관도 민족관도 도덕관도 사치스런 옛것으로 치부하려는 초현실 감성에 젖어도 우리가 살아가는 현세에 가장 목마른 과제는 역시 높은 학식과 덕망을 갖춘 군자형의 지도력이다. 우리에게 가장 시급한 과제도 바로 이런 인재 양성에 있음은 물론이다. 또한 우리 모두는 선비와 군자가 되어보는 용기가 필요하지 않은가. 그래서 내가 선비다운 선비가되어 세상을 교화하는 자존을 앞세우는 우국을 말할 때가 아닌가.

화랑도 정신花郎徒 精神

삼국을 통일한 신라인의 애국심

신라가 고구려와 백제를 쳐서 삼국을 통일하는 바람에 고구려가 만주 일대까지 광대하게 넓혔던 영토를 잃어버렸다는 말에는 아쉬움이 느껴지기도 한다. 단순하게 생각하면 드넓은 만주 대륙을 상실하고 한반도 작은 땅에 갇히고 말았다는 생각이지만, 그러나 인간사나 국사나 흥망성쇠에는 근인近因과 원인遠因이 있어 우연偶然이 아니라 필연必然이라는 것이다. 한반도 삼국 중 고구려는 최대 강국으로 영토가 광활하고 자원도 풍부하며 백성들 또한 북방 기질을 타고나서 용감하여 일찍이 수문제隋文帝의 30만 대군과 수양제隋煬帝의 100만 대군 그리고 당태종唐太宗의 10만 정병을 물리친 동북아의 강대국이었다. 더구나 고구려 침공에 나섰던 지휘자들은 희대稀代의 영걸英傑들이었기에 고구려의 부국강병

富國强兵이 증명되었던 것이다. 또한 백제는 문화가 발달하고 경제력이 막강한 나라로 호남평야 등 비옥한 곡창지대와 자원 등 선진국으로 중국 등과의 활발한 교류는 물론 특히 일본에 대해서는 각종 선진된 문물을 전수하는 등 스승의 나라로 지금도 일본 땅 경향 각지에는 백제문화의 숨결이 배어있다. 이와 같이 문물이 발달하고 막강한 국력을 가진 고구려와 백제에 비하여 신라는 모든 면에서 열악한 국력을 가진 약소국이었다. 그래서 이런 틈을 틈탄 외세의 침략에 시달리는 나라였다. 그런데 이와 같이 빈약한 나라가 어떻게 해서 고구려와 백제 같은 강대국과 싸워 이길 수 있었을까. 물론 당唐나라의 힘이 컸지만 신라는 당나라의 궁극적인 목적을 백제 땅에 웅진도호부 고구려 땅에 안동도호부를 설치한 것은 분명 어떤 흑심이 있음을 짐작하고 남음이 있었다. 그래서 신라는 삼국통일의 위업을 달성한 후 조정과 백성이 일치단결하여 사즉생의 각오로 최강을 정복했던 기세로 원군인 당나라 군사 역시 당당히 몰아냈다. 이 위대한 힘의 원천은 어디에서 비롯되었을까. 사량부의 젊은 유생 귀산貴山과 추항箒項은 우국 결의를 다짐한 후, 가실사加悉寺에 주석하던 원광법사圓光法師에게서 세속오계世俗五戒를 전수받아 우국의 이상으로 삼아 실천 보급하였다. 세속오계는 사군이충事君以忠 사친이효事親以孝 교우이신交友以信 임전무퇴臨戰無退 살생유택殺生有擇 등 평범한 일상의 덕목이지만 그 진정한 가치는 백성이 일체감으로 나라와 민족을 지키는 계율로 화랑도 정신의 효시가 되었다. 이와 같이 물질적 발달은 후진에 머물러 있지만 백성의 이성적 정신문화가 앞선 나라 앞에 부국강병의 나라는 무엇이었나. 강병국에 도취된 고구려는 내적으로 권력투쟁으로 인한 반목과 분열이 조정과 백성의 일체감을 상실했고 문물의 선진국으로 이방의 스승국으로 자처하던 백제는 조정과 백성이 사치와 향락에 매료되어 유비무환에 게을리하였다. 진정한 부국강병은 조정과 백성의 이성적 사고를 바탕으로 문물이 발달하고 대공무사大公無私의 정치력과 우국충정의 일체감이 절대 관건이다. 현대처럼 자유와 권리를 내세워 모두를 돌아보지 않거나 과정을 무시하고 성취의 결과에만 매달리는 의식은 단명을 재촉하는 화근이며 비이성적 사고다. 여담이지만 고구려와 백제가 신라국의 국민성을 닮았더라면 어땠을가. 국가나 개인이나 유비무환의 결의 없이 지켜진 나라는 없다는 게 세상사의 철칙이다.

청담淸淡

명리를 떠난 맑고 향기로운 미담

중국의 삼국시대 위魏나라 말기 사마씨 일파들이 국정을 장악하여 황제 자리를 넘보자 이에 불만을 품은 혜강, 완적, 산도, 향수, 완암, 왕융, 유영 등이 당대의 명사들과 죽림竹林에 모여 청담을 나누며 현세를 피해 소요하였다. 하여 이들 일곱 선비를 죽림칠현竹林七賢이라 불렀다. 당시의 청담은 노자와 장자의 철학론哲學論이 중심을 이루었는데 때로는 허무주의로 비추어지기도 하였다. 본래 청담이란 구하는 바가 없어 맑고 향기로운 교훈적 담론으로 허무주의와는 본질이 다르다. 때로는 사람의 마음을 갈대에 비유하며 마음의 노예가 되지 말고 마음의 주인이 되라고 충고한다. 이들 죽림칠현 중에도 혜강과 완적을 제외한 전원이 사마씨의 회유를 뿌리치지 못하고 흩어지고 말았다. 혜강의 자는 숙야叔

夜이고 지금의 안휘성 출신으로 위나라 말기의 명사名士로 꼽히는 인물이었다. 또한 혜강은 문학과 회화에 능했을 뿐 아니라 거문고 타기를 좋아했다. 그 당시 권력의 중심에 섰던 사마씨 일가는 혜강과 완적을 자파의 세력으로 끌어들이기 위해 갖가지 방법으로 회유했다. 완적은 술에 장취하여 이성을 잃은 듯 위기를 면했지만 혜강은 직설적으로 대결하다 사마씨 일가의 누명을 벗지 못하고 형장의 이슬로 사라지게 되었다. 혜강은 형장에서 한漢나라의 간신을 척살한 섭정을 부러워하며 자신의 무력함을 부끄러이 여기면서 거문고를 빌려 평소 즐기던 광릉산곡조를 타면서 자신과 더불어 광릉산의 존재도 사라질 거라 탄식하며 한 시대의 명사는 쓸쓸한 죽음을 맞이하였으니 그의 나이 40세였다. 그 후 광릉산과 광릉산곡조는 살아서 전해진다. 인생은 짧지만 자연과 예술은 길다는 말이 새롭다. 청담 그 사악함이 없는 맑은 담론들은 천상의 소리인 듯 양삼의 윗자리에서 인간사의 영원한 스승이련만, 때를 만나지 못하면 허무한 한담으로 구름처럼 흩어지고 때가 오면 단비처럼 세상을 적셔 푸른 생명이 자라고 마음마다 용기와 희망이 되어 세상을 빛냈다. 수천 년이 지난 지금의 인류 사회도 선악은 공존한다. 물질문명이 극도로 발전한 첨단과학 문명 속에서도 인류의 최대 과제는 악의 근본을 발본색원하여 인류 평화를 이룩하는 것이다. 윤리적 도덕을 통하여 학문을 통하여 제도와 법률 종교를 통하여 간단없는 노력에도 그치지 않는 문화적 죄악 악습惡習. 인류가 분수 밖의 욕심을 포기하지 않는 한 그 불씨는 꺼지지 않으리라. 입하 절기를 맞는 산야의 수목을 이 자유로운 삶의 행운을 만끽하듯 윤기나는 잎새들을 반짝이며 날이 다르게 성장하는 아름다운 모습에서 서로가 어깨를 겹치며 빛과 그림자를 나누는 한없이 자유롭고 평화롭게 상생하는 모습이 부럽다. 짙은 눈썹달이 창밖에 얼굴을 내민 찻집. 찻잔에서 피어오르는 하얀 안개 입자들이 가슴을 적신다. 탐욕과 사악에 물들어 적자생존의 논리에 몰려 자리를 잃어가는 청담의 맑은 목소리가 한없이 아쉬운 세상. 자연의 품속에 살건만 자연이 스승임을 잊고 사는 인간사랴. 시대의 흐름이어서인가, 한담이니 담론이니 모두가 한량들의 하찮은 실없는 농담처럼 흘려버리는 격세지감에 아프지 않을까.

지토삼굴知兎三窟

세 개의 굴을 파는 지혜로운 토끼

중국의 춘추전국시대 제나라 재상 맹상군孟嘗君은 삼천의 식객을 거느린 인물이었다. 그중에 풍환馮驩이라는 자가 있었는데 언행이 범상치 않아 맹상군이 관심 있게 지켜본 인물이었다. 어느 날 풍환은 설薛땅의 백성들에게 빌려준 돈을 받아오라는 맹상군의 명령을 받고 그곳에 가게 되었다. 풍환은 부채가 있는 백성을 한자리에 모이게 한 후에 차용증서와 납부 실적을 확인한 후 납부 능력이 있는 사람에게는 납부기한을 정해주고 납부 능력이 전혀 없는 딱한 사람들의 차용증서는 모두 불태워 면제시키면서 이렇게 말했다. 맹상군께서 백성들에게 돈을 빌려준 까닭은 자본이 없는 이들이 생업을 통하여 윤택한 삶을 살도록 함이며 이자를 받는 것은 삼천이나 되는 식객들의 생계를 위함이라 하자, 설땅의 백성들은 모두 다 맹상군의 깊은 뜻을 반기며 환호하였다. 풍환이 돌아오자 맹상군이 급히 불러 자초지종을 엄히 물었다. 그러자 풍환이 정색하고 아뢰기를 만약에 빚을 급히 독촉하고도 받지 못하게 된다면 위로는 선생께서 이익만을 추구하여 선비와 백성을 사랑하지 않는 것이 되고, 아래로는 백성들의 마음이 선생을 떠날 것입니다. 그러면 결국 백성을 보호하고 주군을 섬겨 제나라의 위상을 높이려는 충정은 물거품이 될 것입니다. 그러자 맹상군은 풍환의 충정을 이해하였다. 그럼에도 불구하고 일 년 후에 맹상군의 어진 지혜를 시기한 진나라와 촉나라 임금들은 맹상군은 임금보다 신뢰가 높아 국정을 농단할 거라는 거짓 정보들을 퍼뜨려 결국 제나라 민왕은 맹상군을 파직시켜 맹상군이 영지로 돌아가니 식객과 빈객들도 흩어졌다. 한편 설땅의 백성들은 소문을 듣고 불원철리하여 맹상군을 위로하였다. 이것이 풍환이 만든 첫 번째 굴이다. 그 다음 풍환은 맹상군으로부터 수레와 여비를 지원받아 위나라의 양혜왕을 설득하였다. 제나라왕이 비방을 듣고 파면하였으니 제나라를 원망할 것이요, 그가 제나라를 배반하고 위나라에 들어오면 국가의 기밀을 털어놓을 것이니 왕께서는 사자를 시켜 예물과 함께 맹상군을 찾아가는 기회를 얻으면 제나라를 차지하게 될 것이라고 하자, 혜왕 역시 맹상군을 탐내던 터라 황금 백일鎰과 수레 십승을 맹상군에게 전했다. 풍환은 재빨리 혜왕의 사자보다 앞서 맹상군에게 예물을 받지 말라고 하였고 맹상군이 세 번이나 거절하자, 이 사실을 알게 된 민왕은 즉시 환궁토록 하고 정중히 사과하고 복직시키니 두 번째 굴이요. 풍환은 맹상군에게 설땅에 선대의 종묘를 세우도록 하였다. 이러면 민왕은 맹상군을 함부로 할 수 없어 그 지위가 더욱 공고해질 것이니 이는 곧 세 번째 굴인 것이다. 옛말에 선비는 자기를 알아주는 이에게 충정을 바친다 하였듯이 풍환은 식객의 신분으로 맹상군과 맺은 인연이지만 서로가 대장부로서의 기가 투합하여 좋은 열매를 맺은 귀연으로 생을 마감했을 터인즉, 얼마나 부러운 일인가. 세월이 흘러 그들이 누렸던 영화와 우정은 구름처럼 흩어졌지만 그들은 영원히 기념비적 의리를 지켜 본보기가 되니 아름다운 사표가 아니던가. 대개의 사람들은 모두가 자기만 못하기를 바라는 경향이있다. 그래서 자기보다 나은 이를 시기한다. 대인다운 뜻을 가진 이는 자기보다 나은 이를 숭상하여 나라의 동량으로 삼음에 주저하지 않는다.

후예사일后羿射日

활을 쏘아 태양을 떨어뜨린 후예

중국황제의 혈통을 이어받은 요堯임금은 재위 칠십여 년을 누린 장수 임금이었다. 당시의 설화다. 천제인 준天帝俊은 열 개의 태양을 낳았는데 천제는 매일 교대로 한 개의 태양만 천상에 올려 따뜻한 햇살을 땅에 비추게 하니, 지상의 만물들이 무성하고 백성들은 천제를 찬양했다. 어느 날이었다. 열 개의 태양이 모여 의논한 끝에 장난기가 발동하여 열 개의 태양 모두가 천상에 올라 뜨거운 빛을 지상에 내리이기로 하고 곧바로 실행에 옮겼다. 그러자 지상에 있는 모든 것이 불타버릴 듯 염천지옥으로 변해 버려 지상세계는 순식간에 큰 재앙을 만나 혼란에 빠지고 말았다. 여기에서는 하늘처럼 높은 덕망을 가진 요임금도 어쩔 수가 없었다. 뜻밖의 천재지변으로 세상 만물이 생사의 기로에 처하자 임금은 하는 수 없이 천제인 준俊에게 호소하여 종전대로 하나의 태양만 떠오르게 해 달라며 간청하였다. 이와 같이 요임금의 화급한 호소를 접한 천제는 태양들의 무모한 장난임을 확인하고 활의 명사수 후예를 불러 조용하고 신속히 사태를 수습하라 엄명嚴命하였다. 그러자 후예는 태양들을 설득하는 절차를 생략한 채 불꽃을 쏟아내는 태양을 향해 활시위를 당겼다. 천하의 명궁 후예의 솜씨에 열 개의 태양 중에 하나의 태양만 남고 아홉 개의 태양은 아홉 개의 화살에 의해 빛을 잃고 말았다. 천제의 엄명을 수행한 후예의 용기에 지상세계는 또 다시 태평을 구가하는 낙원이 되었다. 한편으로 천제는 불행하였다. 후예에게 조용히 수습하라 일렀건만 엄명을 어긴 후예에 의하여 사랑하는 아홉 아들을 잃었기 때문이다. 천제는 명을 어기고 난폭한 조치를 취한 후예를 지상으로 추방해 버렸다. 옛글에 과유불급이라 했으니 지나친 것은 미치지 못함만 못 하다는 경의 말씀처럼 모든 세상사에 중용의 원리가 중심임을 입증한다. 천제는 열 개의 태양을 낳았고 후예는 태양을 떨어뜨리는 궁술을 가졌지만 중용의 도를 지키지 못함으로 인해 신통력을 빛내지 못하여 안타까울 따름이었다. 공자가 이르기를 총명하고 슬기로워도 모름지기 겸손하고 용맹이 세상에 제일이라도 두려워할 줄 알아야 하며 자신을 낮출 줄 알아야 지위를 얻게 된다. 그러나 이기기를 좋아하면 반드시 적을 만나게 된다 하였다. 하나의 태양이면 만족할 세상에 열 개의 태양이 무슨 소용이었을까. 천상에 제일의 권위를 가진 천제준이라도 일개 궁사의 기예 앞에 분노를 삼켜야 하는 수모는 바로 지나침이었으니 우리 사서인의 삶인들 다를까. 수천 년이 흘러 흔적도 없는 역사라 하더라도 생로병사와 흥망성쇠에 적용되는 인과의 법칙은 변함이 없다. 우리들은 늘 목마름에 사로잡혀 아름다움과 만족함과 감사함을 깨닫지 못하고 불행이란 거짓에 속아 고통스런 고해의 바다를 건너고 있는 중이다. 지금이라도 늦지는 않으니 성급함을 자제하고 돌다리를 건너듯 조심하고 또 조심할 따름이다.

우정友情

진정한 우정 아름다운 배신

조선시대 충청도 어느 산골마을 반듯한 기와지붕 하나 보이지 않는 전형적인 농촌마을 어깨를 포개듯 첩첩산중에서 흘러나오는 옥계의 물소리는 속세를 떠난 듯 청아하고 송림을 빗질하듯 스치는 바람은 게으르게 늘어뜨린 버들가지들을 간지럽힌다. 동네 뒤편 황토담 별채에서는 어린 학동들의 글 읽는 소리가 낭랑하던 어느 날 학동 중에 김씨 성을 가진 한 아이와 이씨 성을 가진 한 아이는 동갑내기 친구로 우정이 남다를 뿐 아니라 총명하여 서당 선생님의 총애를 받는 요즘말로는 장래가 촉망되는 유망주였다. 그들이 장난기가 발동하여 동네 앞 당산나무에 몰래 올라가 지나가는 낯선 사람 머리 위에 소변을 보거나 이고 가는 물동이에 나뭇잎을 떨어뜨리는 등 장난을 치다가 들켜 급기야는 훈장선생님과 부모로부터 호된 질책과 더불어 종아리에 상처가 나도록 체벌도 받았다. 그러던 그들이 학문에 뜻을 두고 정진한 끝에 드디어 과거 길에 올랐다. 먼저 김씨 성을 가진 사람은 초시를 거쳐 무난히 대과인 문과에 급제하였으나 이씨 성을 가진 사람은 대과에 실패하고 낙향하였다. 얼마 후 김씨는 어명에 의해 지방 관리들의 동정을 살피는 어사가 되어 금의환향하였다. 김씨 문중에서는 큰 잔치를 벌이고 지방 관가는 물론 널리 지방관리들을 초청하여 하객들이 구름같이 운집하였다. 특히 우정이 남달랐던 낙방서생 이씨에게는 따로 자리를 마련하여 환대하였다. 그 후 이씨는 여러 번의 과거에 실패하는 동안 가세도 기울어 부모와 처자의 생계마저 극도로 궁핍하자 부인이 가사를 꾸려갔다. 세월이 흘렀다. 때마침 김씨는 승진을 거듭하여 고향고을의 태수가 되어 부임한 후 다시 인근 관리들과 지방 유지들을 초청했으나 이씨는 부르지 않았다. 혹시나 하고 관아 현관 뜰에 도착하니 초청인사 명단에는 이씨가 없다면서 쫓겨나게 되었다. 낙방생 신분도 한이 맺혔건만 우정마저 배신하는 현실이 너무도 슬펐다. 관아에서 흘러나오는 풍악 소리와 축하연의 웃음과 덕담들이 이씨의 가슴에는 형용할 수 없는 아픔으로 다가왔다. 사나이 운명이 여기까지일까. 입술을 깨문 이씨는 뒤도 돌아보지 않고 속세를 비켜선 암자를 찾아 스님께 의지하고 십년공부를 시작했다. 다행이 고명한 스님의 덕행에 과거의 기회가 있었으나 십 년을 마친 후 본과인 문과에 당당히 급제하고 역시 어사가 되어 금의환향하였다. 고을 태수인 김씨는 이미 조정의 중신 대열에 올랐다. 어사는 김씨가 우정을 배반한 서운함을 가슴에 담고 고향에 돌아와 가족을 만나려 하였으나 서울로 떠났다는 소식을 듣고 주체할 수 없는 과거사에 백 가지 생각이 뒤엉켜 우정과 배신 사이를 오가는 고뇌를 삼키며 서울로 올라가 수소문 끝에 어느 대문 앞에 당도한 그는 크게 놀랐다. 대궐같이 큰집에 그의 문패가 걸려 있지 않은가. “여봐라!” 대문이 열리며 자기 부인이 반갑게 맞이한다. 부인으로부터 자초지종을 소상히 들으니 자기의 아픔보다 친구의 아픔이 더 컸음을 깨닫고 한걸음에 달려가 감사하고 사죄하며 뜨거운 눈물을 나누었다. 김씨는 자기만의 출세가 아쉬웠을 뿐 아니라 친구에게 절망을 주는 것 같아 그 보은의 뜻으로 어려운 가세를 도우며 장차 생을 같이하려는 미래를 생각했던 것이다. 진정 사나이들만이 나눌 수 있는 우정, 아름다운 배신이었다. 우리들은 선조들의 진정한 우정에서 참인간의 미를 발견한다. 진정한 벗이란 정만 나누는 게 아니라 사상과 미래를 나누기도 하는 특별한 관계이기도 하다. 우정은 성별 연령 인종 국경을 초월하는 인간관계의 시작이고 본보기인 경우가 되기도 한다. 지금도 두 사람의 우정이 아쉬운 시대가 아닌가.

장부의 애정丈夫의 愛情

대장부의 현명한 애정관리

옛날 중국 사기에 실린 실화 중에 다음과 같은 글이 있다. 평원군 조승은 조曺나라 왕의 아들이었다. 조승은 성품이 원만하고 인재를 중히 여겼다. 그는 다른 나라에서 오는 식객이라도 후하게 대하다 보니, 그 수가 수천에 이르렀다. 조승은 해문왕과 효성왕 시절에 재상을 지냈는데, 세 번이나 사직을 하였으나 세 번이나 복직을 할 만큼 당대의 명재상으로 임금들의 신임이 두터웠다. 그가 살고 있는 집에는 민가를 내려다볼 수 있는 누각이 있었고 그가 총애하던 여인과 함께 백성들의 동정을 살피기도 하였다. 하루는 동네에 살고 있는 다리를 저는 이가 힘겹게 물을 길러 가는 모습을 본 조승의 여인이 크게 웃은 일이 있다. 하루는 그 다리를 저는 이가 뜰 앞에 엎드려 자신을 비웃은 여인의 목을 내어 주라고 간청하였다. 조승은 웃으며 대답했지만 일시의 분함을 이기지 못해 한 말이겠지 치부하였다. 그 후 얼마 가지 않아 식객들이 점차 떠나기 시작하더니 결국 기백에 불과하니 조승의 집안은 점점 쓸쓸한 가문으로 전락하였다. 그러자 조승이 빈객들에게 연유를 물었더니 다리를 절던 사람과의 약속을 어기니 총애하는 여인 때문에 천하의 인재들을 경시한다는 불신이 팽배했기 때문이었다는 것이다. 조승은 크게 뉘우치며 여인의 머리를 베어 다리저는 이에게 사과한 후에는 다시 천하의 식객들이 구름같이 모이며 조승의 명성이 회복되었다. 또한 고대인들의 일화를 전하는 설화라는 고서에서 초나라의 장왕楚莊王은 문무백관文武百官들을 초청하여 태평성대를 자축하는 연회를 베풀면서 왕이 총애하는 여인으로 하여금 술을 권하도록 하였고 연회장에 불을 꺼서 흉금없이 즐기도록 하였다. 연회가 무르익을 무렵 한 사나이가 임금의 여인 옷깃을 잡아당기자 여인이 놀라 그의 갓끈을 뜯어버린 후 임금께 불을 켜서 사나이를 엄벌하라 외쳤다. 그러자 임금은 신하들에게 주연을 베풀었고 취중에 잠시 예의를 잃었을 뿐이니 여인의 절개를 밝히려고 장부에게 치욕을 줄 수 있겠느냐는 생각으로 "모두들 들으시오 제관들은 모두 갓끈을 떼시오." 명한 후에 불을 밝히고 연회를 이어가도록 했다. 후일 초나라와 진나라는 여러 번의 전쟁을 하였다. 장왕 시절 또 다시 전쟁이 일어나자 어느 장수 하나가 언제나 앞장서며 사즉생의 각오로 싸워 전승을 올리는 공을 세웠다. 공교롭게도 장왕은 다섯 번의 크고 작은 전쟁을 치렀는데 그 장수는 전과 다름없이 충성을 다하여 다섯 번 모두 이기는 데 크게 공을 세웠다. 그러자 장왕이 그를 불러 치하와 함께 더 큰 벼슬을 내리며 술을 나누었는데 그 장수가 다름 아닌 왕이 총애하는 여인의 옷깃을 잡아당긴 사람이었다. 그 장수는 이렇게 고백하였다. 임금님 말씀대로 혈기왕성한 장부로 천하일색의 여인을 보니 자신도 모르게 잠시 이성을 잃었으나 임금님의 하해와 같으신 관용에 감동하여 충성을 맹서하였으니 저의 허물을 용서하신다면 임금님을 위해 남은 육신을 바치겠다며 충성을 다짐했다. 앞서 기술한 조승과 장왕은 여자보다 인재를 아끼는 현명한 장부였기에 나라를 보전하고 종사를 계승하였던 것이다.

황금의 독黃金의 毒

황금에 눈이 먼 어리석은 군주

고대 중국의 설화에 실린 글이다. 어느 깊은 산촌 실개천을 사이에 두고 대여섯 채의 너와지붕들이 마주보는 화전민촌, 세상과는 단절한 듯 닭 울음소리조차 들을 수 없는 고요한 산골. 시냇가의 버들잎이 게으른 봄맞이에 바쁜 어느날, 삼 년째 이름 모를 질병으로 고생하는 홀어머니를 모시고 사는 사십 세 노총각이 여느 때와는 달리 삼 일째 목욕재계를 마치며 부디 산신의 도움으로 영약을 구하겠다는 굳은 마음으로 산길에 올랐다. 그날 따라 깊은 산중으로 발길을 옮기며 오직 병고에 사경을 헤매는 홀어머니를 걱정하는 일념으로 고산준령을 마다하지 않다가 허기를 달래기 위하여 돌 틈에서 솟는 맑은 물로 허기를 달래며 잠시 쉬고 있는데, 바로 건너편을 바라보니 두 사람의 스님들이 길을 가다가 서서 마주보며 이야기를 나누고 있었다. 총각은 두 스님의 이야기에 귀 기울여 자세히 들어 보는데 그중 한 스님이 이런 산중에 귀한 보물이 묻혀 있으니 이는 필시 주인을 기다리는 연유가 있는 보물이 틀림없으니 참으로 기이한 일이 아니겠습니까, 하고 누구를 위한 계시같은 말을 남기고 유유히 길을 재촉하여 떠났다. 이 총각의 뇌리에는 분명히 그 자리에 귀한 보물이 묻혀 있을 거라는 생각에 땅을 파기 시작하여 서너 척쯤 파내려 갔을 때 갑자기 눈앞에 섬광이 비치는 듯하여 살펴보니, 황금색을 띤 돌덩이가 보여 꺼내어 보니 황금덩이 보물이 분명하였다. 한걸음에 달려온 총각은 산신께 올린 정성이 감동되어 홀어머니를 구하라는 뜻으로 짐작되지만 후환이 있을까 하여 고을 원님에게 사실을 전했다. 그러자 고을 원님은 지극한 효성을 임금께 고해 올렸다. 이 사실을 안 임금은 어의를 보내 환자를 치료토록 명한 뒤에 땅속에 묻힌 보물을 보았다는 중을 이용하면 전 국토에 묻힌 보물을 모두 캐내어 일시에 세상에서 제일가는 부자가 될 것이라 생각되어 그 두 사람의 중들을 찾기로 했다. 그러나 해가 바뀌도록 중들의 수소문이 헛수고에 그치자 이번에는 삼전 냥의 포상금을 내걸고 수색에 전념하였다. 그러자 노총각이 사는 고을 원이 탐욕이 발동하여 작은 암자의 수도승 두 사람을 강제로 끌고가 임금에게 인도하였다. 그러자 의금부가 그들을 심문하여도 사실을 말하지 못하자 임금은 어의를 불러 그들의 안구를 떼 임금의 안구와 바꾸라 명령하자 어의는 불가능한 일이라 아뢰었지만 임금은 모두가 자기를 속일 거라는 의심 끝에 어의를 불러 죽음을 면키 어려울 거라는 엄명을 내려서 자기의 두 눈동자를 중의 눈동자와 바꾸게 되었다. 그때는 이미 나라도 백성도 권좌도 모두 자기 것이 아니었다. 그는 그때서야 광명을 잃으면 왕명도 용상도 잃는다는 때 늦은 회한의 감옥에 갇혀 고뇌 끝에 장검을 가슴에 대고 엎드려 진한 피를 뿌리며 눈을 감았다. 권위가 하늘에 닿고 명이 서슬같던 임금은 황금에 눈이 어두워 하늘이 주었던 영화를 스스로 팽개치고 비단으로 장식된 호화궁전을 피로 물들이고 말았다. 복은 두 번 구할 수 없고 화는 요행으로 면할 수 없는 것, 세상사 모두 자신의 마음가짐에 달렸으니 한나라의 임금이 황금에 눈이 멀다니, 그는 일찍이 임금이 아니었다. 그는 천성이 졸부였기에 잠시 시험에 들었던 것뿐이었다.

난세의 현인들亂世의 賢人들

어지러운 세상 지혜로운 처세

한나라 때의 노장서인 희남자라는 실화 중에 도를 닦으며 은거한 단간목의 실화다. 단간목이라는 현자가 봉록을 사양하고 낙향하여 고향에 머물고 있었다. 그러던 어느 날 위나라의 문후가 그가 살고 있는 마을 앞을 지나다가 타고 있는 수레의 가로수나무에 손을 대고 그 마을 쪽을 향해 허리를 굽혀 예의를 갖추었다. 그러자 임금을 모시던 신하가 나직이 아뢰었다. "단간목은 이제 천한 평민에 지나지 않습니다. 그런데 임금께서는 제후의 신분으로 그가 사는 마을을 향해 허리를 굽혀 예를 갖추시는 것은 지나친 일이 아니신지요." 그러자 문후는 이렇게 점잖게 나무랐다. "단간목은 비록 지위가 없는 평민의 신분이지만 세상의 권세나 개인적인 욕심에 마음이 움직이는 사람이 아니라네, 군자의 길을 마음에 간직하고 세상과는 떨어져 살고 있으나 그의 명성은 천리 밖까지 떨치고 있는데 이처럼 훌륭한 현인에 대해 어찌 예의를 표시하지 않을 수 있겠는가. 단간목은 그가 품고 있는 덕성 때문에 훌륭한 것이네. 단간목은 도의 정신이 풍부하고 나는 제후의 지위와 세력이 풍부할 뿐이지. 그러나 지위와 세력은 덕성의 존귀함에 비할 수 없지, 그래서 고귀한 덕성을 가진 단간목이 제후로서의 지위와 세력과 부귀를 가진 나와 신분을 바꾸자 해도 거절할 걸세." 또한 한나라의 유향이 지은 《고열녀전》에는 이런 실화가 실려 있다. 초나라 왕이 오릉자종이라는 사람이 큰 인물이라는 말을 듣고 재상으로 삼기 위해 사신에게 황금 이천 냥을 예물로 내리며 모셔오라 하였다. 오릉자종은 이같은 왕명을 받자 아내에게 이렇게 말하였다. "임금이 나를 재상으로 삼기 위해 사신을 보내 왔네, 재상이 되면 네 마리의 말이 끄는 마차를 타고 호위병이 전후좌우로 늘어서고 사방 열자나 되는 상에 산해진미를 즐길 수 있네." 그러자 그 아내는 이렇게 대답하는 것이었다. "당신께서는 지금 가죽신을 만들어 생계를 유지하지만 무엇 하나 부족하거나 불편한 게 없으니 마음이 흐트러지지 않고 왼쪽에는 거문고를 오른쪽에는 책을 두고 인생을 즐기십니다. 그러나 재상이 되어 호화로운 마차와 호위병을 거느리며 산해진미를 즐긴다 해도 당신의 몸이 쉴 곳은 무릎이 들어갈 정도의 장소뿐이요, 그리고 열 자나 되는 상에 가득한 산해진미 가운데 당신이 드실 수 있는 것은 몇 조각 고기에 불과할 것입니다." 그러자 오릉자종은 왕의 명을 받고 찾아온 사자에게 "임금님의 부르심은 황송하오나 재상의 제의는 거절한다 아뢰시오." 하며 사양하였다. 그후 오릉자종은 정원에 물을 뿌리는 일을 하며 일생을 마쳤다고 한다. 여기에서 단간목은 훌륭한 덕성을 가진 현인으로 임금의 존경을 받아 타인을 감회케하는 인물이었고 오릉자종은 현명한 부인과 함께 사람에게 진정한 행복은 작은 것에 있다는 진리를 영원히 전한 인물로서 두 사람의 흔적은 백성에서 임금에 이르도록 지위와 신분을 초월하는 정신적 사표가 되어 길이 전하는 교훈이 되었다. 영화보다 청빈한 삶의 선택으로 영세불망의 대열에 오르는 영광이야 무엇에 비할까. 그 행운의 주인공은 현명한 부인이었으니 부러운 반려의 인연이었다. 오릉자종과 그 부인.

지자불취

지혜로운 이 지위를 탐내지 않고

금나라 희종金熙宗 2년 석거石巨라는 사람은 진사에 합격하여 형대의 현령으로 취임했다. 당시의 관료 사회는 부패와 착취 등 악습이 만연하였다. 특히 형대의 관문을 지키던 관리들은 매우 탐욕스럽고 포악하기로 악명이 높았고, 또한 선량한 백성들의 재물을 강탈하는 것을 예사로 여겼다. 석거는 기회 있을 때마다 나라의 녹을 먹는 관리들은 청렴을 생명처럼 여기며 재물을 탐내지 말라고 충고했다. 군자는 재물을 취함에 있어 도道를 지키며 사사로운 이익 때문에 인仁에 어긋나면 반듯이 화禍를 입게 된다 강조했다. 그러나 사람들은 세상이 그런 것을 당신 혼자 바꿀 수 있느냐며 듣기에는 좋아도 아무 쓸모없는 것이라며 재물이 없는 것이야말로 큰 재난이니, 당신은 세상의 비웃음을 사는 게 당연하다고 비웃었다. 화가 난 석거는 관문지기 관리에게 이익에 눈이 멀면 돌이킬 수 없는 화를 직면하게 될 것이라 경고했다. 그러나 그 관리는 조정에 상소를 올려 석거를 모함했지만 청렴결백한 석거는 무사하였다. 석거는 승진을 거듭하여 더 높은 지위에 오르게 되었다. 그러자 주변에서는 계속 승진하는 방법이 무어냐고 묻자 웃으면서 "나는 승진은 바라지 않습니다. 다만 공명정대할 뿐이지요." 라고 대답하였다. 그는 세종世宗 때 참지정사로 임명되었으나 건강을 이유로 사양했다. 이를 이상히 여긴 세종이 은밀히 묻자 석거는 재능과 덕이 부족하다며 사양하였다. 그의 친족들은 천하의 경사를 배반하여 황제의 분노를 살까 두렵다며 만류하자 결국 조정의 임명을 받아들였다. 그는 아내에게 말했다. 나무가 크면 바람을 부르게 마련이라 쓸데 없는 화를 당할까 염려되오. 그러나 그의 아내는 당신은 청렴하고 정의로운 분이고 황제께서 총애하시는데 무엇이 두렵겠습니까, 하였다. 석거는 태자의 스승으로 있을 때는 황제께 상소문을 올려 태자에게도 일찍이 정사政事를 익히도록 당부하였다. 그러자 이번에는 석거가 이를 빌미로 태자의 은총을 받으려는 계책으로 그 속에는 어떤 음모의 뜻이 숨어 있을 거라 모함했다. 세종이 처음에는 의심도 들었지만 나중에는 석거가 그런 사람이 아니라는 것을 확신하였다. 훗날 세종이 석거에게 그런 사실을 허심탄회하게 설명하자 큰 충격을 받은 석거는 황제에게 부담을 주지 않고 자연스런 핑계로 태자의 스승 자리를 사임하였다. 석거는 주변사람들에게 사람이 화를 당하는 것은 멈춰야 할 때 멈추지 못하기 때문이라며 욕심을 버릴 것을 당부하였다. 세종은 석거에게 여러 번의 명을 내렸지만 생각을 바꾸지 않았다. 그러나 세종은 석거는 매우 지혜로운 사람이며 근세에 드문 천하의 큰 인재라며 치하해 마지않았다. 고금을 막론하고 물욕이나 권세욕이 일시적으로는 영광스러울지 모르지만 그 생애뿐아니라 오랜 세월 그의 이름을 욕되게 하고 그와 연관된 사람과 관여했던 일까지도 가치가 소멸되는 무서운 결과를 낳는다는 교훈들을 애써 잊으려 하는 듯 불행히 탐욕의 망령은 사라질 줄 모르니 사람은 평생 동안 학문과 체험을 통하여 탐욕의 욕됨을배운다. 재물은 자기를 최면하는 마귀 라는 사실에 익숙해야 한다.

청백리淸白吏

사리를 멀리하는 정직한 관리들

기억력과 정세 판단력이 뛰어났던 인조 때의 공신仁祖功臣 김시양金時讓은 임금에게 바친 견문록에서 만주 여진족의 발호 즉 세력을 믿고 함부로 날뛰며 국경을 넘보는 망동을 예고하였다. 그때가 정묘호란이 일어나기 십 년 전의 일이었다. 김시양은 그 후로도 재상 앞으로 글을 올려 대륙 정세의 변동에 대비한 국방력 강화를 거듭 촉구했지만 조정이나 이하 관리들은 일고의 가치도 없다는 듯 마이동풍이었다. 한마디로 정부나 국민이나 안보 불감증에 빠져버린 것이다. 공교롭게도 재상 앞으로 다시 글을 올린 해에 병자호란이 일어나 나라가 큰 화를 당하고 말았다. 그 후 김시양이 전라도사로 있을 때 그가 주관한 향시 내용에 임금의 실정을 비유하는 대목이 있었다는 고발로 중죄자가 되어 사지에 몰리게되고 결국 투옥되었다. 그는 감옥에서도 평상시와 다름 없이 잠을 자는 그에게 함께 잡혀온 당시의 시험관이 지금이 어느 때인데 그렇게 태연히 잠을 자느냐고 힐책하듯 나무라자, 사람이 죽고사는 것은 하늘이 정하는 것이라며 웃어 버리는 것이었다. 그러나 그의 충직함을 높이 평가해온 백사 이항복白沙李恒福의 주선으로 죽음은 면했지만 만 십삼 년의 귀양살이를 해야 했다. 그는 귀양살이를 떠나던 길에 많은 백성들이 운집하여 눈물로 환송하던 때 읊은 시에서 내 마음과 행동이 본래 백일을 속이지 않았으니 길흉을 하늘에 물을 것이 없다며 자신의 청백함을 스스로 고백한 시를 남겼다. 그의 공명정대했던 일화 중에는 조정에서 토목공사의 비용 조달책으로 뇌물을 바치면贖錢 귀향살이를 면하도록 조처했던 관행을 없애고 범죄행위는 가차없이 죄의 대가를 치르게 엄벌하였다. 인조仁祖반정을 일으킨 이괄李适의 난을 진압하기 위해 도찰사 이원익의 종사관으로 참가했을 때, 그의 구멍 뚫린 군화가 군률상의 문제가 되었다. 그래서 그가 살고 있는 집안 형편을 조사한 결과 오랜 귀양살이에서 남아 있는 것은 떨어진 헌 짚신과 허술한 옷가지 등이 전부였다. 다음날 김시양이 사는 형편을 자세히 보고 받은 임금으로부터 가죽신이 하사되었다. 참으로 감동적인 사실이었다. 또 한때는 그의 특이한 기억력 덕분에 무역 마찰을 피한 일도 있었다. 청나라가 만주의 후금국後金

國으로 맹위를 떨치고 있을 때 오 년 전의 교역 문제를 끄집어내며 대금청산이 완결되지 않았다며 잔금 납부를 강요하자, 조정이 아주 난감하여 있을 때 김시양이 실무자가 되어 오 년 전의 교역 날짜와 품목 수량 대금 지불 내용을 일목요연하게 적은 것을 근거로 자세히 설명하자 청나라 관리들이 감탄하며 없던 일이 되어 무사히 화를 면하게 되자, 그의 능력이 탁월함을 재인식한 조정에서는 더욱 감탄해 마지않았다. 그는 후일 관찰사 도원수 판서 등 요직을 두루 거치며 나라를 위하여 각가지 음모와 모략으로 고난을 겪었지만 일편단심으로 충성한 진정한 생을 바친 청백리였다. 자고 이래로 국가의 가장 우선하는 것이 안보를 바탕으로 하는 국태민안이고 그의 핵심은 널리 보고 미래를 내다보는 안목과 청백한 관료 사회이니 김시양 청백리야말로 진정한 나라의 동량이고 현명한 신하였다.

개화의 선구자

일찍이 개방화시대를 이끈 선구자

우리나라 실학의 거두(사실에 입각하여 사물을 탐구하는 문학) 연암 박지원燕巖朴趾源의 손자로 일찍이 실학實學에 눈을 뜬 문신이자 국가와 정치가 제도적으로 개혁개방되어야 한다는 논리로 개화사상을 주창한 사상가 박규수朴珪壽, 그는 평안도 관찰사 시절(1866) 미국의 무장 상선인 제너럴셔먼호의 대동강 침입을 격퇴시켰다. 그는 두 번의 청국행에서 서양의 세력이 점점 동양을 장악하려는 서세동점西勢東漸의 기미에 충격을 받고 우리나라도 시급히 문호를 개방하여 바깥세상의 조류에 합류하는 개국 개화의 필요성을 흥선대원군에게 수차례에 걸쳐 역설하였으나 뜻을 이루지 못했다. 당시의 국내 정치 성향으로는 다른 나라와 화해와 평화를 거론하는 주화主和사상은 매국의 의도나 다름없는 것으로 경계했기 때문이었다. 그의 사랑방에는 훗날 갑신정변의 주역이 된 김옥균 등 개화파 청년들이 출입하면서 국제 감각을 키워나가는 계기가 마련되었다. 그는 또 1875년 일본이 운양호사건을 일으키며 수교를 강요해 오자, 국내의 거센 반발 여론에도 불구하고 강화도조약을 맺었다. 그리고 통신사를 일본에 보내고 젊은 관료 18명을 엄선하여 해외시찰단을 구성하고 바깥세상의 변화와 실상을 직접 목격할 수 있도록 주선하였다. 그래서 우리나라 정치의 안목을 넓혀 바깥세계와의 화해 협력의 기초를 닦는 것이 안정과 번영의 길임을 입증하려는 개화운동의 선구자이며 그의 문하에는 수많은 신진 기예들이 배출되어 국제 감각에 밝은 젊은 인재들이 육성되었었다. 그러나 조정에 다수를 장악한 수구세력들의 집요한 고집에 애석하게도 범국민적 차원에서의 개화시기를 놓치고 말았기 때문에 그들의 힘만으로는 망국의 비운을 극복할 수가 없었다. 그는 외부세계와는 철저히 단절하는 쇄국정책이 판을 칠 때 바깥세상이 하루가 다르게 변화 발전하고 있음을 간파하고 나라의 변화와 개혁만이 살길이라며 개혁을 앞장서 주도한 국가 혁신의 선구자였지만 가정과 가족에게는 조금도 배려하지 못하여 그의 사후 유산은 보잘것없는 초가삼간이었다. 그가 평안도 관찰사 시절 가족들이 박봉을 쪼개어 노후를 대비한 약간의 토지를 사두었는데 불행히도 지주가 이중매매 행위를 저질러 사기를 당한 사실도 있었다고 하였다. 그 사실을 안 박규수는 가족을 꾸짖으며 땅주인을 불러놓고 땅문서를 불태워 버렸다. 그는 고위 공직자가 토지를 매입하여 재산을 늘리는 행위가 허물이고 그 일로 인해 일반 백성과 시비를 가리는 일은 더욱더 부도덕한 수치로 여기며 가족들을 훈계하였다. 옛날과 현재를 비교하는 것은 시대 상식에 맞지 않는다고 할지 모르지만, 고금을 막론하고 인간세계의 평화적 공존을 가치로 여기는 한, 그 척도를 평가하는 잣대는 눈금하나 변함이 없음을 인정해야 한다. 우리 목전에 하루가 다르게 던져지는 화두를 모두가 우리에게 정도를 지키며 맑게 살라는 충고뿐임을 명심해야 한다. 사람이 가져야 하는 욕심의 한계는 어디까지인가. 그것은 더 안 가져가도 되는 데까지 아닌가.

참된 충성을 매국으로 매도하며 국가의 메리트보다 자기들의 안주를 중히 여기는 어리석은 관료 세계, 그리고 세상이 바뀌어 젊고 유능한 인재들의 일찍이 눈뜬 세계관을 무시한 조정과 임금의 무사안일이 오천 년 역사를 침략과 수탈 등 수치스럽고 고통스럽게 엮은 것을 뒤도 돌아보지 않는 안목. 꽃들도 아름다움을 시기하지 않는다 하였거늘, 나라를 이끄는 이들이 인재를 시기하며 국가와 민족의 미래는 안중에도 없고 자기영달을 위하여 자라는 순을 꺾다니 참으로 비통한 일이었다.

수명직간授命直諫

목숨을 걸고 임금께 직간한 신하

송인수는 이조 중종16년(1521)년 약관의 나이에 문과에 합격하여 홍문관 정자(정9품)로 임명되었다. 당시에는 최고의 권신으로 알려진 김안로가 임금 다음으로 권력을 장악하여 권력을 남용하는 전횡을 일삼자, 조야의 관료들 사이에 그의 횡포를 우려하는 여론이 팽배하여 있었다. 이에 송인수는 죽음을 각오하고 그의 죄상을 일일이 조사한 후 죄목을 열거하여 임금께 탄핵의 상소를 올렸다. 송인수의 이 같은 결심은 비록 정9품의 벼슬자리에 있는 관리에 지나지 않지만, 나라의 기강이 바로 서서 임금과 신하의 위계가 엄격히 유지되고 백성을 하늘처럼 섬기는 선정이 펼쳐지면 백성은 임금과 관리를 존중하여 상화하목하는 일체감을 조성하는 것이 국태민안하는 백년대계의 기본임을 가치로 여기며 불의를 바로잡는 차원에서 감히 권신의 죄상을 임금께 간언한 것이었다. 그러나 중종은 통치의 불가피성을 감안한 조치였는지 송인수의 용기 있는 직간을 받아들이지 않았다. 그 일이 있은 후 송인수는 제주목사로 강등되어 고도를 지키는 관리로 전락하였다. 얼마 뒤에는 다시 사천 땅으로 유배되어 영어의 몸이 된 지 5년여 후 김안로가 실각하고 조정이 안정되자 다시 송인수도 사면과 더불어 성균관대사성을 거쳐 일약 사헌부 대사헌이 되었다. 그것은 그의 인품이 충직하고 정사를 살피는 안목이 남다르며 신하로서 도리를 다하되 사심 없는 용기등 장부다운 품격이 돋보였기 때문이었으리라 짐작된다. 예나 지금이나 권력을 둘러싸고 사활을 거는 당쟁은 생존의 수단처럼 이어져 오고 있다. 그 당시에도 인종의 외숙인 윤임을 중심으로 한 대윤파와 명종의 외숙인 윤원형을 중심으로한 소윤파가 왕위의 계승 문제를 놓고 당파싸움이 치열할 때 송인수는 척신 세력들로 하여금 조정이 분열되는 것을 막기 위해 임금께 상소하다가 다시 전라관찰사로 좌천되기도 하였다. 중종 다음으로 인종이 즉위하자 다시 대사헌으로 복귀한 뒤에도 당쟁의 주역이던 윤임이 형조참판에 오르고 윤원형이 공조참판에 임명될 때 이들을 재상 반열에 두는 것이 부당함을 상소할 때 주위의 만류도 많았지만 뜻을 굽히지 않아 결국 두 참판을 물러나게 하였다. 그러나 인종이 갑자기 승하하고 명종이 즉위하자 윤원형이 다시 정권의 실세가 되었고 그후 을사사화 때 관직을 박탈당하고 청주에서 유배생활 중 이들이 조작한 벽서 사건에 연루되어 급기야는 사약을 받는 운명에 처하고 말았다. 송인수는 자기 일에 사리나 의리에 맞지 않는다고 판단되면 주저함이 없이 고쳐 나가는 자기 관리에 투철하였다. 이러한 사고와 철학의 눈으로 조정이라는 거대한 조직 속에서 간단없이 반짝였으리라. 옛글에 선한 일 선한 말 선한 행동을 즐겨하라, 남의 잘못을 보면 가시덤불을 등에 진듯하라는 격언처럼 송인수는 출세 후 사약을 받을 때까지 자기 등에 가시덤불을 지고 살아온 의로운 선비였으나 외롭게 지고 만 한 자루 촛불이었다. 자고로 우리 선조들은 사회에서도 의로운 자를 배척해야 자기가 살아남는 것만 알고 조국의 미래나 백성의 안위는 안중에 없었으니 반만년의 역사가 파란만장했던 통절함은 악의 밑돌이 전해오는 폐단인가.

역사적으로 악이 선을 이겨본 적이 없다. 자기들의 안위만을 귀히여기고 임금까지 기만한 이들의 비문은 화려하지만 그들의 들림은 아름답지 않음이 그들을 바로 봄이다. 우리들은 화려한 분묘나 비문보다 맑고 향기로운 정의의 들림을 위대하다 한다. 누가 명예롭지 못한 이름을 오래 가지려 하겠는가.

청렴淸廉

재물을 멀리한 재상의 선비정신

옛말에 왕대밭에서 왕대가 난다는 말이 있다. 왕대의 유전자를 가진 뿌리에서 왕대가 나는 것은 자연스런 현상이지만 이를 비유한 인간사는 좀 다른 바가 있다. 이 문장에 소개되는 내용은 머리말을 닮은 현상이 인간사에 적용된 예를 든 것이다. 옛날에는 인위적으로 양반과 상인과 종이라는 계층을 만들어 아무리 재주가 뛰어나고 학문이 높을지라도 상인이나 종의 후손들은 과거시험조차 볼수 없도록 만들어 대를 이어서 양반들의 노예로 살 수밖에 없도록 하는 철저한 반인권적 제도로 인류의 윤리를 유린하였다. 소위 상류층의 억지논리로 신분의 씨앗을 만든 셈이다. 그리고 한때는 소위 삼한 갑족이라 하여 왕가를 연유한 외척들의 제도가 하늘을 찌를 듯 당당했으니 이른바 안동김씨와 여흥민씨가 그러했다. 그리고 연산군 성종시대에는 거창신愼씨들이 그러했다. 그의 대표적인 인물은 다름 아닌 세종대왕의 손자 사위이자 연산군의 장인인 영의정 신승선愼承善이란 인물이다. 그는 관찰사였던 신전의 아들로 세종대왕의 셋째아들인 임영대군의 사위가 된 후 약관 20세에 한성부윤에 오르고 23세에 공조참판에 올랐다. 그 후 그의 딸이 연산군의 비로 책봉되면서 우의정 좌의정을 거처 일인지하 만인지상인 영의정까지 승승장구하였고 그에 따라 아들 삼형제도 마찬가지였다. 장남 신수근은 연산군의 처남이자 중종의 장인으로 도승지를 거처 좌의정에 오르고 두 동생도 잇따라 벼슬길에 올랐으나 중종반정中宗反正이 일어나 삼형제가 모두 유죄판결을 받고 죽음을 당하고 말았다. 그 후 과정은 생략하고 사지당신충선仕止當愼承善에 대한 강직한 선비정신과 인생관을 논하자면 권세가 하늘에 닿았지만 자식들의 이름까지 수근, 수근, 수겸守根, 守勤, 守謙으로 하여 사람은 마땅히 근본가치와 근면 성실과 겸손함을 잊어서는 안 되는 신조로 삼을 것을 강조하였으며 손자 사위인 연산군이 왕위에 오르자 영의정의 자리에서 스스로 물러나 은거하면서 나라를 걱정하였고 두 번이나 공신에 녹훈되어 하사받은 땅이 수백 결에 이르렀지만 그 땅을 하나도 받지 않았다. 여기에서 중종반정을 일으킨 사람은 박원종으로 경기도 관찰사와 함경도 병마절도사를 지낸 인물로 그의 누이가 월

산대군의 부인으로 성종 임금의 형수인데 연산군에게 몸을 더럽혔다가 자살하자 이에 격분한 박원종이 연산군을 내쫓고 중종을 옹립하는 일등공신이 되었다. 그는 중종 덕분에 궁녀 삼백을 하사받는 등 유래가 없는 호화생활을 누렸다고 한다. 여기에서 우리는 극과 극을 보는 듯 빛과 그림자의 확연함을 감상하는 듯 오히려 허전함까지 느껴진다. 옛말에 임금은 하늘이 낸다 하였다. 또한 하늘이 사람을 낼 때에는 가죽이 등에 붙는 기아와 질병은 물론 하는 일마다 좌절과 실패로 생사의 갈림길에 서도록 고통을 주어 심신이 단련되며 선악을 구분하고 극기의 신념이 있게 한다 하였다. 한 나라의 임금은 하늘의 명을 받은 성군이어야 함에도 그로 인해 빈부귀천의 경계가 확연하다니 박원종과 신승선은 과연 누구였던가. 자신의 영화를 위해 세상을 배반하는 파렴치하고 비열한 사고, 고금을 잇는 악의 축이 언제나 끊어질지 과연 백년하청일까. 참으로 죄송하면서도 참담한 심정으로 비유한다면 우리 역사에서 조선이 한반도를 넘어 원대한 이상을 품었던 군주나 관리는 몇이나 되었을까. 찻잔 속의 파도처럼 하잘것없던 역사의 파동에서 현대에 미치는 것은 겨우 권모술수, 위대한 선조들의 치취만 남기고 잊어도 될 사실이 안타까울 뿐.

종신효행終身孝行

몸을 마칠 때까지 일관한 지효상

나는 지금 청산으로 들어가는데, 녹수야 너는 어찌 거기에서 나오느냐. 서기 1807년 순조14년 평안도 가산에서 홍경래난이 발생했을 당시 선천부사였던 김익순이 적장에게 항복한 죄로 역신逆臣이 되어 사형을 당하고 멸족이라는 중형에까지 처하게 되는 비운悲運을 맞게 된 안동김씨의 후예安東金氏後裔 김익순金益淳의 손자 김병연金炳淵, 이와 같은 사연도 모르고 영월 고을의 향시에서 찬정가산충절사讚鄭加山忠節死 탄김익순죄우천嘆金益淳罪于天의 시제 즉 가산군수 정시부자의 충절을 기리고 김익순의 하늘 닿는 죄를 규탄하는 시의 제목을 본 서생 김병연은 한 번 죽어서는 그 죄가 가벼우니 천 번 죽어서 마땅하리라는 장문의 탄핵시를 써서 장원한 김병연은 자기보다 지체가 낮은 가산군수는 적장과 싸우다 삼부자가 장열히 전사했으나 그보다 지체가 높고 왕가의 외척으로 입은 은혜가 대를 잇는 명문가의 후예임에도 목숨이 아까워 적장에게 항복한 불충은 선천부사라는 막중한 책무와 신하의 도리를 배반한 죄에 더없는 의분을 참지 못하여 다음과 같이 규탄하였다.

김익순 너는 대대로 나라의 녹을 먹는 신하로서 시골선비인 정공만도 못하다. 저 도리처럼 일컬어진 장군도 농서 땅에서 무릎을 꿇자 열사의 공을 기린 그림만이 말대에 이르도록 높지 않은가. 이 일을 돌이킬 때 시인은 분개하지 않을 수 없어 가을의 맑은 물가에서 칼을 어루만지며 슬프고 애절한 노래를 읊게 하는구나. 선천은 대장이 지키던 고을로서 가산 같은 곳에 비하면 절의를 먼저 지켜야 할 곳이었다. 그렇건만 우리의 깨끗한 조정에서 한 임금을 섬기는 신하로서 죽음 앞에 두 마음을 가졌단 말이냐. 태평성대를 구가하던 신미년에 비바람이 서북도에서 몰아치고 변란이 있었음은 어찌해서냐. 주나라를 받들고 그릇됨을 막은 이로선 노중련이 있고 제갈량처럼 쓰러져 가는 한나라를 도운 이가 많도다. 우리나라에도 벼슬아치로서 정공 같은 충신이 있어 맨주먹으로 바람과 티끌을 막아내며 죽음으로서 절개를 세웠구나. 이제 가산의 늙은 아전이 공을 기리는 영전을 높이 들어 가을 하늘처럼 맑고 드높은 기개를 천하에 드러냈다. 혼백은 남쪽 양지바른 언덕에 돌아가 악비와 짝할 것이고, 뼈는 서쪽산 백이 곁에 묻힐 것이다. 한편 서로부터 들려온 한심스런 소식도 많았지만, 이를 묻는 이마다 대체 나라의 녹을 먹는 어떤 집안의 자냐고 하더라. 가문은 장동의 일등명족인 김가라 했고, 이름자 학렬은 장안에서도 떵떵거리는 순자라 했다. 집안이 이와 같고 상감의 은혜가 무겁기만 하므로 백만대군의 앞이라도 의를 버리지 못할 것이다. 게다가 청천강 강물에 씻은 병마와 철통같이 단단한 산성에 활과 화살을 걸어 놓고 말이다. 임금님의 어전 뜰 아래서 나아가거나 물러갈 때 꿇을 무릎을 서도의 흉폭한 적도 앞에 순순이 꿇다니. 죽어 혼백이라도 저세상에 가지 못하리라. 지하에 아직도 선대 왕이 계시니 만큼, 이날 너는 임금의 은혜와 어버이의 은혜도 저버린 것이다. 따라서 한 번 죽음은 오히려 가볍고 만 번 죽음이 마땅하리라. 너는 역사의 기록을 아느냐 모르느냐. 이는 이 나라 역사에 길이 길이 전할 것이다. 성심(김병연)은 단숨에 여기까지 써내려 갔지만 김익순의 불충한 죄업은 다함이 없었다. 해가 질 무렵에야 시관의 엄격한 심사 발표가 있었다. 많은 응시자 가운데 군계일학처럼 빼어난 그의 시구는 시관들의 가슴을 관통하듯 통쾌하고 구절마다 담겨 있는 그의 투철한 국가관과 관해한 세상관은 무릇 선비 중에 대장부요 기재복이었다. 시험관의 엄숙한 선언 장원 김성심. 기쁨을 안고 귀가하여 어머니께 고하는 순간 죄인 김익순이 바로 조부라는 사실과 멸족의 환란을 피해 영월 땅에 은거하는 사실까지 듣는다. 하늘이 무너지고 땅이 꺼지는 불효의 회한과 좌절. 어찌 하늘을 우러러보리요, 삿갓으로 얼굴을 가리고 팔도를 유랑하며 심장이 찢기는 참회와 고통을 술과 시로 달래다 전라도 화순 땅 동복산촌에서 59세를 일기로 쓸쓸히 생을 마친 종신 지효의 표본 방랑시인 김삿갓 청운은 서북풍에 흩어지고 생은 회한으로 불탄 시대의 불행아 김병연. 오! 운명이여 지효도 죄 앞에는 한낱 성심이었을 뿐이던가. 육신은 외로이 썩어 진토에 섞이고 삿갓은 찾는 이 없어 바람에 떠돌다 사라졌지만 성심에 우러난 충정과 효심은 영원히 뜻있는 이들의 마음속에 사표를 전전하리니, 어찌 그의 죽음을 고독하다며 잊으리요.

지효至孝

지극한 효는 모든 행실의 근본 덕목이니

신라 흥덕왕 시대 삼기 중 하나인 석종을 얻은 효자이며 경주 손씨의 시조인 손순孫順. 손순은 집안 형편이 가난하여 아내와 더불어 남의 집 머슴살이를 하면서도 일찍이 홀로되신 편모를 모시는데 조금도 예절에 어긋남이 없었다. 한편 손순 부부에게 후손이 없음을 근심하던 중 늦게 얻은 아들이 있어 노모의 사랑이 극진하여 당신이 드실 음식을 손자에게 먹이는 것을 낙으로 하시는지라 부부는 늘 걱정이었다. 나날이 쇠약해지는 노모를 근심하던 차 손순이 생각 끝에 입을 열었다. 자식은 다시 얻을 수가 있지만 부모는 다시 얻을 수 없으니, 하고 근심하자 부인도 하는 수 없이 아이를 업고 취산 북쪽으로 가서 땅에 묻으려고 땅을 파기 시작하였다. 눈물이 앞을 가리나 쇠약해지는 노모에 비하겠느냐며 파 내려 가다보니 아주 이상한 돌종이 나왔다. 놀랍고 기이한 광경이 일어나자 그의 아내가 이르기를 이같이 기이한 돌종을 얻은 것은 이 아이의 복일 테니 아이를 묻어서는 안 된다고 생각합니다 하자 손순도 이와 같이 여기며 아이와 돌종을 지고 집에 돌아와 돌종을 시험 삼아 높이 걸어 놓고 조심스럽게 두들겨보았다. 그러자 그 종소리는 사람의 심금을 형용할 수 없도록 울리는 것이었다. 그때 임금은 어디선가 들려오는 기이한 종소리를 듣고 조사하여 보도록 명하자, 마침내 손순이 석종을 얻은 사실을 알게 되었다. 그러자 임금께서는 옛날에 곽거郭巨가 아들을 땅에 묻으려 할 때는 하늘이 금으로 만든 솥을 내리셨는데 이제 손순이 아들을 묻으려 하자 땅에서 석종이 나왔으니 이 모두가 하늘의 뜻이라 하시며 천하의 자식들이 이를 본받아 효도하는 것은 사람의 백 가지 행실 중에 으뜸이라며 생의 본분으로 삼을 것을 선언하였다. 또한 효성이 지극한 사람은 백성의 사표라 하시며 좋은 집 한 채와 해마다 쌀 오십 석을 상으로 내리라 명하였다. 우리는 고전을 통하여 효자 충신 열녀 등 부모와 남편 더 나아가 나라를 위하여 살신성인한 헌신적 봉사 사례를 많이 보고 듣고 느낀다. 그 헌신적 행위는 역사적 사례를 듣고 이해하지만 본인이 주인공이 되기는 참으로 어려운 일이다. 사람이 세상에 태어나는 것은 부모가 있기 때문이고 그 자식은 또 부모가 되어 자식을 낳는다.

그래서 보모와 자식의 관계는 하늘이 내린 인연이란 뜻으로 천륜이라 한다. 즉 부모는 자식의 뿌리이고 근원이라 가장 가까운 사이이므로 부모를 받드는 효도란 백 가지 행실 가운데 근본이라 하는 것이다. 자기의 뿌리를 소홀히 하는 사람이 다른 일을 잘할 수도 없지만 잘한다 하여도 행위의 절차를 무시한 것이니 정당성을 훼손한 모순이 되는 것이다. 시대의 변천에 따라 삶의 방식이 다양하고 가치관도 변한다. 하지만 부모에게 효도하고 국가를 위해 충성하고 부부가 서로 공경하고 세대 간에 서로 존중하며 친구 간에 서로 신뢰하는 기본 도리는 변함이 없다. 손순 내외가 행한 효행이 임금과 백성이 하나된 마음으로 효를 중시했으니, 그 밖의 덕목이야 스스로 지켜졌음을 짐작할 수 있지 않은가. 효孝 그 위대한 자산은 바로 진정한 행복의 씨앗이기도 하지 않은가. 효의 진리란 과연 무엇인가, 부모에게 간하는 자식이 없거나 임금에게 간하는 신하가 없이 성공한 부모나 임금은 없다 하였다. 자고로 효의 진리를 이해하지 못하고 맹종이나 수직관계로만 오해하는 일은 없어야 한다. 효는 인간관계의 효시라는 것을 바르게 인식해야 한다.

주의력注意力

생각을 집중하여 조심하라는 뜻

사람이 어떤 일에 대하여 생각할 때 마음을 집중하지 않으면 그 행위를 여러 번 반복하여도 결론을 얻을 수 없게 된다. 심지어는 다음에 생각하기로 하고 미루어 두다 보면, 그 생각의 주제까지도 잊고 마는 수가 있다. 주의력이 부족하면 크게 잃는 일도 있으므로 우리는 일상생활에서 주의라는 말을 자주 쓰게 된다. 종교적인 단어 같지만 천국의 문이라는 말이 있다. 여기에서 천국이란 사람들이 태어나서 일생을 살고 나면 죽음이 두렵기도 하지만 다시 한 번 탄생의 기회를 얻는다면 이번 생보다 더 새롭고 좋게 살아보고 싶은 욕망을 강하게 느끼게 된다. 그래서 사람들은 종교를 통해서 사후의 세계를 갈망하는 욕구가 매우 강하다. 종교란 일반적으로 초인간적, 초자연적인 힘에 대하여 인간이 경외하고 존중하고 신앙하는 일의 총체적 체계의 학설이다. 세상에는 여러 종교가 존재하지만 사람들은 자기가 가장 신뢰가 가는 종교를 선택하게 된다. 종교에서 가장 강조하는 것은 종교에 대한 신뢰이고 선행을 통해 얻을 수 있는 사후세계라고 줄여 말할 수 있다. 종교는 인간에 의해 태동된 특수한 신앙 대상이지만, 모든 결과는 인간의 양심과 행위에 의해서 결정된다는 것을 강조하고자 한다. 어떤 사람이 있었다. 그는 천국에 가는 데 필요한 품성을 기르면서 일생을 보낸 사람이었다. 그의 주변 누구에게 들어 보아도 그 사람은 지혜롭고 양심적이며 훌륭한 사람이라는 것은 이론이 있을 수 없을 정도로 착하고 바르게 살아온 사람이었다. 그에게 허물이 있다면 더러 몰라서 돕지 못한 이웃이 있다거나 잠을 좋아해서 잠자는 시간에는 지식을 얻거나 어떤 일을 이해한다거나 해야 할 행동시간을 놓치는 것을 제외하면 고의적인 허물은 없는 품성의 소유자였고 조금은 조심성이 없이 옳다는 일에 몰입되는 경향도 있는 것은 사실이었다. 그런 그는 대체로 큰 허물없이 세상을 살아온 선량한 인간이었다. 그러나 그에게도 수명의 한계는 피할 수 없는 숙명인가, 그는 죽었다. 그리하여 그는 이 세상을 넘어 사후세계인 천국을 찾아가는데 누가 그를 가로막으며 그의 의식을 시험하고자 했을까. 자신은 무난히 천국의 문을 통과하리라 믿었다. 낯선 목소리가 들렸다. 주의하라 천국의 문은 백 년에 한번 열리느니라. 그는 닫힌 천국의 문앞에서 흥분을 가라앉히며 기다리고 있었다. 그러나 그는 얼마 안 가서 자신의 주의력이 부족했음을 깨달았으나 때는 이미 늦었다. 기다림이 초조하여 잠깐 졸던 사이 눈꺼풀이 닫치는 순간에 천국의 문이 열렸다 닫히고 만 것이다. 백 년이란 긴 세월 동안 자기보다는 남을 먼저 생각하는 배려와 일생 동안 쌓아올린 소망이 물거품이 되다니 우리는 더디 간다며 원망하는 순간순간에 대한 가변성과 조심성을 인식하지 않는 촌음을 다시 한 번 주의깊게 살펴야 할 것이다. 짧은 한순간이 평생을 좌우한다는 말이 있듯이 사람에게는 매순간이 기회임을 망각하는 수가 있다. 그는 또다시 백 년을 살아야 천국의 문에 도달할 수 있으니 이는 사람이 촌음이라도 방심하지 말고 깨어 있어야 함을 경고한 교훈이었다 믿는다.

충고忠告

허물을 짚어내어 바른길로 권함

옛날 어떤 사람이 잠을 자던 새를 한 마리 잡아서 두고 볼 욕심으로 새장에 가두어 두고 가끔은 그의 아름다운 색조와 울음소리를 즐겨 감상하였다. 하루는 그 새가 주인에게 이렇게 말을 하는 것이었다. 주인님 나 같은 새는 새장에 갇히면 아무런 쓸모가 없지 않습니까. 그러니 저를 풀어 주십시오 그렇게 해 주시면 저는 감사의 보답으로 주인님의 일생에 꼭 필요한 세 마디의 충고를 해 드리겠습니다. 그러자 주인이 깊이 생각을 해 보았다. 그 새를 감상하려면 좋아하는 먹이며 청결 유지 등 어려움도 있을 뿐 아니라 같은 생명을 가진 동물의 자유로움도 전혀 동정의 여지가 없는 것은 아니기 때문에 좋은 충고를 들어 삶에 교훈을 얻는다면 이는 생명을 살리며 실익을 얻는 일거양득의 일이 아닌가

하여 그 새의 소원을 들어 주기로 결심을 하였다. 그 새는 풀어주는 순간 목련나무 가지에 앉으면서 앞산 등성이에 올라서는 등을 약속하였다. 주인은 좀 불안하기는 하였지만 결심한 대로 새장 문을 열었다. 그러자 그 새가 첫 번째 충고의 말을 전했다. 당신이 비록 목숨만큼이나 소중한 것을 잃을지라도 너무 낙심하지 마십시오, 라고 충고하였다. 그렇다. 사람이 때로는 이제는 꼼짝없이 죽었구나 하며 죽음을 받아들이면 모르겠지만 백 분의 일이라도 살아야겠다는 생각이 있다면 살 길을 찾아 보아야 한다. 사람에게 백 가지 근심이 있다 하여도 그중에 한 가지 희망만 있으면 행복할 수 있다고 하였다. 절망과 좌절은 죽음이 아니라 시련이라 생각하면 회생의 길은 있는 것이니 땅에서 넘어진 자는 그 땅을 딛고 일어서라 하지 않았던가. 주인이 새를 놓아주자 이번에는 담에 기대어 자란 목련 나뭇가지에 앉아 두 번째 충고의 말을 전하였다. 상식에 어긋나는 어떠한 것도 명백한 증거 없이는 결코 믿지 마십시오, 라고 충고 하였다. 그렇다. 자고 이래로 상식에도 어긋나고 이치에도 맞지 않는 허황되고 황당한 소문이나 문자매체들로 사람들을 속이고 유혹하여 큰 낭패를 보는 경우가 많았다. 이와 같은 사실은 문명이 발달한 현대사회에서도 정치 경제 사회 문화 군사 등 각 분야에도 빈번히 성행하여 개인적인 분야는 물론 사회나 국가에서도 많은 혼란과 장애가 되는 경우도 있다. 모든 사물이나 일에는 근본과 끝이 있고 시작과 결과가 있다. 모든 일은 명확한 증거와 결과가 있어 사리에 맞지 않는 가상이나 희망은 버려야 할 행위의 모순들이다. 그 말이 끝나자 새는 다시 가까운 산등성이로 날아가 작은 바위에 앉아, "오~ 어리석은 자여 내 몸에는 커다란 보석이 두 개나 있소. 나를 죽이기만 했으면 그 보석을 얻을 수 있었는데." 라며 날아가 버렸다. 새의 주인은 새가 전한 세 가지 충고를 되새겨 보았다. 새가 전한 충고는 어렵게 얻은 새를 놓아 주는 자비심과 상식에도 맞지 않는 새의 말을 믿는 것과 아무런 과학적 물리적 근거도 없는 한 마리의 새소리에 행동한 주인을 나무란 고사였다. 인생은 속아 백 년이란 말도 있다. 그것은 모두 분수에 맞지 않는 바람을 사실일 거라 믿는 자신에게 속는 것임을 깊이 성찰해야 한다.

최상의 선약最上의 善藥

세상에서 제일가는 치료의 명약

어떤 나라의 어진 임금님이 이름도 모르는 질병에 걸려 나라의 의술을 총동원하였지만 차도가 없자 이웃나라의 왕들에게까지 구원을 청하여 명의는 물론 백약을 써 보았지만 효력이 전혀 없었다. 그러자 임금님은 의원은 아니지만 나라 안에서 가장 존경받는 한 스승에게 사정을 알리고 구원을 요청하였다. 그러자 그 스승은 생각 끝에 제자 중에 가장 현명한 한 사람을 불러 임금님의 병세를 살피고 치료 방법을 강구하라 당부하였다. 나라에서는 임금님을 낫게 하는 사람이 있다면 최고의 명예와 부를 보장한다는 포상계획을 발표하기도 하였다. 하루는 스승으로부터 명을 받은 제자가 왕궁에 도착하자 백관들이 크게 반기며 왕실로 인도하였다. 그러자 제자는 지금까지 시행된 치료법과 앞으로 시행하려던 치료과정을 상세히 물어본 다음, 임금님을 자세히 진찰하였다 제자는 왕실의 높으신 분들을 모두 한자리에 모이도록 부탁하자 조정의 모든 문무백관들이 모였다. 그 자리에서 제자는 이렇게 말하였다. "지금부터 폐하께서는 저에 대한 믿음을 가지셔야 합니다." 하자 지체 높은 분 중에서 한 분이 폐하께서는 지금까지 믿음을 갖고 계시지만 아무런 효과가 없었소. 그러자 제자를 동행한 지명제자가 "그렇다면 딱 한 가지 방법이 폐하를 구할 수 있지만 그것을 제 입으로는 말할 수가 없습니다. 너무나도 엄청난 일이라서입니다." 하고 말하였다. 그러자 모든 백관들은 방법을 빨리 말하라며 독촉이 불 같았다. 하는 수 없이 제자가 무거운 입을 열어 말하기를 일곱 살 미만의 아이들 칠천 명의 피를 내어 목욕을 하시면 분명히 나을 거라 자신 있게 말하자 왕실은 물론 참석한 백관들이 큰 충격과 혼란에 빠지며 아수라장이 된 듯하였다. 차차 소란이 가라앉자 백관들은 하는 수 없이 이 치료 방법을 실행에 옮겨 보기로 하였다. 그 말을 들은 임금은 절대 불가하다며 엄하게 꾸짖었다. 그러나 신하들은 온 백성이 숭모하여 마지않는 임금께서 이 일을 거절하시면 나라와 백성도 잃게 된다며 이제 선택은 폐하의 몫이 아니라며 설득하였다. 그리고서 바로 명령하여 칠 세 이하의 어린이 칠천 명을 궁안에 모이게 하자 장안에서는 반대론과 동정론이 쇄도하고 사회가 혼란스러웠다.

어떤 어머니들은 왕을 원망하고 어떤 어머니들은 왕의 쾌차를 간절히 빌었다. 왕은 시간이 갈수록 깊은 고뇌에 잠을 이루지 못하다 문득 마음을 정하고 신하들을 불러 모은 자리에서 내가 아무리 한 나라의 왕이지만 살기 위하여 어린 생명을 희생시킬 수는 없다. 그리하여 차라리 짐이 죽기로 결심했으니 귀한 어린아이들을 하루빨리 부모의 품으로 돌려보내라며 어명을 내렸다. 그러자 이게 웬 기적일까. 백성을 아끼는 것은 임금의 도리임을 마음으로 정하고 명을 내리는 순간에 임금의 병이 말끔히 나아버렸다. 혹자는 왕의 선행이라 하고 혹자는 어머니들의 아픈 마음을 달랜 신의 가피라고 하고 어떤 이는 하늘의 섭리라 하고 어떤 이는 자연의 오묘한 업보라 하였다. 믿음의 진실 본분의 준엄 무엇이었던지. 선업의 결과 아닐지. 임금은 백성을 위하여 존재하는 벼슬이지 임금만이라는 특권은 세상에 없는 존재다. 어쨌든 임금의 결심이 모두를 편안케 하였으니 이것이 왕도다. 영원한 삶을 위하여 결심한 임금의 포기는 위대한 왕도이고 천 명의 아이들의 선형을 주장한 이는 도인이었다. 죽음을 정의롭게 여긴 임금은 정신적 치유의 행운을 얻은 예라 하겠다.

욕망의 함정欲望의 陷穽

욕망은 모두를 삼키는 함정이다

아득한 옛날 어느 나라에서 일어났던 기상천외할 사건의 일화다. 세상에 전쟁이 없는 평화시대라서 도성의 아침은 청명하고 도읍의 저잣거리도 조용하였다. 나라의 임금은 흉년이 들거나 나라의 안보가 불안하면 아사자가 생길까 희생자가 생길까 주야로 노심초사하며 자칫 정사 결정을 소홀히 하면 국가의 운명이 요동함으로 늘 긴장 속에 살 수밖에 없고 세상이 너무나 조용하여도 그런대로 때로는 불길한 조짐 같은 걱정이 생기기도 하는 것이다. 어느 날 아침, 이른 시간 민정을 살필 목적으로 사복 차림에 시종과 더불어 저잣거리를 살피던 도중에 텅 빈 동냥 그릇을 들고 선 거지를 만났다. 그러자 임금이 거지에게 이렇게 물었다. 자네가 지금 가장 원하는 게 무엇인가 하고 말을 건네자, 그 거지가 껄껄 웃으며 하는 말이 "당신은 내 소원을 다 들어 줄 것처럼 말하는구려." 그러자 임금은 정색을 하며 말했다. "어허 다 들어 주고 말고 자네가 원하는 게 도대체 무엇인지 말을 하게." 그러자 거지가 "다시 한 번 생각해 보시지 그러시오." 하며 제법 거만하기까지 한 태도였다. 임금님은 처음에 허락한 일을 바꿀 수는 없는 법. "여보게 나는 이 나라의 왕일세. 그런 내가 자네한테 못 해 줄 게 무엇이 있겠나, 어서 말을 하게." "아, 임금님이시군요 제가 말하지만 별로 어려운게 아닙니다. 이 동냥 그릇에 돈을 하나 채워 주실 수 있겠습니까?" 임금은 동행한 시종에게 명하여 돈을 가득 채워 주었다. 그런데 이게 웬일인가, 돈을 가득 채우고 돌아서면 다시 빈 그릇이기를 여러 번 임금님이 이상히 여겼으나 자칫 왕의 위엄을 잃는 게 아닌가 싶어 모르는 채 채워주다 보니 조정은 물론 대신들까지 소동이 벌어지고 왕실의 창고는 물론 소장한 귀금속까지 바닥이 드러날 지경에 이르자 임금이 거지 앞에 무릎을 꿇으며 입을 열었다. "나는 나라가 태평하고 백성의 소리조차 없는지라 시정의 민심을 살피던 중 선생을 만나 동정심으로 소원을 물었던 거요. 이제 나에게 가르침을 주십시오." 하며 정중히 사과하였다. 그러자 거지도 정색을 하며 이렇게 말하였다. "그렇습니다. 나는 임금님의 선정을 익히 알고 있습니다. 그러나 잊고 계신 게 한 가지 있지요. 바로 편안할 때 만에 하나 있을 수 있는 위험을 대비하지 않으면 나라가 기우는 환난을 막을 길이 없지 않겠소. 임금께서는 태평성대에 몰입되어 너무나 안심하고 계시니 걱정이 되었소이다." 그러자 임금이 수긍하며 물었다. "선생께서는 누구시며 동냥 그릇은 무엇입니까?" 거지가 대답했다. "나의 신분은 어느 사자이고 이 그릇은 욕망이란 것으로 만든 그릇이지요. 이제 안심하고 돌아가시오." 임금이 예를 하고 돌아섰다. 다시 한 번 그 자리를 돌아보니 아무도 없고 그 자리에는 이끼 낀 석상이 홀로 서 있는게 아닌가. 임금이 명하여 울타리를 쳐 보전하라 이르고 환궁하니, 모든게 제자리에 있는지라. 임금은 심기일전의 기회로 삼으며 욕망이란 한량이 없는 것이니 사람이 가장 먼저 버릴 것은 자기 분수에 맞지 않는 욕망이며 편안할 때 위태로움을 생각하는 유비무환을 치정의 덕목으로 삼았다. 아무리 나라와 백성을 사랑할지라도 지금의 상황을 넘어 상황을 예측해야 나라의 태평을 유지할 수 있다. 그것이 왕도의 기본이다.

평등심平等心

차별하지 않는 한결같은 마음

옛날에 한 거사居士는 문수보살을 친견하는 게 평생소원이었다. 그래서 그는 성심을 다하여 크게 보시를 실행하여 왔다. 그리고 문수보살이 좌정하실 자리를 높이 만들어 놓고 기다리는 중이었다. 그런데 갑자기 매우 추하게 생긴 노인이 콧물 침물을 흘리며 다가와 그 높은 자리에 가서 앉았다. 그 모습을 본 거사는 화가 나서 큰소리로 내가 이 자리를 마련한 것은 문수보살이 내려와 좌정하시라는 자리인데, 당신 같은 추한 늙은이가 감히 그 자리에 앉다니 거사는 억지로 노인을 끌어내려 돌려보냈다. 거사는 큰 보시행을 마치고 절에 가서 촛불을 밝히고 향을 사르면서 말했다. "오늘 연 보시회의 공덕으로 현세의 문수보살님을 친견하고자 간곡히 서원합니다." 간곡히 기도를 올리고 집에 돌아와 지친 몸을 달래느라 자리에 누워 잠이 들었다. 그런데 꿈속에서 한 사람이 나타나더니 엄숙한 표정을 지으며 이렇게 말하였다. 그대는 문수보살을 친견하는 게 평생소원이라 하면서도 눈앞의 문수보살을 알아보지 못하였다. 바로 전 높은 자리에 앉아 있던 그 누추한 늙은이가 바로 문수보살이었느니라. 그러나 그대는 보시는 크게 열심히 실행하였으나 그것은 문수보살을 친견하겠다는 욕망에서 보시가 아닌 욕망을 채우기 위한 수단으로 삼아 추하게 보이는 늙은이를 차별심으로 쫓아냈다. 만일 지극한 마음으로 문수보살을 친견하고 도를 구하고자 했다면 그대는 평등심부터 잊지 말았어야 했다. 만일 진실로 보살의 도를 구하고자 하는 이가 있다면 문수보살은 곧 현신하여 시험을 하나니 그런 이치를 알아야 한다. 그대가 평생 선업을 쌓고 간절한 서원을 세우는 것을 지켜본 문수보살은 그대의 진심도 그러한지 시험코자 귀한 걸음하셨지만 그대는 감히 위선으로 보살을 속인 것이다. 지금이라도 문수보살 친견을 소원하는 마음이 바뀌지 않는다면 환골탈태하는 각오로 마음 바탕부터 맑게 가꾸어야 할 것이다. 도는 그렇게 쉽게 얻어지는 공물이 아니다. 샘물처럼 맑은 마음의 바탕에서 내가 아닌 모든 생명들의 고통과 번뇌를 씻어내 주겠다는 성심이어야 가능한 길인 것이다. 절대자라 여기면서 절대자를 속여 보려는 어리석고 가련한 인간, 이 땅에서 나서 다시 돌아가는 같은 길 위에선 인간들은 선악을 불문하고 그 마음속에는 영혼이 기댈 절대자가 정해져 있다. 천지자연이든 인간이든 그 어떤 것이든 절대자가 기대는 마음을 허락하는 단 한 가지 조건은 진실된 믿음이다. 거사가 친견하기를 원했던 문수보살은 대개 부처의 왼쪽에 있는 협시보살로 모든 중생들의 지혜를 관장하는 보살이다. 지혜라 하는 것은 속세의 말로 꾀나 요령이 아니라 미혹을 절멸하고 진정한 양심적 슬기를 말하는 것이다. 사람들은 자기가 의지하는 절대자는 법률적이건 도의적인건 자기의 죄를 빌기만 하면 용서해 줄 것으로 믿는다. 절대자는 면죄의 권한을 가진 게 아니라 바른 양심과 바른 행동을 감독하는 존재임을 바르게 인식해야 한다. 소개한 거사 역시 신앙의 본질을 왜곡하여 평생 닦은 보시행이 일시에 소멸되는 고통을 겪어야 했다. 옛글에 이르기를 한 점의 불씨로도 만 두둑의 섶을 태울 수 있고 한마디 말과 잠시의 실수가 평생 쌓은 덕을 잃을 수 있다고 경계하며 사람이 한 번 나서 한 번밖에 살 수 없는 일생을 영광되고 명예롭게 살아야 하므로 일생을 삼가함으로 일관하라는 교훈이다. 거사居士란 벼슬은 없지만 학식과 덕망이 있는 사람을 일컫는 칭호다. 거사가 문수보살을 친견하려는 욕심은 버릴 바가 아니지만 시작은 순수한 마음으로 결심하였으나 지나친 집착이 잠시 이성을 잃고 평등심을 가벼이 여긴 허물이 평생 닦은 보시의 덕을 무너뜨리고 말았다는 고사다. 필자뿐 아니라 모든 사람들은 과거와 현재를 가리지 않고 세상에 던져졌던 화두를 자기 입장에서 타산지석으로 삼는 지혜가 절실하다 할 것이다. 쉽게 발견하는 한마디 단어도 무심코 던진 한마디 말의 조각도 세상에 던져지면 관심이 가는 화두가 되는 사실도 잊지 말아야 할 것이다.

청백리淸白吏

청렴하고 결백한 나라의 관리

옛글에 상선약수上善若水라 하였다. 흐르는 물 같은 삶이야 말로 가장 선한 삶이라는 뜻이다. 물은 본래 높은 데서 낮은 데로 흐르니 자신을 낮추는 겸손함의 상징이고 부족하면 가득차고 넘치면 흐르니 이는 정의로운 중용의 상징이고 기울면 흘러가고 바르면 수평을 이루니 이는 공평의 상징이고 장애가 있으면 돌아가되 앞이 막히면 바위도 뚫으니 이는 용기와 신념의 상징이고 생명을 위하여 높은 거목의 끝까지 역류하니 이는 보시의 상징이고 누추함을 씻고 탁류를 정화하니 이는 청결함의 상징이고 고요하면 수평을 이루니 이는 평화의 상징이니 이 얼마나 너그럽고 청정한가. 이조시대 청백리의 한 사람은 내 조상께서 어찌 순치의 연월을 알리요 이 말은 이조 인조 때 중추부사였던 김신국이 남긴 명언으로 꼽힌다. 인조24년(1646)년 당시의 일이었다. 어떤 신하가 임금께 아뢰기를 "김신국金藎國은 참으로 이 나라에 공을 많이 세웠다. 한 가지 흠이 있다면 조상의 문지文池 즉 높은 벼슬을 했던 문반이 빈약할 따름이다." 하였다. 그러자 임금이 그렇다면 어쩌란 말이요 하고 반문하자, 그 신하가 옷깃을 여미며 김신국의 조상에게 증직을 내리심이 좋을 듯하옵니다. 이 말에 임금도 평소에 뜻은 있으나 간하는 이가 없어 유보했던 터라 쾌히 승낙하고 증직을 하명하였다. 그러나 선조에 대한 증직소식을 전해들은 김신국은 임금의 성은은 망극하나 받아들이지는 않기로 결심하였다. 사유인즉 미천한 조상들이었으나 세상에 욕됨이 없고 후손이 벼슬자리에 오르면 자연히 영예로울진대 분수에 맞지 않는 증직 추서는 오히려 예가 아니라 여기기 때문이었다. 더구나 지위를 이용한 사회의 병리현상이 만연한 세속을 감안하면 더욱 받아들일수 없는 일이었다. 그 후 김신국은 임진왜란이 일어난 당시 영남지방에서 일천여 명의 의병을 결성하여 혁혁한 전공을 세웠을 뿐아니라 이조반정, 이괄의 난, 병자호란, 정묘호란등 험난한 환란을 겪으면서도 대쪽같이 곧은 의지로 나라 안정에 많은 공을 세웠다. 청나라 심양에 볼모로 잡혀가서 소현세자를 모시고 있다가 5년 만에 풀려나는 등 수많은 파란을 경험한 현신이었다. 그때 당시 조정 백관들은 남한산성이 있었기에 나라를 지킬수 있었다면서 축성을 자부심으로 삼기도 하였으나 김신국은 조정과 지방관리들이 남한산성을 보루처럼 믿다가 오히려 환란을 겪었다며 나라를 이끄는 조정대신들과 지방관리들의 무사안일한 기강해이 자세를 진솔하게 나무랐다. 그 후 청淸나라에 바칠 은자銀子를 마련할 때에는 빈부와 지위를 가리고 부정이 있을 때 사정없이 선으로 바로잡는 등 청백하면서도 겸손한 자세로 국사를 다스려 크게 칭송을 받았다. 김신국은 모든 세력들이 암묵적 전쟁을 벌이며 곡학아세를 삶의 수단으로 삼으면서 지위를 남용하여 명리를 차지하는 탐욕 때문에 나라의 기강이 무너지고 약육강식의 타락 습성이 성행하는 것을 적폐로 삼아 무너지는 사회 기강을 바로 잡으려 노력하였다. 당시에도 뜻있는 이들은 윤리와 도덕을 최고의 덕목으로 삼아 관료 사회의 부정과 세력 간의 권리 다툼 등 불신과 갈등으로 백성들의 삶이 피폐해 가는 폐단을 막아 만백성이 갈망하는 국태민안과 태평성대를 이룩하려고 사력을 다하였고 특히 김신국의 이상세계는 독보적 사표가 되었다. 수백 년이 지나 인류사의 획기적 발전 제도인 민주주의 사회제도하에서 자유와 권리가 보장되어 본인의 노력 여하에 성패가 좌우되는 제약 없는 평등사회에 눈부신 과학문명과 물질의 풍요 속에서도 최고가 아니면 성에 차지 않는 오만하고 방자한 탐욕과 곡학아세를 지혜라고 오산하는 비겁한 적폐가 문명사회를 흐리고 있다. 세계 최고의 교육열과 세계 우수의 인재를 가진 우리나라가 깨끗하고 올곧은 인재가 그리도 드물다니 날만 새면 부패니 적폐니 청산 대상에 짓눌리는 이 나라 정치 형태를 무엇으로 표현해야 할지 이제부터라도 학문과 수양을 전제로 하는 전인교육을 통해 학문과 지식이 부와 명예를 얻는 수단이 아니라 자신의 인격을 높이는 훈련이라는 인식을 각인시기는 것으로 시작해야 한다고 감히 주장한다.

치세의 철학治世의 哲學

세상을 다스리는 근본적인 원리

《논어》 학이편에 이르기를 배우려는 사람은 안으로는 효도하고 밖으로는 자애로우며 항상 심신을 삼가며 신의를 지키고 널리 사랑하며 어진 이를 가까이해야 한다. 그러고도 뜻이 있으면 배움에 임해야 한다. 이것은 자신의 심성이 맑고 바른 바탕 위에 지식을 쌓아야 뜻이 높고, 어진 인재가 될 수 있다는 뜻이다. 이조 세종대왕 시절의 대쪽 정승으로 이름이 높던 맹사성孟思誠의 이야기다. 옛날 뜻있는 선비들은 벼슬살이를 하는 데에도 반드시 독창적인 철학이 있었다. 자기가 배운 도덕을 가장 바르게 적용하는 행위로 치세의 방편으로 삼는 것이었다. 바로 도道는 정正이요 정正은 곧 정政이니 선비는 자기가 닦은 도의 철학을 정치를 통하여 백성들에게 베푸는 것을 최고의 목적으로 삼았던 것이다. 그러므로 뜻있는 선비들이 행하는 정치의 요체는 다름 아닌 인仁으로 귀결되었다. 인을 존중하는 사람은 이利를 멀리하였으니 곧 백성을 다스리는 관리의 마음은 이가 인보다 앞설 때에는 공公보다 사私가 앞서게 됨이니 사私가 앞서는 정치는 항상 백성을 괴롭히는 요체로 귀착되기 때문이다. 정치의 대상은 국토와 백성에 있는 것이니 나라와 백성을 보전하고 섬기는 것은 정치의 근본이요 목적인 것이다. 옛말에 윗물이 맑아야 아랫물이 맑다 하였다. 나라를 다스리는 임금과 신하가 청렴하고 결백해야 모든 나라의 구성원들이 맑고 깨끗하여 백성들이 안심하고 나라를 위하여 충성하며 나라 시책에 적극 동참하고 협력하여 국태민안과 태평성대를 이루어 백년대계의 미래가 보장되는 것이다. 어느 날 맹사성 대감이 온양으로 근친(일가친척과 상면)하러 온다는 소식을 접한 그 고을의 양성현감과 진위현감이 함께 장호원까지 올라와 기다리고 있었다. 또 두 고을 원들은 하인들을 풀어 잡상인들도 얼씬 못하게 단속하였다. 더구나 대로에는 개미 새끼 한 마리 얼씬도 못하게 하는 등 철저히 준비하고 두 고을 원들이 초조히 기다렸지만 맹 정승은 나타나지 않으니 더욱 초조하였다. "이놈들아 어느 때 행차가 닥칠지 모르니 정신차려야 한다." 하기야 좌의정의 행차시니 그 규모는 장엄하였으리라 믿었던 것이다. 그러나 시간이 흘러도 맹 정승의 행차는 보이지 않고 한쪽 길모퉁이에서 소란스런 광경이 펼쳐졌다. 어떤 사람이 도롱이를 메고 맨발에 미투리를 신은 초라한 늙은이를 발견하고 관리들이 그 늙은이의 목덜미를 잡고 길 닦아 놓으니 문둥이가 먼저 지나간다더니 하며 맹정승이 오신다기에 잡인 출입을 엄금했는데 분개하며 늙은이의 머리채를 잡아챘는데 아이고 이게 누구신가. 두 현감이 소스라치게 놀라며 도망치다 인똥이라 불리는 현감의 관인 뭉치를 물에 빠뜨리는 등 일대 소동이 벌어졌다. 맹 정승이 그 광경을 미리 짐작했던지 껄껄 웃으며 조용히 안심시켰다. 황희정승이나 맹사성 정승은 부하 관료들 뿐 아니라 자식들에게까지도 너그럽고 따뜻하게 달래며 어루만져 세상 사람들을 감복시키는 덕행으로 일관하였으니 이게 곧 어진 선비정신을 가진 정승의 모습이었다. 예나 지금이나 윗사람을 섬기는 정성까지는 이해하지만 지나친 환대는 예가 아니었던 것은 같았다 하리니, 옛글에 과공은 비례라 하였다. 지나친 공경심은 예가 아니라는 뜻이나 예가 지나치면 아부가 되는 것이다. 아부는 정의를 왜곡하는 위선과 같으니, 특히나 공인은 새겨야 할 교훈이다.

민주주의자民主主義者

백성이 나라의 주인임을 주창한 자

이언축李彦迪은 조선 중종 때의 어진 신하였다. 특히 충효사상忠孝思想이 투철할 뿐 아니라 학문이 뛰어나 지혜롭고 의로운 관리였다. 27세에 자기가 지켜야 할 다섯 가지 경계사항인 오감五感을 지었고 임금님이 좋은 정책의 조언을 구함이 계시자 하나의 치정 계획으로 열 가지 효과를 볼 수 있는 소위 일강십목一綱十目의 나라 다스리는 방법을 건의하는 등 신세대 선비들의 수신치국 이념을 이론士林派修身治國理念理論적으로 체계화시켰다는 호평을 받았다. 오감은 하늘을 두려워하고 마음을 기르며 몸을 잘 보전하고 잘못을 고치며 뜻을 돈독하게 하는 것이다. 일강십목은 집안을 다스리고 나라의 근본을 기르고 조정의 기강을 곧게 세우며 관리의 임면을 신중히 하며 천지의 순리를 따르고 민심을 존중하고 바로잡고 언로를 넓히고 사치와 탐욕을 경계하고 군정을 엄격히 다스리며 내외 사정과 각종 징후를 면밀히 분석하는 정책 등이다. 그의 치세와 정치철학은 한마디로 표현하자면 자기성찰과 매사에 정성을 쏟는 성심이었다. 또한 하루 일에도 잘못이 없는지 하루 세 번씩 자기를 돌아보는 성찰의 신봉자였다. 나라를 다스림에 있어 비록 사해가 넓다 하여도 사람이 근본적으로 바르게 세상을 살아가는 도의 척도는 사해를 뛰어넘는 안목과 신조가 있어야 치국에 임할 수 있다 할 것이다. 특히 그의 위민론爲民論은 민주주의民主主義를 바탕으로 하였다. 백성은 나라의 근본이니 나라의 근본인 구성원의 안정 없이는 나라의 안정은 기대할 수도 보전될 수도 없다고 민주주의를 강하게 주창主唱한다. 또 인사 정책의 공정이란 내치와 유비무환의 외치가 화합과 상호 신뢰에 의해 뒷받침되지 않으면 나라의 다스림은 순조로울 수 없다는 게 이언축의 시국론이었다. 국가의 근본 확립과 정치계의 기강에 대한 이 같은 경륜으로 인해 그는 그 후 조선시대 오현五賢의 한 사람으로 문묘文廟에 배향되어 만인의 추앙을 받는다. 그가 북부지방 강계江界에 유배되어 얼어죽을 지경에 있을 때 중국 북경에 사절로 다녀오던 어떤 무관武官이 찾아와 자기가 입는 털옷을 벗어주어 사경을 모면한 일도 있었다. 그의 인품이 생면부지의 무인으로 하여금 참화를 모면하게 되었다. 투철한 애국정신과 백성을 사랑하는 신선하고도 앞선 사상의 소유자도 죄인의 탈을 쓰고 죽음에 이르게 되는 세상은 분명 자신의 명리를 위하여 정도와 의리를 자기 성취의 걸림돌로 여기며 거짓을 꾸며 선의를 짓밟는 무리들이 이 위대한 국가와 선량한 다수 백성들의 대의를 앞지르는 대역죄를 저질러서 나라와 백성의 미래와 행복을 불사르는 악습이 시대를 가리지 않았으니 통탄할 일이다. 목숨이 아깝고 가진 것이 아까워 자기 성안에 갇혀버린 사람은 존재한 개체로는 백성에 들지 모르지만 공존과 공영을 희망하는 사회에서는 발에 차이는 잡석에 더하겠는가. 민주주의 창시자 그 선구자가 잊혀져 가는 역사 속의 인물이라니 필자뿐 아니라 우리 모두가 아쉬워하는 것은 사람을 위해 다툼을 화합으로 승화하기 위한 것이 정치요, 이를 신봉하는 이가 진정한 지도자 자격이 있건만 나 하나의 시기심 때문에 사회나 국가의 기강쯤은 하는 소인배적 사고가 바로 현대판 적폐 아닌가.

불감증의 사회不感症의 社會

지켜야 할 것을 잊고 사는 사회상

우리는 보고 듣고 느끼는 주관적인 생각과 오랜 역사와 전통 속에서 걸러진 객관적이고 보편적 사고로 정의한 가치를 교육과 경륜과 지적 판단으로 정한 결과치를 지표로 삼는다. 국가는 국정에 참여하는 많은 구성원들이 위와 같은 경로를 통해 체득한 가치관의 집합체에 의하여 정해진 결론으로 국정의 지표를 정한다. 물론 개인이나 국가나 처해지는 환경에 따라 수정과 완급의 조정은 있지만 근본적인 부동의 원칙, 움직일 수 없는 철칙이 있다. 여기에서 개인적으로는 인륜과 도덕이 중심의 가치라면 국가는 개인의 가치에서 한발 나아가 국민과 국가 보전을 위한 안보와 일체된 평화와 평등의 가치가 있다. 우리는 독립된 자아의 지표가 필연적으로 적용되는 국민의 일원으로서 공동의 지표에 어떤 상관관계에 있어 양립된 성공을 거둘 수 있는가를 공정한 입장으로 정리해야 한다. 그러지 않고 문화와 사회발전의 이익이 분배되기를 기대하는 것은 자기모순이다. 윤리 도덕을 지키지 않고 세상에 설 수 없으며 나라를 사랑하고 안보를 걱정하지 않고 자유와 행복을 기대할 수 없다. 유사 이래 역사의 흐름에서 볼 수 있는 불감증에 기인한 환란을 크게 두 가지로 나눈다면 도덕 불감증이 심화된 시대는 정국이 불안하고 백성의 삶이 피폐하였고 국가안위의 불감증이 심화된 시대는 나라가 멸망하고 백성이 희생되었다. 아무리 시대가 바뀌어 국민이 주인이 되는 민주사회가 되고 문명이 발달하여도 사회 기풍이 건재하지 못하면 사회는 붕괴의 처절한 최후를 맞아야 된다. 먼저 지적하고자 하는 것은 도덕불감증에 대한 우려다. 우리나라는 남북의 길이가 삼천리이고 산수가 빼어나게 아름다워 비단에 수를 놓은 듯하다 하여 금수강산이라 일컬어진다. 산수가 수려하니 백성의 성품 또한 비단결 같아 하늘을 공경하고 사람끼리 경외하니 수많은 나라와 민족 중에 동방의 예의지국이란 칭호와 함께 한때는 공자도 동방의 나라인 우리나라를 동경했다는 일화도 있었다. 그러한 전통을 가진 명예로운 민족이지만 삶의 형태가 모계에서 부족사회로 부족에서 국가 단위로 농경사회가 산업사회를 거쳐 첨단사회로 발전하고 인간 삶의 단위가 대가족에서 단독가족 사회로 변화하는 등 낯선 환경과 제도에 적응하기 위한 몸부림이 개인주의로 흘러 과거에 생명처럼 신봉하던 도덕의 주축인 효제충신 인의예지 같은 덕목 등은 인문학적 목록 속에 보관되고 높은 경쟁에서 우선하는 세계 문명적 성공 과제인 문리와 과학 등은 손쉬운 인문 부분에 밀려 교육과 학습의 순위에서 밀려나고 인성교육의 직접적인 영향을 주는 부모가 주관인 가정교육도 시대적 영향으로 시급한 합격위주의 추세에 이르다 보니 정신적 소양보다는 물리적 능력이 우선해야 하는 시급성에 사랑과 배려 소통과 관용 헌신과 봉사 등은 직접이 아닌 간접적 책무로 인식되어가고 있다. 이와 같이 인류가 추구하는 최대의 목적이 산업의 성장과 우주를 정복하는 첨단과학이지만 사람에게 가장 절실한 행복은 사랑과 나눔을 실현하는 윤리와 도덕이다. 이럼에도 불구하고 현대는 정신세계보다 문화적 풍요를 중시하며 인생의 참된 진선미를 풍기는 도덕심은 잊고 사는 폐단으로 인하여 맑고 투명해야 할 사회가 탁류에 젖어 끊임없는 도덕과의 전쟁으로 불신과 갈등 분열의 대가를 비싸게 치르고 있는 사이 부자도 군신도 부부도 사제도 장유도 붕우도 모두가 개인과 사회발전에 걸림돌로 천대받는 등 시대적 가치관이 우리답지 않게 급변하여 대한민국의 원대한 이상 실현에 시련기임을 명심하고 도덕운동에 국운을 걸어야 한다. 그 다음에 우려되는 큰 줄기는 안보의 불감증이다. 우리나라 반만년의 역사

가운데 외세 침략으로 인한 환란의 횟수는 수백 회에 이른다. 국토가 왜소한 소수민족이기도 하지만, 고립을 자초한 폐쇄적 정치형태도 환란을 자초한 원인으로 작용한 경우도 있다. 또한 수많은 나라들이 명멸했던 역사 속에는 군주나 왕조의 절대 권력에 의한 저항과 쟁탈의 원인도 있겠지만 타국과의 교류를 기피하다 보니 문물의 발전도 더딜 수밖에 없었으며 약육강식의 냉정한 질서 속에 쇠약한 타국을 침탈하여 자국의 세력을 키우려는 호전적인 징후들을 보고하면 위기를 예측하며 유비무환의 교훈으로 삼아 만일에 대비하기보다는 조정의 평온을 깨어 임금의 심기를 거스르고 민심의 소란을 부추긴다며 사실 파악도 기피한 채 무고한 보고로 몰아 벌을 하거나 귀양을 보내는 등 곡학아세하며 간교한 술수로 명리를 유지하는 반국가적이고 외부 현실에 눈과 귀를 막아 안주하려는 모리배들의 감언이설이 임금과 조정의 자구능력을 저하시킴에 의하여 입게 된 외세 침략과 내환의 환란은 수없이 있어 왔던 역사가 생생히 전해진다. 그러한 악순환이 낳은 슬픈 역사가 우리 눈앞에 펼쳐진 일제 삼십육 년 사와 조국 분단이라 볼 수 있다. 선조들을 원망하려는 의도가 아니라 편안할 때 위기를 생각해야 그 악랄하고 무자비한 왜구에게 역사가 중단되고 정조와 생명을 강탈당하는 치욕의 역사를 경험하지 않았을 것이며 열강의 의도대로 조국이 분단되고 수많은 생명을 땅에 묻으며 동족의 이질화와 분단의 고착화에 의한 통일 난제를 안고 부국강병 문화 경제 선진화의 역량이 분산되는 아픔을 겪지는 않았을걸 하는 통렬한 여한에서다. 우리는 지구상에 유일한 분단국가로 155마일 휴전선에는 동족의 젊은이들이 서로의 가슴에 총부리를 겨누며 국력을 기울여 경계하는 총성 없는 전시를 경험 중에 있다. 조국과 민족의 미래 개척 역량이 화약 냄새에 소진되는 현실. 민족의 염원인 통일도 우리의 소망만으로 불가능한 현실 속에서 경제의 안정이 안보를 앞서는 양, 유비무환의 긴급성에 여유로운 태도로 일관하며 무사안일한 의식만연은 참으로 염려되는 안보 불감증이다. 국가와 민족의 생존은 첫째 경제와 문화의 풍요는 차서라는 것을 재인식해야 한다. 평화 전망대에 올라 남북의 현상을 바라본다. 남쪽의 눈부신 발전 현상에서 어디 한군데라도 총탄 자국을 경험할 곳이 있던가. 수천 년 희생의 역사였으니 다시는 이 땅에 전쟁이란 참사 단어가 있어서는 안 되며 조국과 민족을 내 몸 같이 사랑하는 투철한 애국애족의 충심이 절실한 현실 속에 안보의 불감증은 화급히 청산되어야 하는 철없는 악습임을 깊이 성찰해야 한다. 잊혀 가는 충효사상의 시급한 회복이 현대의 과제다. 충성이란 다시 강조하지만 임금에게 복종하라는 게 아니라 나라와 백성을 사랑하는 임금을 도우라는 뜻이고 효란 부모에게 맹종하라는 게 아니라 부모를 섬기되 부모가 잘못을 저지르지 않도록 모시라는 뜻이다 이는 곧 뿌리를 존중하고 나라를 사랑하는 자식과 국민의 도리라는 뜻이다. 바로 이러한 사고와 사상이 나라와 민족을 영원히 지탱하는 원천이기 때문이다.

충효사상忠孝思想

나라를 사랑하고 부모를 공경함

왜 하필 충효사상인가. 사람이 탄생한 근본은 부모이고 탄생하여 살아갈 터전은 이 나라이니 근본을 공경하고 터전을 사랑하는 것은 인간의 떳떳한 도리이며 이성적 사고로 정립한 판단 의식의 정수 아니겠는가. 공자가 시좌한 증자에게 말하였다. 옛날의 성군이나 명왕들께서는 최고의 덕행과 긴요한 도리로서 온 천하를 순화 훈도하셨고 백성들도 그로 인하여 서로 사랑하고 화목하였으며 아래위가 서로 원망하거나 원한을 품지 않았다. 너는 그것을 알고 있느냐. 그러자 증자는 자리를 비켜 앉으며 영민하지 못한 제가 어찌 안다 하겠습니까, 하고 고백하였다. 그러자 공자께서 이렇게 말하였다. 본래 효는 모든 덕행의 근본이며 모든 교화의 근원이다. 내가 다시 너에게 이르리라. 사람은 몸체와 사지는 물론 모발이나 피부 등 모든 것을 부모로부터 물려받았다. 따라서 우선은 자신의 육신을 소중히 아끼고 함부로 손상하지 말아야 하는 것이 효도의 기초이니 그런 후에 사회나 국가에 나아가 몸가짐을 바르게 하고 바른 도를 지킴으로써 후세에 맑고 높은 이름을 남기는 것이야말로 자신이 바로 서고 부모와 가문의 명예가 빛나는 것이다. 무릇 효도란 모실 때에는 공경하여야 한다. 부모와 몸담아 사는 것을 의무쯤으로 여기지 말고 나를 낳아 기르기까지 태교에서 출산 양육 과정에 목숨처럼 아꼈던 사랑의 무게가 태산에 넘치니 가히 존경스럽고 가이없음을 상기하며 진심으로 공경해야 한다. 그리고 봉양함에 있어서는 마음의 짐이 없이 즐겁게 해야 한다. 살아가는 것이니 의례적인 형식보다 비록 빈약하여도 정성이 기울여지면 빈약도 풍요롭고 염반도 성찬인 것이다. 부모가 나이가 들면 병고를 겪게 된다. 선약만이 양약이 아니라 자신의 고통처럼 진심으로 근심하면 부모는 죽어도 여한이 없는 것이니 얼굴을 마주하며 위로하고 사랑으로 보살피는 항상 못다 한 것처럼 근심하는 것이 최선인 것이다. 죽음은 누구나 겪는 필연적 숙명이다. 부모를 보내는 자식의 슬픔이 간절하면 그 부모의 죽음은 복된 것이다. 태어날 때의 축복만큼이나 돌아갈 때 자식들의 진심 어린 슬픈 이별은 엄숙하고도 값진 생의 장엄한 종결이다. 돌아간 후 그날을 회상하는 제례 역시 생존시와 같이 예를 다하는 것은 인륜의 위대함을 재확인하는 엄숙한 절차인 것이다. 옛날 순손은 어머니를 위해 자식을 땅에 묻으려다 돌종을 얻었고 곽거는 금솥을 얻었으며 상덕은 자기 살을 베어 봉양했고 도씨는 호랑이의 시중을 받았다. 이 어찌 하늘이 낸 효자라며 드물다 치부하리요. 나는 누구인지 돌아볼 일 아니던가. 또한 내가 태어나 딛고 의지하여 살아가다 돌아갈 이 땅은 나를 낳으신 부모 다음으로 깊은 인연이다. 그래서 부모와 비교한다는 뜻으로 조국 또는 모국이라 부르는 것이다. 공자가 이르기를 뜻있는 선비와 어진 선현들은 삶을 구하려 어진 이치를 해침이 없고 다만 자기 몸을 죽여 어진 이치를 실현함이 있다 하였다. 여기에서 뜻이 있는 선비란 학문에 뜻을 두어 학문이 높고 넓을수록 어진 사람에 가까워지는 사람이다. 어진 사람이란 남과 구별이 되는 나. 다시 말해서 육신을 바탕으로 파악하는 '나'로서의 삶을 극복하고 남과 하나 되는 '나' 즉 본마음을 중심으로 하는 나로서의 삶을 영위하는 사람이다. 따라서 어진 사람은 전체의 삶을 영위하는 입장에서 개체적인 삶을 판단하기 때문에 전체적인 삶에 도움이 된다면 자기 몸의 죽음도 기쁘게 받아들일 수 있다. 또한 정자는 이에 대하여 이렇게 말하고 있다. 실질적인 이치를 마음에 얻어서 스스로 분별하는 것이니 실질적인 이치라는 것은 실제로 옳은 것을 보며 또 실제로 그른 것을 보고 판단하는 가치다. 옛사람이 몸을 버리고 죽은 자가 만일 실제로 얻은 것을 보지 못하면 어찌 능히 이와 같겠는가. 모름지기 실제로 삶이 의보다 중하지 아니한 것을 보면 삶이 죽는 것보다 편안치 못하다. 그러므로 몸을 죽여서 어진 것을 이루는 것은 다만 한 개의 옳은 것을 이룰 뿐이다. 결론적으로 지사志士나 인자仁者의 마음은 항상 인仁을 위해서 존재하는 것임을 강조한 말이다. 간단히 말해 인을 이루기 위해 자기 몸을 죽이는 살신성인이란 궁극적이고 오묘한 정신세계의 소산으로 감히 상상의 언저리에도 이르기 힘든 위대한 희생이다. 백번 강조해도 남음이 없는 눈부신 금자탑이다. 현존하는 우리 역사 속에서 나라와 민족이 존망의 위기에 처할 때면 하나뿐인 생명을 초개처럼 던지던 지사 의사 열사들의 마지막 거친 숨소리가 들리는 듯 생생히 살아있고 영령이란 같은 이름으로 단평 땅에 묻히거나 외딴 산골나무 그늘 아래 비바람 맞아 바래 버린 영혼들은 몇이나 되던가. 현대를 살아가는 우리들은 그렇게 먼저 간 이들이 가꾼 열매를 먹고사는 수혜자라 여겨보는가. 우리가 짊어진 보훈의 빚이 얼마나 되는지 사려하여 보는가. 태극기를 게양하고 옷깃을 여미며 몇 마디의 추모사로 보답하는가. 조건 없이 주고 간 영혼들을 맑은 마음에 새겨 영원히 기억할 따름이다. 우리는 지금도 사면초가의 불확실한 위기 앞에 몸을 사리며 누구에게 대신할 것을 바라고 있지는 않은지. 지위가 하늘 닿고 소유가 지구를 덮어도 유비무환의 성이 허물어지면 가진 것들은 한 조각 구름일 뿐이다. 반만년 희생의 역사가 물려준 위대한 조국 대한민국 지금 우리는 이 위대한 조국 대한민국을 명성에 걸맞게 지키고 있는가 스스로 물어야 한다. 대한민국의 국력은 확고한가. 나라의 힘은 무엇인가. 외세를 물리칠 수 있는 힘. 그것은 국민에게서 우러나온다. 온 국민이 나라를 사랑하는 마음이 강할 때 국력이 강해진다. 오천만 국민 중에 나는 하나일 뿐이 아니라 나는 오천만 국민 중의 하나라는 내가 아니라 전체를 산다는 어진 생각이 조국과 민족을 보전하는 충성심이다. 효와 충의 정신은 뿌리로부터 큰 나무로 성장하는 생성의 근본이다. 즉 나라와 민족의 영원한 근간이다. 〈충효가〉의 한 구절을 적어본다. "넓고 큰 대지 위에 그 무슨 인연될래, 하 많은 나라 중에 이 땅에 태어나니 어머니 품속같이 포근한 조국이여 어버이 두 분 중에 누군들 버릴쏜가. 모두 다 버려도 그럴 수는 없을쏘니 대대로 뼈 묻을 곳 부모같이 섬기리라." 하였다. 여기에 한량없이 많은 문구들을 이어도 모자라지만 다만 사람의 마음이 행동에 옮겨질 따름이다.

군자의 사상세계君子의 思想世界

군자가 함양해야 할 사상 세계관

한마디로 표현하자면 군자는 이상적 인간상이다. 군자는 먼저 학식과 덕행을 겸해야 한다. 말보다 행동을 앞세우는 실천가라야 하고 나를 극복하며 절대적 실재인 예禮에 돌아가야 한다. 즉 극기복례다. 그것은 바로 나를 죽이고라도 인仁을 이룩하는 살신성인殺身成仁하는 도道의 완성이다. 인의 구현은 남을 사랑하고 만민을 안락하게 해 주는 것이다. 논어의 첫마디가 배우고 때로 익히니 즐겁지 아니한가. 글벗이 멀리서 찾아오니 또한 즐겁지 아니한가 하였다. 학문이란 본래 지식습득뿐 아니라 도덕적 수양까지를 포함하는 것을 말한다. 또한 학문의 정신은 너무나도 명백하여 학문을 이용하여 재산을 쌓는다거나 이름을 내기 위한 것이 아니라 작게는 인간의 완성이고 크게는 세계평화의 구현을 위해 나를 승화시키고자 학문과 덕행을 닦는 것이며 아울러 선인들의 문화유산을 이어받고 이를 다시 내가 성취하여 역사적 전통 위에서 새로운 창조를 하는 것이다. 공자는 학문의 역사성과 전통 계승의 중대성 즉 후세에 전수하는 것을 중요시하였다. 학문의 목적 중에 예禮를 중시하여 배움의 최고 목표를 예에 둘 만큼 예를 존중하였다. 예의 본질은 하늘에 제사하고 하늘의 계시를 받아 실천하는 승천사인承天事人이라 하였다. 이는 곧 천도를 따라 인간사를 다스린다는 뜻이다. 다시 말해 예라 하는 것은 경천외인敬天畏人의 절차라는 뜻이다. 그러나 현대에 와서는 천도는 생략되고 외형만을 예라고 착각한다. 다음으로 인애덕치를 강조하였다. 하늘이 만물을 내고 끝없이 사랑하듯 하늘로부터 천성을 받고 태어난 사람도 모든 것을 사랑해야 하며 같은 인간끼리는 더욱 그러하다. 더구나 천륜은 위대한 사랑이 대를 이어가야 옳다. 이것을 효라 한다. 효를 무조건 복종이라고 오해하면 안 된다. 진정한 효는 서로 인과에 응보하는 도리를 지킴이며 인간애는 상호관계에 그치지 않고 계승 발전하며 인간 문명의 시초가 되는 것이다. 필자는 지금까지 군자의 사상 세계를 크게 네분야로 구분하여 문헌을 살펴보았다. 먼저 군자란 전인적인 인격의 소유자로 천도를 밟아 인간세계의 통일된 경천외인 사상을 실현하는 인재를 말함이며 학문은 단순히 벼슬을 사거나 지위를 높이거나 부를 축척하여 영예로움을 얻기보다는 나라를 다스리고 더 나아가 세계평화를 실현하는 덕치의 근본이며 예는 하늘의 계시를 받아 세상을 다스리는 승천사인의 근본으로서 하늘의 사람, 사람의 사람으로 떳떳한 도리를 실제로 행하여 어긋남이 없도록 하는 것이며 끝으로 인애덕치로서 하늘의 사상과 뜻을 인간에게 전하고 만물의 영장으로써의 사명을 다하여 천지인의 정해진 섭리 순응을 전수하는 사자로써의 역할을 다함에 있다 하는 것으로 요약하였다. 이와 같은 군자의 사상 세계는 인간세상에 내려진 계율로 여겨 인간 평화를 갈망하는 인류의 소망을 이루는 길이면서도 하늘과 자연과 인간을 하나로 묶는 천지인 일체의 도리라 결론짓기 전에 '나'라고 하는 존재는 지구상에 존재하는 70억 분의 1에 불과하지만 내가 바로 70억의 인류가 이기적 입장을 극복하고 천도의 진리에 복귀하는 수기치인修己治人과 극기복례克己復禮를 실천하는데 헌신하는 당사자가 된다면 어떨까. 군자의 사상 세계를 통해 염원하던 인류 희망이 수천 년이 지난 지금도 인류의 희망으로 존재한다는 사실이 현대를 살아가는 우리 문명인들에게 던져진 엄숙하고 무거운 화두가 아닌가 한다.

용서容恕

잘못과 죄를 꾸짖거나 벌하지 않음

사람이 살아가면서 겪는 억울함이나 분함을 참고 견디는 것은 참으로 쉬운 일이 아니다. 더구나 마음속 깊이 각인된 울분, 더 나아가 한 민족의 존망이 걸린 공분이라면 어떻겠는가, 개인이라면 자제하거나 숨길 수도 있지만 민족 공동운명에 명암이 걸린 일이라면 용서는 불가사의한 일일 것이다. 그러나 인류 역사에서는 드물게 있는 일이다. 이 얼마나 대담하고 통 큰 결단인가, 가까운 예로 인도의 간디가 그랬고 티베트의 달라이라마가 그러는 중이다. 역설이라 해도 좋다. 거인 달라이라마는 이렇게 말한다. 용서란 단지 나 또는 우리에게 상처를 주었거나 공분을 준 사람이나 집단을 받아들이는 것만을 의미하지 않는다. 그것은 그들을 향한 미움과 원망의 고통스런 마음에서 나라는 스스로를 놓아 주는 일이라고 말한다. 그러므로 용서는 자기자신에게 베푸는 가장 큰 자비이자 사랑이며 자유이니 그 위대한 은전은 결국 자기를 사랑하는 신념의 행실이라니, 쉽게 이해하기 어렵다. 돌이켜 이해하면 복수는 불행을 낳는다. 그러므로 더 넓은 시각에서 생각한다면 복수는 통쾌하고 홀가분한 승리가 아니고 또 다른 복수의 대상이 만들어지기 때문에 용서를 선택해야 한다는 논리다. 용서는 과거를 잃어 버리자는 뜻이 아니다. 오히려 과거를 명확히 기억하며 과거의 다툼이 서로가 편협한 결정 때문에 발생한 일이므로 이를 확실하게 규명하여 상호 이해를 통한 사실 규명과 호혜평화를 회복하려는 것이므로 용서해야 한다. 그러면 서로가 행복해진다라는, 용서의 변이 설명되어야 한다. 필자는 여기에서 현존하는 티베트민족 지도자며, 기라성 같은 세계 석학들로부터 존경받는 노벨평화상 수상자이며 세계 불교계의 대표 지도자인 달라이라마 존자의 사상을 좁은 소견으로 엿보게 된 것도 행운이라 생각하면서 달라이라마의 지론에서 만일 어떤 사람이 나를 고통스럽게 만들고 상처를 준 사람에게 미움이나 감정을 가진다면 결국 내 마음의 평화만 깨어질뿐 그 사람에 하등의 영향도 미치지 않는다는 것을 알게 된 것이다. 하지만 내가 그를 용서한다면, 내 마음의 평화를 되찾을 것이다. 그러므로 용서해야 행복하다는 지론이다. 티베트와 중국의 관계는 기술하기 힘들지만 1960년대 중국이 티베트를 점령하면서 너무나 많은 인명 살상과 구금 추방으로 민족 말살에 가까운 폭거를 저질렀다고 한다. 하지만 망국의 중심에선 지도자지만 그 한을 잊기 위해 망명을 택한 지금, 그는 나라를 잃은 지 반세기밖에 되지 않는 생생한 기억의 소용돌이 속에서도 불구하고 그들을 미워하기보다는 용서한다고 단호한 결심을 견지하는 그는 과연 신인가. 티베트 민족의 정신적 지주이며 불교의 지도자인 그는 불교의 핵심 중 하나는 자비심이고 또 하나는 인연의 시각으로 바라보는 세상관이라는 무량의 경계임을 밝힌다. 인류의 현대사에서 원수를 사랑하기 위해 자신을 불사르는 이가 또 있을까. 그는 또 내가 눈을 뜨며 가장 먼저 생각하는 것은 자비와 사랑이다. 이 세상 모든 만물은 연결되어 소통한다는 진리로 미루어 미움이란 강인한 듯 하지만, 오히려 나약함을 나타내는 것으로 미움은 미움으로 이길수 없다는 것이다. 그래서 오히려 이타적인 것이 나의 힘이 되는 것이라고, 행복하고 평화로운 눈으로 세상을 바라보는 자에게 세상은 모두를 보여준다고 설파한다. 사람이 가진 지혜는 투명하여 모두가 바르게 보이기 마련이다. 사람이 겪는 고통과 불행의 대부분은 타인을 별개로 보는 차별의식에서 비롯된다. 사물을 볼 때 눈에 띄고 만져지는 것만 대상으로 삼아 소유하려 든다. 모든 만상이 무상함을 알면 탐욕의 고통이 사라진다. 나를 아파 하는 만큼 남을 아파

하면 아픔이 없어지듯, 분수를 알면 다툼의 고통이 소멸되며 삶이 간소하면 탐욕이 머물 곳이 없고 생각을 널리 하면 포용과 사랑과 용서의 마음이 열린다. 필자는 21세기 최고의 지성이며 세계적 지성들의 존경을 받는 고독한 민족지도자가 지향하는 위대한 용서의 언저리에서 그를 기억해 보려고 한다. 행복한 일이다. 그 원대한 이상의 그림자라도 보고 싶은 생각임을 고백하는 것이다. 세상 선현들의 금강석같이 굳세고 장엄한 사상 세계 그 찬란하여 눈부신 신념들이 인간세계의 탐욕의 불꽃을 잠재우고 숨막히는 탁류를 정화하여 물려준 오늘이라는 세계. 그 지극하고 훌륭한 자비와 관용이 없었다면 인류 세계는 어떻게 되었을까. 선현들의 혜량의 길이와 넓이와 무게를 누가 감히 헤아리겠는가. 눈부시게 발전한 현대문명을 우리만이 일구었다고 말할 수 있을까. 세계평화와 인류 행복을 목청 높여 외치면서도 '나'를 위해 인륜도 도덕도 법과 제도, 사회, 윤리도 자비와 사랑과 용서도 외면하는 냉정한 인성 빈곤 세태. 인성 회복에 자기희생을 자처하는 이 누가 있던가. 자기 뿌리를 스스로 뽑고 서 있는 땅을 파헤치는 불륜에 누가 근심하는가. 용서는 자기를 위한 자비임을 천명한 소리없는 가르침에 누가 귀를 기울이던가. 최근 일간신문에 달라이라마 14세와 교황을 세계의 정신적 대표 지주로 꼽은 통계가 보도된 바 있다.

생의 계단生의 階段

살면서 밟아가야 하는 힘든 층계

후백제 시대 어느 고을에 일찍이 부모를 잃어 사고무친한 총각 농부가 살았다. 어려서부터 남의 집 고용살이로 생계는 유지하여 왔지만 남들처럼 부자가 되어 사람을 부리는 주인이 되는 것은 상상할 수도 없는 일이었다. 그러나 그에게는 부자가 되는 게 유일한 소망이었다. 언젠가 동네 어른들의 옛날이야기 중에 어느 농부 하나가 부처님께 백일기도를 올린 덕에 삼대 천석군의 영화를 누렸다는 이야기가 생각났다. 그로부터 농부는 부처님을 찾아가기로 결심하고 수소문 끝에 아주 영험하신 부처가 있다는 절을 찾아 백 리 길을 달려갔다. 심심산골 바람 소리와 물소리와 새소리 밖에 들리지 않는 협곡 입구에 서 있는 일주문을 지나 천왕문에 다다르니 사천왕상의 위압에 발길이 얼어붙는 듯하였다. 그러나 부처님께 백일기도를 올리면 부자가 될 거라는 기대에 용기를 얻어 부처님을 모신 대웅전 뜰 앞에 당도하니 수많은 신도들과 법문을 설하시는 노승의 모습이 보였다. 얼마 후 노승이 법당 뜰에 오르는 틈을 타서 재빨리 노승 앞에 무릎을 꿇으니 놀란 노승이 정색을 하면서 당신은 무슨 사연이 있느냐 물었다. 그러자 농부는 부처님을 찾아온 전후사정을 말하니 노승은 그 뜻을 짐작하고 불전에 안내하고 "기도를 마치면 나를 찾으시오." 하고 일렀다. 농부의 기도 시간은 길지 않았다. 기도를 마친 농부가 스님 곁에 다가서자 뒤를 돌아보며 이렇게 말하는 것이었다. 나는 이 절의 주지스님이요, 방금 전에 부처님께서 내게 말씀하시기를 당신이 돌아가서 열 손가락 마디마다 공이가 박히면 소원이 이루어진다 이르셨으니 백일기도 생각을 접고 돌아가라며 정겹게 송별인사를 건넨 뒤 돌아가는 게 아닌가. 농부는 다시 밤길을 재촉하여 무사히 귀가 한 후 부처님 말씀이라며 전해준 스님을 상기하면서 남의 집 고용살이를 포기하고 산전을 개간하고 틈나는 곳마다 씨앗을 뿌리고 가꾸기를 게을리하지 않은 지 오 년 후 주야를 가리지 않고 손발이 닳도록 노력한 결과 천수답으로 치면 칠팔 마지기의 논을 장만할 여유가 생겼다. 농부는 용기를 내어 더욱 열심히 노력한 세월은 어언간 만 십 년이 넘으니 동안의 총각 농부는 사십 살에 가까워 가고 축적된 자산은 마을의 중농에 속하는지라 이웃들의 주선으로 장가도 들어 어엿한 가장이 되었다. 농부는 부인과 상의 끝에 먼저는 부처님을 찾아가 은혜에 보답하기로 하고 떡과 곡식과 과일 등을 정성껏 장만하여 두 내외가 이고지고 불원백리하여 절을 찾아갔다. 아직도 생존한 주지스님이 두 부부의 방문을 기쁘게 맞으며 농부의 두손을 어루만지면서 부처님께서는 당신의 소원을 잊지 않고 십 년 세월을 지켜보셨고 당신은 부처님께 들은 이야기를 잊지 않았다는 증표가 바로 열 손가락 마디에 있는 아픈 못이요 하며 칭친을 아끼지 않았다. 농부 내외는 돌아와 이번에는 동네잔치를 열기로 하고 좋은 약초와 과일을 가미한 약술을 담가 놓았다. 하루는 동네에서 제일 연세가 높으신 세 분의 노인을 미리 초대하여 약주의 시음회를 열기로 하였다. 농부가 부인에게 주안상을 부탁하고 약주를 떠 오도록 일렀다. 잠시 후 뜻밖에 괴성이 올리더니 약주를 거르던 부인이 화를 불같이 내면서 남편에게 하는 말이, 나도 몰래 술독에 여인을 숨겨 놓았다며 공박하였다. 이에 놀란 농부가 불같이 달려가 술독을 들여다 보니 여인이 아닌 낯선 사내가 아닌가. 이번에는 남편이 아내에게 분을 참지 못해 싸우는게 아닌가. 때마침 시주 나온 스님이 그 광경을 지켜보다 주인께 합장 예를 한 후 영문을 몰라 당황하던 노인들과 부부의 양해를 구한 뒤 다 같이 술독을 열고 들여다보기로 하였다. 그러자 서로가 서로를 구분 할 수 있어 그 속에는 다름 아닌 자기의 얼굴이 비쳤음을 깨닫게 되었다. 연후에야 두 부부는 서로 부끄러이 여기며 화해하고 시음회도 동네잔치도 성황리에 마쳤다. 그렇다. 사람의 삶生이란 의식주가 제일 중요하지만 만물의 영장으로의 삶에는 반드시 하늘이 내린 성품을 존중하여 하늘을 공경하고 사람을 두려워하며 만물을 사랑하고 자연의 섭리를 따르는 예지禮智를 길러 선악을 구별하고 섬기고 베푸는 겸양을 겸비해야 세상에 바로 서는 것이어서, 사람의 생의 계단이 반드시 있음을 인식해야 비로소 소망을 이루어 행복하다 할 것이다. 우리는 자기 그림자의 실체도 헤아릴 줄 모르던 순진무구한 부부에게 가련하도록 애닲픈 연민을 쏘아 부어 못할 바는 아니지만 이슬같이 맑고 깨끗한 마음으로 자수성가하여 뜨거운 부부애로 백년을 살다 갈 원앙새 같은 그 부부에게 부디 의식주는 갖추었으니 삶의 계단 하나를 더 밟아 주경야독하는 성의를 더하여 자기를 성찰하고 자연을 이해하며 대대손손 참 행복을 누리는 영광이 있었기를 바라는 마음 간절할 따름이다.

보물寶物

귀하고 값진 물건

고대 인도의 불교 종파 중 하나인 바라문 교도들의 나라가 있었는데 나라 이름은 다미사국多味寫國이었다. 그 당시 임금은 96종의 외도(종파중의 계파)를 섬겼는데 하루는 선심을 크게 쓰는 보시행을 계획하고 칠보(七寶 : 무량수경에는 금, 은, 유리, 파리, 바노, 거거, 산호 : 법화경에는 금, 은, 마노, 유리, 거거, 진주, 매괴. 또는 은이나 구리의 바탕에 각가지 빛의 에나멜을 녹여 각종 무늬를 수놓은 세공품)를 산더미처럼 쌓아 놓고 구걸하러 오는 이에게 한 주먹씩 나누어 주며 며칠이 지났어도 보물은 좀처럼 줄어들지 않았다. 그때 부처님은 사미왕이 전생에 많은 복을 지었기에 제도(帝道 : 제왕으로서 지켜야 할 도리)할 수 있었음을 아시고 바라문 신도로 변신하여 다미사국에 납시었다. 왕은 바라문을 반갑게 맞아 인사를 나눈 뒤 "바라문이여, 그대는 무엇을 원하시오." 하고 묻는 것이었다. "나는 보물을 얻으면 집을 지으려고 합니다." "그래요, 그러면 보물을 한주먹 쥐고 가시오." 그러자 바라문이 보물을 한 주먹 쥐고 일곱 걸음쯤 가다가 돌아와 제자리에 내려 놓는다. 이를 이상히 여긴 왕이 연유를 묻자. 생각하니 집을 지으면 장가도 가야 하는데 이것으로는 턱없이 부족해서 그랬습니다. 그래요 그러면 서너 주먹 가져 가시구려 바라문이 고맙다는 표정을 지으며 세 주먹을 쥐고 가더니 이번에도 일곱 걸음쯤 가다가 다시 돌아와 보물을 제자리에 내려놓고 돌아서려 할 때, "바라문이여 그대가 과인을 시험 하시오?" "아니옵니다. 소인이 어찌 왕 앞에 무례하겠습니까. 가정을 이루면 자식을 낳아 기르기 위해 전답과 우마도 필요한데 이것으로는 안되겠기에…." 하며 말끝을 흐리는 것이었다. 왕은 다시 "그러면 일곱 주먹쯤이면 되겠오?" 바라문은 말없이 일곱 주먹의 보물을 가지고 가는가 싶더니 다시 일곱 걸음쯤 가다가 돌아와 제자리에 내려 놓자 물었다. "또 계산이 맞지 않는게요?" "아무리 생각해도 자식들을 시집장가 보내고 집에는 노비와 수레 마부 등이 있어야 하는데 이것으로도 부족하여 포기하는 겁니다." 하고 말하는 것이었다. 그 말을 듣는 순간 그 바라문이 어떤 비범한 사자로 임금을 시험하는 거 같은 예감이 들었으나 함부로 속내를 드러낼 수는 없는 일이었다. 그러자 이번에는 통 큰 제안으로 "그렇다면 이 보물더미를 모두 가져 가시오." 그러나 바라문은 받지 않았다. 다미사국의 왕이라는 위엄에도 불구하고 보시행을 성공적으로 끝맺지 못한 것도 아쉽지만 정체불명의 이인과의 인연에 대한 관계도 원만치 못함을 걱정하며 바라문의 진심을 알고자 연유를 다시 물었다. 바라문이 입을 열었다. "본래 구걸하러 온 목적은 먹고 살기 위해서였습니다. 그런데 사람의 생명 길이를 생각해 보면 그리 긴 것이 아니고 또한 만물은 덧없기(무상하다. 속절없이 빠르다.) 그지없습니다. 사느라면 인연이 겹쳐 감에 따라 근심과 괴로움은 깊어만 가나니, 설사 산더미 같은 보물을 갖는다 한들 무슨 소용이 있겠습니까. 탐욕심으로 일을 꾀하면서 스스로 괴로워하기보다는 차라리 마음을 비우고 인생의 진정한 길을 추구하는 것이 낫다고 생각합니다. 그래서 임금님의 호의를 사양하는 것입니다." 다미사왕은 감탄하며 말했다. "고맙습니다. 그 교훈 삼가 받들겠습니다." 그러자 그 바라문은 다시 부처님의 모습으로 돌아가 허공으로 솟아오르며 게송으로 말씀하셨다. 보물이 하늘 닿게 쌓이고 세상을 가득 채운다 하여도 깨달아 평화로움을 누리느니만 못하다. 악하면서도 선한 척하고 애욕이 강하면서도 떨쳐버린 척하며 괴로우면서도 즐거운 척하는 자기기만이야 말로 어리석은 자의 행실이다.(법구비유경) 영적 계시로 가피를 입었다. 필자가 특정 종교의 예를 드는 것은 사람이 세상에 태어나 우주의 섭리를 따르고 탐욕을 버리고 겹쳐지는 인연들과 정의롭고 평화로운 관계를 유지하여 천지인天地人이 정해진 자리에서 소통하고 융합하여 상생하는 것이야 말로 만물의 영장다운 생이요, 맑은 영혼을 지켜 천지인의 가치를 빛내는 사명의 완수가 아닌가 생각했기 때문에 고백하는 바이다. 보물 그것은 과연 영원한 보배인가.

위대한 포기(탐욕을 버린, 뛰어나고 훌륭함)

이 말에 함축된 두렵고 중후한 중량감이 우리를 압도한다면 이는 불가사의한 이상, 또는 형이상학적 철학의 화두로 이해하며 우리 삶의 유리벽 속에 든 한 구절 격언으로 치부하며 불가능한 경계 밖에 방치해 버리려는 경향이 짙지만 생각을 바꾸어 이해하면 이는 우리 현대사에 절대 필요한 교훈서일 뿐 아니라 우리의 정신세계는 우리보다 수천 년 앞서 태어난 선각자들에게 기대 사는 철부지 유학도로 그 높은 가르침을 닮기에 급급하며 신앙하고 있지 않은가. 선각자들이 우리 인류사에 끼친 업적이 윤리 도덕적이거나 학문적이거나 종교적으로 한결같이 자기희생을 통한 인류 계몽에 바쳤음은 숨길 수 없는 사실이다. 여기에서 우리는 자신에게 잠재한 탐욕을 버리고 자리이타를 선택하는 훈련으로 자기의 위대성을 회복하여 지성의 경지에 이르기를 희망해야 한다. 어떤 이는 인간은 행복하기 위해 태어난다고 말하기도 한다. 과연 그럴까? 혹시 성급한 결론은 아닐까. 필자는 탐욕이 가득찬 적자생존의 혼돈 속에서 영원히 맑게 살아 권선징악이 성공하여 인류 평화를 이루기 위한 자기희생적 위대한 포기는 진정한 인류 행복의 원천이 되었음에 감사해야 한다고 생각한다. 진정한 행복은 행복을 만들어 느낄 수 있는 인간 형성이 먼저라는 철칙에 동의해야 하지 않을까. 우리 인류가 존경을 넘어 신앙의 대상으로 삼는 절대자들은 인류 세계평화에서 자기 행복을 포기하는 희생적 계몽에 기여했을 뿐이라는 사실을 믿어야 한다. 탄생의 순서에서 공자는 약 2569년 전 중국 노나라에서 노나라 대부인 숙량흘과 부인 안징재 사이에서 태어났으나 일찍이 부친을 여의고 15세에 학문에 뜻을 두어 삼십 세에 세상에 나아가 노나라의 시구라는 벼슬로 재상을 대신하면서도 높은 자리에서 자신을 낮추는 겸양을 즐겼다. 그 후 뜻이 있어 주유천하하면서 열국의 왕들에게 의로써 왕도를 펼칠 것을 권고하며 인을 근본으로 수신제가치국평천하의 이상 실현에 자신을 바치며 인륜과 도덕을 생의 근본으로 삼는 시서. 역 등 다수의 저술과 후학 양성 등 헤아릴 수 없는 예와 서의 근본을 세워 진정한 인간의 최후 가치를 캐내는 원대한 이상 실현으로 급기야 유교의 비조로 재탄생하며 성문선왕,

지성선사 만세사표로서 영원불멸의 성인에 올라 지금도 인류세계를 굽어보고 있다.

석가는 누구인가 2561년전 인도의 변방 카펠라성의 왕인 숫다나 왕과 마야부인 사이에서 태어난 왕자였다. 경전에 의하면 부처님은 태어나자마자 사방으로 일곱 발자국을 걸으면서 한 손으로는 하늘을 한 손으로는 땅을 가리키며 하늘 위와 아래에 나 홀로 높다. 나는 이 세상이 고통 속에 있으니 내 이를 편안케 하리라 외쳤다고 전한다. 이것은 석가모니 부처의 탄생게로서 유명한 선언이었다. 여기에서 이해해야 할 것은 천상천하 유아독존 중에 아, 즉 '나라'는 의미의 본질이다. 여기에서의 나는 개체적 자신을 말한 게 아니라 나와 우주가 하나인 큰(모든 인류)나 참 나의 본뜻이다. 부처의 탄생 선언은 인간의 선언이자 생명의 선언이라 명명되었다. 싯다르타(석가)는 소위 행복이 보장된 왕가의 세자였다. 29세였던 왕자가 보장된 영화를 버리고 출가한 이유가 무엇일까. 생후 7일 만에 어머니를 여읜 슬픔에서 생로병사와 생의 무상을 보았고 춘경 식장에서는 농부와 소의 고통 모습이 들추어낸 벌레가 새들에 쪼아먹히는 만물의 생사와 고통에서 벗어나는 길은 무엇인가. 6년의 죽음을 무릅쓴 수행에서 모든 살아있는 것들이 생로병사를 거치는 동안의 고통에서 벗어나는 해탈을 깨달아 전수하기까지 위대한 포기의 실재를 제시한 우주의 주인이자 인류의 영원한 스승 불멸의 성인 석가모니 부처다. 예수는 또 누구인가? 예수는 이스라엘의 헤롯왕 때 유대 베들레헴에서 성모 마리아 부인의 몸을 빌려 하나님의 아들로 태어났으며 탄생 연도는 여러 설이 있으나 기원전 약 1~4년이라 가정한다면 약 2020여 년 전에 태어난 하나님의 아들이다. 당시의 시대 배경을 설명하자면 너무나도 방대하고 복잡하여 감히 정의하기 어렵지만. 다만 아담과 이브가 선악과를 따먹은 그 후예들이 현존하는 인류며 태초의 죄인이다. 하나님의 뜻에 반대하는 이교도들에 의하여 고통받는 인류를 구원하기 위하여 탄생한 예수가 이교도들의 폭력에 의해 십자가에 못이 박혀 죽었으나 하나님의 명에 의하여 부활하여 하늘에 계시며 예수가 죽음으로 인류의 고통을 대신한 살신성인 정신이 영원한 삶의 희망을 준 구원자이자 불멸의 성인이다. 이밖에도 인류의 유구한 역사에는 자신의 영달보다는 나 이외의 모두를 위하여 포기하는 용기와 결단이 아니었다면 인류의 현재는 얼마나 비참할까. 우리는 선각자들의 희생과 가르침이 참된 인간의 진리임을 존중하면서도 기피하는 모순을 의도적으로 묵인한다. 깊이가 없는 신지식인들은 앞서 거론한 세 성인들은 종교의 비조로서 인간의 윤리적 기본을 역설한 역사 속의 인물일 뿐 현대문명사에서의 절대적 지주이기는 하나 이미 과거사의 구습처럼 여기는 경향이 짙다. 전쟁에서는 승자를 찬양할 뿐 패자를 동정하지 않는다는 논리처럼 현대인들의 가치관은 옛날과 판이하다. 우리의 선조들은 우주와 자연의 섭리에 감사하며 남도 나와 같이 사랑하는 경천애인을 예의 기본으로 여겼지만 지금은 과학적인 이해가 앞서기 때문에 우주와 자연의 섭리는 어떤 원리에 의한 작용으로 변화를 이용하는 효과를 중시하며 사람을 사랑하는 것은 어떤 가치 창출의 기대에 의한 수학적 또는 과학적 분석에 의한다. 우주를 공경하기보다는 원리를 규명하여 인류와의 관계를 설정하고 사람을 사랑하되 이해관계를 계산하는 시대적 가치 변화가 개인의 자유와 인권 권리 보장이 현대사회의 엄숙한 법칙이면서 자신의 것을 덜어주려는 겸양과 희생의 문화가 퇴보하여 개인은 행복하여도 모두는 불행한 사회 현상이 우리 눈앞에 전개되고 있다. 인류가 탄생한 이래 다툼에서 다툼으로 이어져 오며 삶과 죽음이 교차하는 역사의 연속이 솔직한 현실이지만 과거와는 달리 물질문명이 풍요를 구가하는 현대에서는 아주 작은 양보나 겸손으로 배려하고 포용하면 우리 사회 평화는 멀리 있지 않을 것이라는 결론이다. 우리 민족은 남달라 반만년 유구한 역사 가운데 생사와 흥망의 위기를 가장 많이 겪는 파란만장한 고난의 연속에서도 선조들의 살신성인 정신으로 위대한 포기의 이타적 사상이 아니었으면 과연 번영된 오늘이 있었는지 깊이 성찰하여 우리는 나보다 모두를 현재보다 미래를 위하여 작은 나눔과 희생의 정신을 실현해야 우리답지 않을까, 사유의 창을 통해 세상을 관조하여 본다.

소신공양燒身供養

자기 몸을 태워 부처님께 바치다

불기 2542(1998)년 6월 27일 새벽 경기도 가평 땅 산고수려하고 역사 여여한 비경들은 곳곳이 보석 같고 짙은 녹음 사이를 흐르는 벽계수는 청량한 음성으로 수수천년 쉬임없이 흘러 만생명의 목을 축이는 경외로운 자연 속에 몸을 낮춘 감로암은 지친 영혼들을 맞기에 여념이 없고 처마끝 풍경 소리도 심산의 적막을 깨우며. 여명에 쫓긴 한 가닥 바람이 신선한 아침을 깨우는 사이 울창한 송림의 어깨를 뿌리치듯 다급하게 솟구치는 파아란 연기는 희대의 선사가 던져 버린 한 점의 육신이 성난 장작불의 화염에 휩싸여 타고 있는 희대의 역사가 엄숙히 진행 중이었다 아직도 떠나지 않은 영적 의식은 하늘이라도 격팔할 듯 솟구치는 화염에 미동도 없이 공양의 대를 지키는 대범하고도 불가사의한 법구의法驅 최후 그 장엄한 의식에 함축되는 최고의 희생적 가치는 무엇일까. 주인공은 세수歲壽 85세 법랍法臘 68세에 이른 대한불교태고종大漢佛敎太古宗의 원로선사인 이충담李沖湛 스님이다. 스님은 17세때 서울 왕십리에 소재한 승가사僧伽寺에 출가하여 용맹정진하며 신심이 남달리 돈독하고 덕행을 보시의 덕목으로 삼아왔다. 스님은 1996년 출간한 염불念佛의 서문에서 나의 몸을 완전히 불태워 부처님께 바치는 소신공양燒身供養을 통해 분단된 조국에 헌신한 영령들과 속박과 굶주림으로 고통받는 민족의 아픔을 혼자 지고 가겠다는 뜻을 밝힌 후부터 많은 제자들과 인연들의 만류에도 대쪽 같은 스님의 결심은 움직이지 않았다. 소신공양 일평생 기도와 보시를 통해 불국정토를 염원하며 광구중생으로 일관한 것도 모자란 듯 하나뿐인 자기 육신까지 조국과 민족의 고통을 더는 서원으로 부처께 태워 바치는 살신성인 그 위대한 포기와 희생을 누구라 감히 닮으려 할까. 그 영원불멸할 보시의 화신 앞에 한 자루의 촛불이며 한 자루의 향연이며 한잔의 맑은 차로 위로가 될는지. 아직은 의식도 미처 떠나지 않은 살덩이가 화염에 타던 살냄새 배인 그 땅도 정신적 수양의 성지가 되어 마땅하리라. 스님의 행동이 극히 자기중심적이라 할지도 모르지만 분단된 조국의 불행한 역사에 같은 혈통을 가진 민족이 동족상잔의 전쟁을 겪고서도 서로를 불신하며 대이어 서로의 가슴에 총을 겨누고 헤어진 가족을 그리워하며 기약없는 통일과 자유와 인권이 보장되는 세상다운 세상 한 많은 역사를 교훈 삼아 세계 제일의 통일된 부국강병과 문화대국을 염원하는 불타는 희망을 가슴에 묻어야 할지 노심초사하는 조국과 민족의 아픔을 혼자 지겠다는 숭고하고 위대한 사상과 신념의 헌신을 누가 감히 폄하하며 종교인의 신앙심에 의한 충동이라 하겠는가. 이것은 하나의 육신이 불타던 그 순간이 전 민족의 가슴속에 숨어 있는 양심적 신념을 대변한 한 장의 역사였음이 분명하다 하리라. 유명작가인 김동리의 소설 등신불等身佛에서 신라시대 고승의 소신공양이 소개된 이후 최초의 일이다. 과거에도 손가락의 끝을 태우는 공양 사례도 왕왕 있었지만 맑은 정신이 담겨 있는 한 생명을 손수 만든 장작더미에 올라 누운 채 기름을 붓고 불을 질러 미동도 없이 재가 되는 초인간적인 포기와 인내를 누가 흉내라도 낼수 있을까. 필자는 이 기상천외한 스님의 보시행에 충격을 받으면서 가끔은 부채를 지었다는 압박감에 양심의 선언이라도 해야 된다는 충동을 느낀 바 있다. 어찌 보면 현대사회 속에서 찻잔 속의 물결에 비유될 만큼 무관심과 냉대에 너무나도 가슴이 아픈 일에 이렇게라도 기억하면서 앞서간 영령들에게 같이하지 못하는 송구함을 표하는 게 옳지 않을까 스스로 위안을 얻어 본다. 현대인들의 자아상실과 가치 부재를 염려하는 차원에서 국가와 민족, 역사와 전통문화, 윤리와 도덕, 사회통념 모두가 자기 성취의 걸림돌로 여기는 고독하고 처량한 사회의 병리현상을 화급히 치유해야 하는 과제 앞에서 자신을 대의실현에 재물로 바치는 그것 말고도 나와 남이 같이 상생하는 공존공영의 방법이라도 깊이 성찰해야 한다는 호소면 어떨까. 학문은 단지 자기 성취의 수단만이 아니라 밝고 맑은 인류사회평화를 이루려는 목적도 함축되어 있음을 명심해야 옳다. 세상이 발전하면 사람이 살아가는 방법도 가치관도 시대조류에 부합하는게 맞다. 다만 우리의 근본인 자연과 나라와 민족의 일원으로서의 윤리를 벗어나서는 안 되는 것 아닌가. 경에서 이르는 말 수처작주하라 어느 때 어느 곳 어느 일에서나 그대가 주인이 되라. 항상 수혜자를 원하는 나약한 존재 의식을 청산하고 주도자의 위치에서 남을 위하여 헌신하는 자랑스런 향도자가 되라는 금언을 되새기며 다시 한 번 이충담 스님의 영전에 마음의 향촉을 바칩니다.

어머니의 달

낮달 보름, 밤달 보름날과 달 그리고 세월 맑은 날은 몇이고 궂은 날은 그 며칠이었던가. 아무리 마음이 아프고 괴로워도 세상은 누구의 슬픔 때문에 운행을 멈추지 않는다는 말에서 그러나 백 가지 근심 중에 한 가지 희망만 있어도 살아간다는 삶의 이유, 그 한 가지 희망이 어떤 것이냐는 선택하는 이의 자유이겠지만 어떤 철학자는 사람은 행복하기 위해서 태어난다 하였는데 그 행복은 어떻게 찾아 누리는 것일까. 그것은 어떤 몫을 갖기 위하여 자신을 바치면서도 몇 번이고 찾아오는 순간의 기회를 잡지 못하고 자연이나 절대자에게 애걸하며 되묻는 이가 많다. 철학적이며 정신심리학적 권위자들은 말한다. 행복은 손에 쥐어지거나 눈에 보이거나 귀에 들리는 게 아니라 자신을 부리는 마음으로 느끼는 것이라고 다만 쥐어지고 보여지고 들리는 것이라면 쉽겠지만 마음으로 느낄 따름이라는 말에서 변화무쌍한 사람의 마음의 머묾이 지난한 과제다. 나는 내 어머니가 살다 가신 반분의 세월을 회상하며 낮달처럼 맑고 연약한 여인으로 누구보다 감당하기 힘든 격랑을 거쳐 온 인고의 세월을 짐작하려는 자식으로서의 자책과 가슴 저린 의무감에 몸 둘 바를 몰라 떨리고 두렵다. 바람도 없는데 흔들리는 촛불 같은 손끝 빈산에 비 내려 꽃을 피웠지만 보아주는 이 없어 지나가는 비가 뿌려 고인 물그림자에 비친 자신을 보는 것처럼 독백에 젖으셨던 낮달 같던 내 어머니. 전주이씨 효령대군 자손의 후예로 몰락한 가문에서 태어나신 불운의 이영화 씨 사연은 확실하지 않지만, 비운에 몰락하여 빈곤하게 되면 세도가의 후손이라는 자존은 더 강해지는 것인지도 모를 일, 더구나 일제에 강탈당한 망국의 한에 지쳤던 모습에서 숨겨진 한이 깊었던 것만 짐작 되었을 뿐, 더 이상은 모를 일. 당신의 가문에 비해 지체가 낮은 집안에 출가는 하셨지만 인연 닿아 허락된 삶이었으니 스스로 만족하며 더러는 욕심으로 애써 구하려시는 마음은 없으셨던 고마우신 어머니. 옛일을 회상하면 범의 포효도 학의 울음소리도 곱고 호화롭게 꿈이었던 규수 방의 촛불도 낯선 바람에 꺼져버린 뼈저린 상실감은 못이 되어 가슴에 박혔을지라도 과거 때문에 현실을 버릴 수 없는 운명에 갇혀 낯선 산촌의 촌부로 정착했으면서도 진심 속에 숨었던 놀라운 내면세계를 내게 엿보이셨던 내 어머니. 어머니는 평생을 두고 새벽이면 청수를 받쳐 놓고 두 손 모아 비는 것이 몸에 밴 일과이었으니 어린 나이에도 나는 내어머니가 있는 한 어떤 일이 있어도 나는 불행하지 않을 것이고 죽더라도 어딘가에서는 나라는 존재를 다시 볼 수 있으리라는 믿음을 가졌었다. 어느 날 새벽이던가. 손끝이 허전하여 잠에서 깨어나 문살에 붙여진 조각유리를 통해 장독대 앞에서 기도하시는 뒷모습을 보는 순간 뜻밖의 광경을 목격하였다. 큰 장독 사이에 작고 허술한 단지 속에서 또 하나의 단지 뚜껑이 열리고 어머니 손에는 빛바랜 헝겊 천에 서툴게 그려진 태극기가 들려 나왔다. 잠시 살피는 듯 하시다. 바삐 제자리에 감추시는 광경에서 내 어머니는 자식의 어리광을 받아 주고 젖가슴을 내어주던 그 어머니가 아닌 특별한 분처럼 경외심이 생기는 것을 느꼈으며 나에게는 또 무엇인지 막연한 생각이 가로놓이는 것을 강하게 느꼈다. 당시는 일제 말인 1943년 내 나이 여섯 살쯤으로 짐작된다. 기억속에는 일본 관리들의 패망직전 모습은 악랄하리만큼 수탈과 탄압의 정도가 강해졌었다. 일본순사들이 옆구리에 찬긴 칼이 햇빛에 반사되면 그 눈부신 모양만으로도 공포감이 들던 살벌한 시기에 내 어머니의 담대한 일상은 특별하여 나는 아무 말도 한 적이 없다. 그 후 1945년 해방을 맞던 해 3월 나는 일본 소학교인 남성소학교 마정분교에 여덟 살이 되어 입학했고 두 달 후인 5월 어느 날이었다. 주막거리에 모여 무리지어 가는 등굣길을 얼마나 갔을까. 그중에 제일 나이가 많은 이상두라는 형이 신작로 모래 바닥을 발로 넓게 다듬은 후 나를 바라보며 "너는 글을 배웠지(한글). 글씨를 크게 쓸 수 있니?" 나는 얼른 상주머니에 든 곱돌을 내어 가지고 큰 글씨로 "일본은 진다."를 자랑스럽게 쓴 다음 주변 아이들을 둘러보았고, 무리지어 가던 아이들은 모두 놀라는 표정으로 나를 돌아보고 있었다. 약 3Km떨어진 갈색 양철지붕 소학교 2교시 시간이었던가. 일본인 선생님이 무서운 얼굴로 내 이름을 부르며 달려와 쉴새없이 손과 발로 사정 두지 않고 계속 때리면서 고함을 지르며 흥분하였다. 나는 영문도 모르고 매를 많이 맞았다. 구경하는 아이들에게도 무엇이라 소리를 지르면서 나를 교장실로 끌고 갔다. 그때 분교장님은 한국인인 김영철 교장선생님이었다. 이상두 형은 나보다 먼저 끌려와 검붉게 부어오른 얼굴을 감싸고 울고 있었다. 교장선생님이 무겁게 입을 여시면서 "이놈들아 너희들은 아직 아무것도 모르니 아무 말도 하지 말아야 한다."면서, 고개를 돌린 채 집으로 돌아가라며 나가셨다. 무거운 얼굴을 감싸고 집에 돌아와 보니 나를 기다리던 아버지는 빙그레 웃으시고 어머니는 내 얼굴을 감싸며 많이 우셨다. 일본 관리들은 심지어 어린것들의 언행까지도 감시했다. 이 사실을 보고 받은 주재소에서 두 집의 아버지들을 연행하여 조사하였고 영문도 모르는 두 아버지들은 당황하였다. 그 과정에서 우리 동네 출신인 임씨 성을 가진 본면의 면장이 우리 아버지들의 지인이라서였는지 아이들의 소행으로 간주하자며 왜경들을 설득하여 없던 일이 되었다고 하였다. 나는 평소 어머니가 혼잣말처럼 낮은 목소리로 부르시던 〈목포의 눈물〉, 〈타향살이〉가 다시 상기되었다. 어느 운수납자는 혼탁한 세상 학 같은 선비는 아득히 날고 들녘의 농부는 조용하고 지혜롭지 못하지만 어리석지도 않았다네. 라는 글에서 내 어머니의 학 같던 인품, 내 아버지의 농부 같은 인품을 떠올려 보았다. 석달 후 8월 15일 감격의 해방 소식에 동네마다 해방만세 독립만세 산천이 터질세라 외치던 열광의 환호소리며 내 어머니와 아버지가 부둥켜안고 기뻐하던 모습을 생전 처음 보았고 서툴게 그려진 내 어머니의 태극기도 그때서야 확실한 모습을 자랑스레 드러내 보였다. 어머니가 소원하시던 영광스런 명리와 영화는 구름인 듯 갔어도 나라의 회복은 보셨던 어머니. 나의 영원한 고향이고 평생의 절대자셨던 내 부모 두 분은 자연과 더불어 쉬시다 왕생하시겠지만 두분의 하늘같은 은혜는 갚을 길 없으니 오늘도 아버지 산 위에 떠 있는 어머니의 하얀 달을 이 자식은 하염없이 바라본답니다. 자식의 잘못을 꾸짖으시며 종아리를 때리던 매로 당신의 종아리에 자상을 입히시며 분수에도 없는 벼락출세 일확천금에 눈이 멀어 방황해도 우물가에 둔 자식처럼 노심초사하시던 어머니, 불효죄에 약이 된다면 몸 살라 바치련만 어머니의 사랑과 소망을 외면한 못난 자식 팔에 안긴 채 한 많은 일생을 마치신 어머니 마지막 유언은 못난 자식이라는 한 맺힌 원한. 나는 내 어머니를 달에 묻었답니다. 잊을세라 모를세라 마음 조이시는 어머니 낮과 밤, 번갈아 살피시며 밤을 잊은 내 어머니의 달.

인격빈곤시대人格貧困時代

품격을 갖춘 인재가 드문 시대

사람을 가치로 따지는 것은 평등 원리에 어긋나는 발상이겠지만 부국강병과 사회평화를 지향하는 보편화된 국제질서 속에서는 정치적 주의주장과 함께 병행되는 시책일 뿐 아니라, 인류사의 과제이며 개인의 소망이기도 한 가치관이라 하여 크게 어긋남이 없지 않을까. 여기에서 말하는 가치價値의 기준은 공적인 영역에서 필요로 하는 품격을 가진 인재人材 즉 인격자人格者를 말하는 것이다. 이를 확대 해석해서 되풀어 말한다면 우리 대한민국은 6 · 25전란 후 황폐한 국력과 절망 속에서 세계인의 동정 어린 눈길과는 달리 최단기간에 눈부신 경제성장과 민주화를 성공시키는 한강의 기적이라 불리는 신화 창조국이며 신문명 세계라 일컫는 21세기를 맞아 세계10대 교역국이자 세계 제일의 교육열을 대변하듯 각종 기술 분야 경쟁에서 뛰어난 재능을 발휘하는 인재人才가 넘치는데 여기에서 무엇이 더 필요하겠느냐고 반문한다면 무엇이라 대답해야 정답일까. 세상에서는 유구한 역사가 흐르는 동안 헤아릴수 없이 많은 국가들이 명멸하여 갔지만 하나도 빠짐없이 모두가 부국강병을 최고의 가치로 여기며 불멸의 의지를 불태웠음은 불문율이었으리라. 그러나 그 명멸의 역사 뒤에는 반드시 과유불급의 왕도를 지키지 못한 실책이 있었음을 감지하게 된다. 넘침은 오히려 모자람만 같지 못한 실증적 사실에 눈감는 오만과 독선을 지적하는 말이다. 나라마다 바라 마지않는 영원불멸의 부국강병은 자연과 환경적 조건이 전제되지만 그에 더하여 중요한 것은 인적자원人的資源이다. 모든 국민이 풍부한 학식과 덕망을 갖춘 능력있는 인재人材거나 목적하는 분야에 새로운 발상이나 뛰어난 재능을 가진 인재人才이기를 바라는 것은 국가 경영의 목적이며 수단이다. 가능하면 적어도 세상에 떳떳이 서서 최고의 위상을 지키려는 나라에서는 인재人材와 인재人才를 고루 갖춤을 전제의 조건前提條件으로 삼아 전 국민 지성화교육 실현은 당연한 정책인 것이다. 이러한 전제되는 조건의 완성은 어디에서 오는 것인가. 세상에서 우연으로 얻어진 것은 우주 속에 존재하는 나와 내가 사는 나라와 자연환경뿐이다. 나라다운 나라에서 삶답게 살아가는 수단은 타고난 천성을 승화하는 교육과 자기

수양을 통한 도덕적 지성의 완수라 할 수 있다. 유교경전인 대학의 제 일장에서 크게 배우는 바의 목적은 본래 타고난 밝은 덕을 더욱더 밝히는데 있으며 더 나아가 같이 살아가는 타인과의 친교는 물론 그 관계를 돈독하고 새롭게 상생하는데 있으며, 저마다 지극히 옳은데에 그쳐 유혹에 미혹되지 않고 동요하지 않는 옳음에서 그치는 것을 강조하였고, 중용의 머리글에서는 기쁨과 노여움과 슬픔과 즐거움이 아직 행동에 나타나지 않는 심리적 상태를 천하를 살아가는 큰 근본이며 우주의 섭리를 존중함과 같이 일과 사람이 화해와 화합의 원리를 완성하는 것은 천하를 살아가는 바른 지혜를 통달한 원리라 하여 중화中和의 정신을 강조하였다. 앞서 기술한 대학의 궁극적 도道는 수신제가치국평천하의 완성이라 할 수 있다. 우리는 왜 문화적 경제적 풍요 속에서 맑은 공기 마시며 자유롭게 활보하는 영광에 만족하지 못하는가. 만족할 줄 알아야 하는 수양의 부족인가, 인내심의 한계인가, 부조리한 사회의 탓인가, 아니면 모두인가. 우리에게 보편화되어 가는 의식의 한 축은 성급한 열매 의식이다. 제각기 자기의 마음밭에 목적의 씨앗을 뿌리고 정성들여 긍정적인 희망을 가지고 가꾼 후에 그 열매에 만족하는 심전경작心田耕作의 진리를 망각하고 손쉽게 얻는 좋은 열매만을 추구하며 뜨물도 들기 전 벼이삭을 뽑아 올리는 어리석고 조급한 기대심리로 실패와 좌절을 자초하는 악습이 만연하여 뜻있는 이들이 좌불안석하는 조급 문화와 윤리와 도덕은 사치와 향락에 자리를 양보하고 적자생존이란 수단 앞에 승자만이 추앙받는 세태 속에서 인간이 지켜야 할 인륜적 기본 덕목인 부자유친, 군신유의, 부부유별, 장유유서, 붕우유신에 이르는 전통문화는 자유와 인권. 출세의 의욕을 가로막는 장애며 구습이라 천대하고 자신의 탐욕과 성냄과 수치심을 무시하는 그릇된 문화에서 자식이 부모를 부모가 자식을 신하가 임금을 임금이 신하를 제자가 스승을 스승이 제자를 탐욕의 도구로 삼는 악습이 사회평화를 저해하기 때문에 사회통합을 통한 부국강병과 사회평화의 행복에 갈증을 느끼며 반목과 갈등 속에서 자제력을 상실한 채 도리나 이치에 맞지 않는 분노 표출이 일상인 양 예사로 여기는 부끄러운 자화상을 화급히 지워야 한다. 옛 선비들은 난세에는 출세를 평상시에는 지나친 부유를 부끄러이 여기며 배운 이는 덜 배운 이에게 높은 자리는 낮은 자리에 가진 이는 못가진 이에게 선의로 지도하고 나누며 양보하는 미덕을 학문을 통한 덕치와 인의의 목적으로 삼았다. 우리 대한민국이 처한 역사적 현실적 환경은 세계에서 단 하나뿐인 특징을 가지고 있다. 바로 분단되어 대치하고 있는 안보적 환경이라는 불변의 부채를 지고 있는 것은 분단의 상처를 치유하는 평화적 남북통일이지만, 고착된 골이 너무 깊고 현실적인 세계질서에서도 독자 생존이 자유롭지 못한 운명의 역사에서 절치부심할 과제는 개인이나 집단의 성공이 아니라 우리 국민들은 남달리 투철한 국가관과 정의감은 물론 살신성인하는 충정의 용기 정신 등 고른 인격과 자격을 갖춘 인재人材 양성에 역량을 기울여서 미래세대를 빛낼 격 높은 민주시민 양성에 매진해야 한다. 어느 학자는 논고에서 지식인가 난적인가 라는 화두를 던지며 올곧은 지식인은 항상 중용과 정의의 진리를 견지하며 유리하다고 자만하거나 불리하다고 비굴하지 않으며 어느 쪽에 둥지를 틀지 않고 정도의 중립에 서서 이 나라 이 민족의 미래를 위해 사자같이 포효하는 충정으로 지식인으로서의 자존을 지키려는 신념으로 일관하지만 지식을 권세와 부의 수단으로 삼으며 곡학아세하는 무리들은 국가와 역사 앞에 정의를 훔치는 도적에 비유하였다. 날이 새면 지상에서나 화상에서나 범죄와의 전쟁으로 일과를 소비하는 부끄러운 현상들은 최고의 지성이라 자랑하는 이 나라의 지식인들이 과연 이 나라 안보를 책임지고 국민이 안심하고 자리를 지키는 사회 평화를 통해 민족의 염원인 평화적 조국통일의 주역이라 믿어도 될는지. 무한경쟁의 살벌한 국제질서 속에서 대한민국의 자존과 통일의 주역이 될 역량제고와 국민이 하나 되는 위대한 일치단결의 과업의 성공적 대안으로 믿어도 될는지. 온 국민이 진정한 인격체로 하나되어 세계 속의 통일 한국 위상을 드높일 인재의 풍요를 염원하여 마지않는다.

장자의 만물제동莊子萬物諸同

우주만물의 근본원리는 하나다.

장자莊子는 기원전 4세기경 중국 춘추전국시대 송나라宋에서 태어나 활동한 중국 도가 초기의 뛰어난 사상가道家思想家다. 그가 저술한 《장자》는 도가의 시조인 노자道家始祖老子가 쓴 것으로 알려진 《도덕경道德經》보다 더 분명하고 이해하기 쉽게 썼다고 한다. 또한 장자의 사상은 중국 불교佛教의 발전에 많은 영향을 주었으며 그 밖에 중국의 산수화와 시작山水畵 始作에도 많은 영향을 주었으며 남화진경南畫珍景이라 하여 수많은 학자에게 많은 사상적 영감을 준 인물이다. 송나라에서 태어났지만 초나라 위왕魏王 시대에 활동했으므로 공자에 버금가서 아성亞聖이라 일컫는 맹자와 같은 시기에 활동한 대사상가로 노자의 사상을 전수하였으나 장자 자신이 다룬 주제가 훨씬 광범위했다고 전한다. 장자는 자신의 문학적 철학의 천부적 재능天賦的才能을 발휘하여 유가와 묵가儒 默 家의 가르침을 반박하는 대담하고도 큰 도량을 가진 학자로 어부와 도척과 거협 등을 썼으며 자신의 상상으로 지은 〈외루허畏累虛와 항상자 亢桑子〉의 저자로도 알려졌다. 필자는 장자라는 대철학자 사상가로서 광범위한 영역에서의 심오한 근본을 규명하며 중국 천하를 하나의 도덕의 영역으로 통일한 아성에 도전했던 당당한 학술과 용기는 가히 특출한 현자였음을 인정하며 탄생에서부터 세상을 자기의 관해한 견해로 규정하기까지 그의 한 생을 통한 특이하고도 놀라운 이력에서 인간이 가질 수 있는 능력의 무한함을 새삼스럽게 느끼면서 필자의 소년시절 장차 성장하여 세상에 나갈 때는 망설이는 소심을 버리라고 당부했던 어느 지사地師의 충고를 회상하게 된다. 실재로 나는 어떠한 과제 앞에서 그 과제의 시작과 끝을 예측하며 소신껏 개척하여 성공해본 경험은 별로 없이 눈앞에 닥친 과제를 놓고 체중이 감소하도록 고민을 하다가 결론을 얻지 못하고 시간이 해결 한 결론을 답으로 생각하며 살아오다 보니 완벽한 자아상실의 장본인이라는 불행하고 불명예 스런 삶의 끝이 보일 지경에서야 좋은 충고의 울림에 머리를 감싸는 회한을 느끼며 부끄러움을 감출 길이 없었다. 허물을 무릅쓰고 글을 이어가기 위하여 장자의 사상적 화두 가운데 천운天運이라는 물음에 답한 내용을 소개하고자 한다. 첫 번째 상황이란 무슨 뜻인가이다. 먼저 우리가 살아가는 땅은 가만이 있는데 하늘이 스스로 돌아가서 밤과 낮도 사계절도 만드는 것일까. 땅은 언제나 조용히 머물러서 만물들은 제자리에 서 있고 물은 흐르던 대로 흘러가는가. 그렇지 않다면 이를 누가 있어 정해진 운항을 주장하는가. 그런가 하면 누가 있어 우주 자연의 운행을 통할하는 것일까. 또는 누가 편안히 앉아 이 불가사의한 우주의 운행을 명(명)하는 것일까. 혹여는 아무도 알 수 없는 어떤 근원적 원심력遠心力을 가진 것인가. 구름은 스스로 풀려 비가 되고 비는 스스로 올라가 구름이 되는 것일까. 그렇지 않으면 어떤 이가 있어 장난 삼아 구름을 일으키고 비를 내리게 하는 것일까. 또한 바람은 북에서 생겨 동서남으로 불고 혹은 그냥 하늘을 맴돌기도 하는데 그것은 과연 어떤 것(주체)이 있어 뿜고 빨아들이고 어느 누가 있어 편안히 앉아 작용하는 것인가. 이와 같이 위대한 우주의 진리에 대한 화두의 답이 궁금하여 무당인 함소에게 물으니 하늘에는 육극과 오상(六極五常, 지극히 합당한 여섯 가지 섭리의 힘과 다섯 가지 인륜의 덕. 더 이상의 해석을 밝히지 못함)이 있어 제왕이 그것에 따라 나라를 다스리면 천하가 순치될 것이요 그것을 역행하면 천하가 어지러워질 것이다. 구락지사 치산치수 천지자연의 순리의 일에서 다스림이 이루어지고 덕이 갖추어져서 천하를 두루 비추게 되면, 천하가 모두 떠받들게 될 터이니 이를 가리켜 상황이라 하는 것이다. 필자의 소견으로 상황이란 천하를 다스리는 황제는 무릇 우주의 운행이 오묘하여 불가사의한 의심의 중심으로 있으되 그 운행이 나타내는 경이로운 현상을 인간이 이해하게 정립하고, 자연과 인간이 공존하는 일원사상(一元思想, 즉 만물의 근원은 하나라는)을 존중하여 경천애인敬天愛人의 도리를 완성하는 이를 세상에 으뜸인 황제로 인정한다는 뜻이라 이해한다. 세상의 성군 가운데 하늘을 섬기고 땅을 섬기지 않고 추앙받는 제왕은 없었음이 이를 증명한다. 현대에 이르러서 인류 세계 구성의 조건인 하늘과 땅과 인간인 천지인天地人을 그냥 주어진 여건으로 여기며 자신과 명리에만 힘써 이루면 되는 것처럼 여기는 어리석음이 세상을 어지럽히는 것임을 깨닫는 이는 적다. 인류역사의 시원부터 천지인의 존중보다 생명과 욕망의 성취가 우선하는 가치관이 대를 이으며 가장 현명한 이상의 전통처럼 이어오는 동안, 차차 그 가치 그 밖의 가치판단이 잘못 되었음을 인식하며 나와 욕망성취가 우주자연의 섭리에도 인류평화의 원리에도 떳떳하지 못함이 규명되어 있으니 현대에 이르러 완전히 규명된 진리를 믿음이 옳지 않을는지. 역지사지하여 오랜 역사가 내린 정도를 지킴은 남이 아닌 내가 수행의 당사자로 여김은 누구나 선택해야 할 사명이기도 하지만, 나라를 다스리는 이들이야 일러 무엇하리요.

시민정신市民精神

자유평등 박애 등 도덕적 시민정신

시민정신이란 시민사회의 근본정신인 자유와 평등 박애를 도덕적 이상으로 삼는 시민혁명을 통하여 이룩하려는 시민계급사회의 기초 정신이다. 이와 같은 시민정신의 발원은 고대 아테네 시민정신에서 찾게 된다. 고대 그리스의 도시국가들 가운데 가장 찬란한 문화와 민주주의를 꽃피웠던 아테네는 기원전 800년경에 부족집단에 기반을 두었던 촌락 공동체로 생성되었다. 그 후 인구와 교역이 늘어나고 자국 방위의 필요성이 증대하자 시민과 시장을 외적인 요인으로부터 보호할 목적으로 성을 쌓아 도시국가를 형성하였다. 전성기의 아테네는 크기가 현재 서울의 4배쯤 되었고 인구는 약 40만 명이었다고 한다. 기원전 8세기 중엽까지는 왕정 체제로 7세기에는 귀족과도 정치 6세기에 와서 비로소 민주

정치가 자리를 잡게 되었다. 이러한 장구한 정치 변화를 거친 아테네는 기원전 4세기경에 이르러서 민주주의가 완성되어 무려 32년간이나 집권한 페리클래스도 최고 입법 및 행정관이었지만, 최고집행위원 10인과 함께 시민대표로 구성된 민회에서 매년마다 1년임기로 재선출되어야 했다. 아테네가 경제적 부와 문화적 발달과 함께 민주주의를 정상에 올려놓고 페르시아와 지중해를 제압할 수 있었던 힘은 부패하지 않은 민주적인 지도자가 있었고 막강한 군사력과 위대한 시민정신 '노블레스 오블리주'(즉 높은 사회적 신분에 상응하는 도덕적 의무로 초기 로마시대에 왕과 귀족들이 몸소 실천했던 투철한 도덕 의식과 솔선수범하는 공공정신에서 비롯된 사명감)의 실현이 있었기에 가능하였다. 더 나아가 기회와 소득의 균형 빈부와 계층 간의 상호 존중과 신뢰 등 사회정의가 성공의 조건이었으리라. 페리블레스시대의 시민정신과 시민의 이상은 먼저 우리는 아름다움을 사랑하지만 사치하지 않으며 지혜를 사랑하지만 나약한 의지에 빠지지 않는다 하였다. 아름다움은 누구나 추구하는 바지만 아름다움 그 안에 내재한 존재의 미는 따지지 않는다. 사람들은 차라리 아름다움이 추구하는 내면세계에 숨은 깊은 뜻은 무시하고 눈부신 면만 채택하는데 익숙하여져서 화려함을 닮아 보려고 노력하여 어떤 지출도 망설이지 않는 낭비적 우를 범하지 않으며 지혜란 사람의 슬기로서 인류문명의 주력이지만 실천의 용기와 노력의 인내 그리고 절차탁마하는 세심한 주의가 뒷받침되어야 성공하는 인간의 영감이자 능력이라는 진리를 터득해야 한다. 그러나 지혜의 힘을 믿고 잘못 쓰면 일의 실패를 자초하여 쓰지 않음만 못할 때도 있다. 다시 말해서 인간의 지혜가 아무리 명석하여도 우주 자연의 섭리를 지배하지 못한다. 여기에서 나약하지 않다는 것은 바로 여기에 있다 할 것이다. 두 번째는 우리는 경제적인 부를 개인적인 과시의 수단이 아니라 사회봉사를 위한 자산으로 사용한다 하였다. 여기에서 경제적인 부는 개인이나 국가가 추구하는 제일의 목적이기도 하지만 부라는 것은 누구에 의해서 되지만 누구의 독단적인 산물은 아니다. 이 세상에는 인과응보의 원리와 상대성이 존재한다. 그러므로 부의 시작은 의도하는 주체와 되어지는 상대의 물리적 결합의 결과이기 때문이다. 이와 같은 행운을 개척한 사람은 소유할 수 있는 권한은 있어도 흩어지는 것을 막는 권한은 없다. 그 뜻은 부란 누구의 것으로 정해진 바가 없기 때문이다. 부라는 것은 나눔으로써 유지할 수 있는 것이어서 부를 과시하는 것은 덜림을 불러들이는 것과 같다. 진정한 부는 누리는 것이 아닌 나누는 것이어야 부의 가치가 빛나는 것이다. 세 번째 우리는 가난을 수치로 여기지 않으며 그것을 극복하려는 노력이 없음을 수치로 여긴다 하였다. 그러하듯 가난을 수치로 여기는 것은 그 사람은 가난을 면하려는 의지보다는 자신은 가만히 있어도 복이 굴러 오지 않는 것을 원망하는 사람이다. 세상에는 노력 없이 얻어지는 것은 가난과 죽음뿐이다. 청빈한 사상으로 가난을 떳떳이 여기는 것은 낙도라 하겠지만 가난을 못 견디며 면치 못 하는 것은 자학이고 죄악이다. 네 번째 우리는 개인적인 일뿐 아니라 공적인 일에도 참여해야 한다고 믿는다. 정치에 참여하지 않는 시민은 무관심한 자일뿐 아니라 그 사회에서는 쓸모가 없는 자로 간주되기 때문이다. 이 사회에 쓸모가 없는 사람이야 어디에 있겠는가 만은, 적어도 시민이란 인식을 가진 사람이 사회 구성원임을 거부하고 독자생존을 시도하거나 부정하는 사람은 아무런 권리를 행사할 수 없는 생명 없는 육신이나 다름이 없다. 만일 자기에게 직접적인 혜택이나 영향이 없다는 이유로 사회참여를 기피하는 것은 시민사회 구성원의 자격을 스스로 포기하는 것이다. 아름다움을 사랑하지만 사치하지 않는 검소함과 경제적인 부를 자신이 아닌 사회봉사의 자산으로 여기는 자비로운 겸양과 가난보다 극복의 의지 부족을 수치로 여기는 창의적인 용기와 사회참여를 통하여 공존공영의 대의를 존중하는 민주시민 정신이야말로 현대를 살아가는 우리들의 사명의식이자 자랑이 아닐 수 없다. 한때의 명리나 행복을 위하여 자신의 전부를 바치는 것은 먹이를 훔쳐 모르는 곳에 숨기는 동물들의 생리와 무엇이 다르겠는

가. 사람은 세상에 태어나는 축복만큼이나 사명을 마치고 떠나는 죽음까지도 그와 같기를 위하여 자신을 닦는 것이 값있는 일생이 아닐까. 다시 한 번 흘러간 역사가 제시한 교훈이지만 자아에 매몰된 현대사의 적폐를 청산해야 미래가 있다는 뜨겁고 큰 울림으로 되살려 볼 일이 아닌가 깊이 사고하여 보는 바이다.

만일의 역학

혹시 그럴 경우 작용하는 물리적 힘

마음을 놓을 수 없는 상태, 안전하지만 위험의 소지가 전연 없지 않은 불안한 상태를 말한다. 인간의 삶이 겪는 생사와 승패 행복과 불행 등 분초에도 엇갈리는 결과의 파장은 엄숙하다. 불경에는 찰나에 살라는 가르침이 있다. 항상 만에 하나를 염두에 두고 유비무환의 지혜로움으로 살라 만에 하나의 작용으로 해를 입으면 반드시 사람이나 세상을 원망하는 마음이 생기게 되기 때문이다. 무심코 흘러 보내는 촌음의 시공도 상상할 수 없는 결과의 위력을 가지기에 중요한 것이란 뜻이다. 언제나 그랬듯이 우리의 삶은 변함이 없다. 옛글에 복은 내 것으로 만들 기회를 잃으면 두 번 다시 구할 수 없으며 내게 닥친 재앙은 내 힘으로 극복하지 않으면 요행으로 변할 수 없다면서 사람은 항상 잃을 것을 전제하는 경계심을 가지라 하였고 유가의 대학자인 주자는 사람의 일생을 십분하여 후회함을 없게 하라는 십회훈을 남기기도 하였다. 필자는 만에 하나가 실제 현실로 작용한 사례를 찾아 보려 하였다. 1914년 6월 28일 보스니아의 사라예보 하늘에 울려 퍼진 한 방의 총소리가 세계의 역사를 바꾸는 최초의 세계대전으로 비화하여 인명과 재산은 물론 오랜 역사를 통하여 이룩한 눈부신 문화가 잿더미가 되고 서로가 서로를 원망하고 불신하며 또 다른 분쟁의 불씨를 남기지 않았는가. 당시 오스트리아의 프란츠 페르디나트 황태자는 총격을 받기 전에 먼저 폭탄 테러를 당했으나 공교롭게도 자동차의 포장 덕분에 무사했고 경호하던 시종이 부상을 입어 병원으로 실려갔다. 황태자는 부상당한 시종을 문병하기 위하여 가는 도중 길을 잘못 들어 뜻하지 않은 총격에 피살되고 말았다. 만일 황태자가 병원이 아닌 숙소로 향했더라면 제1차세계대전은 일어나지 않았을지도 모른다. 우리에게는 어느 때보다도 다사다난하고 대내외적으로 정치와 경제 안보적 불안을 겪고 있다. 역사상 처음으로 현직 대통령이 탄핵으로 물러나는 실로 수치스런 일이 벌어져 세계만방에 대한민국의 민낯이 드러나는가 하면 설상가상으로 북한의 탄도미사일과 핵실험을 통한 호전본색으로 세계가 우려하는 전쟁 기미로 당사국인 우리나라의 안보상황이 일촉즉발의 위기에 처하면서 정치경제 사회적으로 혼란 속에 빠져 마치 사면초가의 형국을 방불케 하고 있다. 이와 같이 만에 하나의 그럴 경우를 눈앞에 두고도 안보에 대한 불감증은 가히 병적일 만큼 둔감한 것이 심히 우려되는 현상이다. 우리나라는 반만년 역사 가운데 통계로 보면 수백 회의 외세침략이라는 실로 파란만장한 생존의 역사 속에서 언제나 만에 하나를 대비하는 유비무환에 게을리하며 수없이 경험한 민족이다. 인접대륙은 물론이고 현해탄 건너 호전세력들의 호시탐탐 기회를 엿보고 있을 때 현명한 우국대신들은 침략의 징후를 예견하고 조정에 강병론을 주장하며 내치에 앞서 외치의 강화를 주장했지만 아첨하는 관리들은 왕과 조정의 심기 불안과 백성의 동요 불안이라는 상식에도 맞지 않는 이유를 들어 현실 유지에 급급하며 외세의 야망을 보고하는 신하들의 입을 막기 위하여 무고한 귀양살이나 심한 경우 역모쯤으로 취급하는 악습이 이어졌고 우국대신들의 예언은 현실로 다가왔던 예가 적지 않았다. 왕가의 심기나 기득권자의 자리가 국가와 국민의 생사에 우선했던 부끄러운 역사가 지금도 예외는 아닌 듯하다. 수많은 호란과 임진왜란이 그랬고 치욕의 한일합방에 의한 일제 삼십육 년이란 망국의 역사와 6.25남침이 그러했다. 세계사적으로도 세계 제2차대전 그 밖의 국제분쟁 역사도 국민이 하나되는 일체감, 만일에 대비하는 유비무환의 자세가 헤이해질 때 어김없이 일어나는 일상같은 환란이었다. 우리는 세계사적으로도 예가 드문 안보적 경험이 많은 나라다. 특히나 분단의 아픈 역사에도 불구하고 동족이 적이 되어 피를 쏟아내고 국토와 국민이 만신창이가 된 전화의 잿더미 속에서 경제부흥과 민주주의를 이룩한 저력에도 불구하고 안보 불안에 시달리는 현실을 진단하는 것은 그리 어렵지 않다. 몰론 일제로부터 해방되기까지 주변 열강의 이해관계에 의해 타의에 의한 광복을 맞은 대신 조국분단이라는 최대의 불행도 병행되면서 아직도 우리 국가의 안전이 보장되지 못한 상태이긴 하지만, 우리가 건재해야 통일된 조국도 세계 속의 한국도 가능하다. 운명은 설마에 맡길 수 없는 우리 자신의 몫이다. 지난세기 말 중동의 칠일전쟁이라 불리는 역사는 우리에게 시사하는 바가 적지 않다. 인구 삼백만에 불과한 이스라엘 민족이 인구 일억 명인 이집트인의 전의를 꺾은 것은 민족의 생존에 사활을 거는 이스라엘 민족의 일체감이었다. 그것은 남의 역사이기 전에 우리가 본받아야 할 타민족의 우수한 정신이다. 우리는 유구한 역사 속에 평화보다 분쟁이 긴 영욕의 길을 걸으면서 뜻있는 선열들의 살신성인 실천에 힘입어 오늘의 우리가 있음을 잊을 수가 없으며, 잊어서도 아니되는 애환의 역사를 가진 민족이다. 우리의 현재는 어렵게 이룩한 세계 속의 한국이다. 이 땅에 다시는 불행이 없기를 바라면서 오천만이 하나가 되어 유비무환의 안보 철칙에 게을러 겪었던 민족의 한을 절치부심하여 뼈에 새겨야 한다. 우리는 현재에 만족하거나 안주하려는 방심은 버려야 한다. 내가 아니면 안 된다는 의무감이 절실히 필요한 시대다. 세계질서는 냉정하다. 동맹이나 혈맹도 내가 앞장서지 않으면 모두가 방관자가 된다. 생존도 행복도 나 스스로 지키고 개척하지 않으면 누가 대신하지 않는다. 이 나라는 우리만의 나라가 아니다. 천추 흘러도 이 민족이 대 이어 살아가야 하는 우리의 모국이다.

사대의 통사事大의 痛史

큰 나라를 받들어 섬기던 굴욕사

사대주의란 힘있는 나라를 받들어 섬기던 약소국들의 굴욕의 역사다. 특히 중국은 천자와 제후 관계를 유지하는 군주 계급사회로 대국이 소국을 지배하는 천자에게 통치 권한이 있었다. 작은 부족들은 제후국에 속하게 되고 제후국은 천자의 통치를 받게 되는 천하가 천자제국인 셈이었다. 우리나라는 대국인 중국과 국경을 마주한 최인접국인데다 국토가 왜소하고 인구가 적은 이방소국으로 취급되며 내정간섭을 일삼아 받아왔다. 중국 · 북경의 천안문 광장 서편 숲으로 둘러싸인 곳에 옛날 습례정習禮亭이라는 간판을 단 팔각정자가 있다. 각국의 고위관리나 사신들이 천자를 알현하기 전에 그 까다로운 절차와 예의를 익히기 위한 그야말로 사대의례연습장事大儀禮演習場이란 별난 장소다. 그 안을 들여다보면 황제만세만만세皇帝萬歲萬萬歲라 쓰인 푯말을 상석上席에 앉혀 황제를 대신케 했으며 그 정자 앞에는 천자의 정전政典처럼 품계석을 세워 놓았다. 특히 이방(화국)인 조선의 사신이 오면 맨 끝인 구품석에 서서 나무 푯말을 향해 세 번 무릎을 꿇고 아홉 번 머리를 조아리는 굴욕적인 삼궤구고三軌九考라는 예를 연습시킨다. 참으로 굴욕적인 힘의 횡포다. 인사란 대등할 때 양편 자세가 평등하고 굴욕적일 때 높낮이가 벌어진다. 삼궤구고는 그 높낮이를 최대로 벌여 놓은 최고의 굴욕인사다. 우리나라는 이와 같은 최악의 굴욕 인사를 통과의례로 여기며 종하여 왔으니 얼마나 비참했을지 짐작이 간다. 당시 영국의 사절英國使節 메카트니라는 사람은 열하 땅에 피서차 가 있는 건륭제를 뵈러 갔었는데 세상이 넓은지 모르고 이 사절에게 삼궤구고의 예를 요구하였다. 그러자 메카트니는 비록 무역 개선에는 실패했지만 끝내 이 굴욕적인 예를 거부하여 자기네 영국의 체면과 주체성을 지켜냈다. 물론 조선은 영국과 달리 위치나 문화적 경제적 사정이 크게 다른 점은 있다. 수없이 많은 우리나라의 역대 사신들이 이 굴욕적인 알현 예를 강요받았으면서 이 통과의례를 치르지 않을 수 없는 비통함을 개탄하는 심정을 담는 글 한 줄도 남긴 바 없다. 왜 그랬을까. 필자가 전제한 바와 같이 우리나라는 강 하나를 사이에 둔 인접국인데다 국력이 약하다 보니 자칫 비위를 건드리면 나라의 존망이 위태로워 감히 엄두조차 못내는 열등의식이 배어 있었기 때문이다. 생각을 더한다면 수많은 굴욕을 당하면서 안으로는 와신상담, 언젠가는 비굴함을 벗고 주권국가로서 함부로 넘볼 수 없는 힘을 길러야 겠다는 야심찬 계획보다는 희생을 피하고 자기 안위를 위하여 자포자기하는 무사안일한 정책을 고수하는 터에 뜻이 곧은 사신이라도 자칫 자기 소신을 함부로 피었다가 나라의 환란이라도 나서 역사의 죄인이 되느니 자신을 굽히는 그런 일도 없지는 않았으리라. 불의를 접하면서도 항거할 수 없는 약자의 설움이라니 불타는 가슴을 잠재우는 뜻이 곧은 이들의 의분을 누가 위로하였을까. 하늘이 원망스러워도 이는 인간사요 나라의 현실이었으니 누가 어찌 하겠는가. 그 시대에는 중국에 공식적인 나들이를 하는데 그 나라의 담당 관리는 물론이고 심지어는 문지기나 가마꾼에 이르기까지 조선에서 온 관리나 사신의 일행을 얕보면서 발만 떼면 돈을 요구하는 것이 관례가 되어버렸다. 가장 좋아하는 뇌물은 조선 종이와 청심환이라, 이런 물품을 건네지 않으면 아무 일도 볼 수가 없었다니 그들의 부패한 관료사회보다 우리나라의 무력한 국력이 훨씬 더 참담한 현상이 아닐 수 없는 일이었다. 소위 한 나라의 관리들이 타국 하수인들에게 뇌물을 바쳐야 운신하는 비참함이라니, 그러고도 안으로는 서슬 퍼런 왕조의 영을 세우려 하고 이를 옹호하며 영예롭다 여기던 선조들의 야속한 무명 세계가 한없는 연민을 느끼게 한다. 적국 황제의 말 한마디에 왕가의 운명이 좌우되고, 황제의 사신 일행이 행차하면 금은보석과 비단과 명품들이 나라 창고를 비워야 하고 칙사 대접에 국력이 기우는 굴욕이라니. 그것을 참고 견디는 인내를 나누어 국력 신장에 기울였더라면 어땠을까. 아니 그랬었다고 믿는 것이 후예들의 선조들에 대한 아량일는지. 한평생을 참 선비를 찾아 헤맸다고 자부하던 조선명신 연암 박지원은 《열하일기》에서 조선 사신의 길을 제시하고 있는데, 명나라를 숭상하여 오랑캐 지배의 청나라를 저주하고 상종을 하지 않음을 상등사신上等使臣이라 했다. 즉 이이제이 즉 오랑캐를 이용하여 오랑캐를 제지하는 전략이었다. 그럼에도 이 상등 사신이 숭상하는 명나라였다면 그 사대의 굴욕은 어떠했을까. 그것을 짐작케 하는 문헌이 발견되었는데, 바로 조선의 명신 이덕형의 명나라 사행기록인 《죽천행록》이다. 중국 관리를 만나는데 길바닥에 엎드려 손을 비비며 고관 만나기를 애원하고 관청에 들면 쫓겨나지 않으려고 섬돌을 붙들고 적선하라며 읍소했다는 견문기의 내용이 차라리 거짓이었으면 하는 충동을 금할 수가 없다. 이러한 굴욕의 외교로 우리나라의 역사가 꾸려져 왔던가. 참으로 피를 토하며 통탄할 일이다. 이웃 일본의 역사왜곡이 바로 이 같은 맥락의 연관이 아닐까. 아무리 인간사회가 힘의 논리에 좌우된다 하여도 천인이 공로할 통탄사(천인공로통탄사)가 아닌가. 필자는 다시 이미 멀리 흘러간 역사라 하지만 조야 백성의 피를 말리고 자존이 찢겨 형체라 할 수 없이 만신창이가 된 역사의 퇴적물들을 와신상담하는 교훈으로 삼기조차 혈누를 뿌려 부족한 분개와 적개심을 주체할 수 없다. 한가지 천행天幸인 것은 우리 민족이 지금 건재하다는 자부심이다. 슬프고 수치스런 과거를 불태우고 아직도 우리가 건재하다는 자부심으로 지나간 역사보다 더 긴 영원한 미래를 맑고 자랑스런 역사로 채우려는 피의 맹서가 반드시 있어야겠다. 명예도 행복도 이 나라 이 민족이 건재할 때 유효하다는 사실을 마음에 새겨야 하리라.

비교모정比較母情

자식을 사랑하는 어머니의 헌신형

이름만 불러도 눈물이 앞서는 우리들의 영원한 고향 어머니. 하늘처럼 위대하고 땅처럼 자비로운 우리들의 영원한 사랑의 화신. 세상에서 제일 아름답고 훌륭한 나의 절대자 세상에서 제일 먼저면서 영원한 나의 인연, 한없이 은혜로운 어머니라는 이름의 존재. 그 높고 깊은 정이 우주보다 큰 어머니는 우리들의 마음을 떠난 적이 없어 주체 못하는 정의 표현을 예로부터 시서화로 기록하여 잊지 않으려는 불멸의 대명사다. 필자는 이런 어머니의 모정을 비교한 어느 학자의 글을 통해서 세상을 비추어 볼까 한다. 아마 금세기 초 어느 일간신문에 연재한 학자의 글이었다. 가정하여 지금 어느 철없는 어린아이가 길가에서 놀고 있는데 말 한 마리가 질풍같이 달려오는 것을 엄마가 발견하였다. 만일 서양 엄마라면 달려가서 아이 쪽에 등을 대고 달려드는 말을 향해 공격 태세를 취한다. 그러나 우리나라의 어머니는 재빨리 뛰어들어 달려오는 말 쪽에 등을 대고 아이를 감싸 안는다. 두 어머니가 위험을 무릅쓰고 자식을 구하려는 희생적 용기는 같지만, 방법이 비교의 대상이다. 동서양인의 심정을 비교할 때 자주 인용되는 예로 모정이 공격 보호로 발휘되느냐 방어보호로 발휘되느냐의 차이를 따져 보는 것이다. 1980년경 경기도 양평 지방의 철로에서 아이를 안고 사망한 어느 어머니의 안타까운 사고가 있었다. 필자가 기억하는 또 하나의 사례는 경인고속도로에서 일가족이 승용차를 타고 인천 방향으로 가던 중 운전 미숙으로 앞서가는 트레일러 차량을 고속으로 추돌하여 승용차가 종이처럼 구겨지는 사고가 있었다. 두 아이의 어머니는 뒷좌석에 아이들과 같이 탔다가 사고 직전 두아이를 품에 안은 채 숨져 있었다. 이 사고로 두 아이는 살았으나 부모는 사망했던 것이었다. 만일 철길 사고 시 서양의 어머니였다면 철길에서 노는 아이를 끌어 당겨 죽을 망정 밖으로 던져 버리고 어머니 자신은 피하다가 발이 절단되는 일이 있어도 끌어안음으로써 도피 동작을 둔화시키지는 않았을 것이라는 판단, 아이를 감싸안고 미구에 닥칠 가혹한 운명도 달게 맞는 수렴의 희생정신이 우리 어머니들의 참 모정이 아닐 수 없다. 또 전라도의 어느 곳에선가 집에 불이 나자 방안에 있던 아이를 구하려 들어갔던 어머니가 어린것을 가슴에 안은 채 불에 타 사망한 사건이 세인의 안타까움을 자아내었다. 사망 후에도 끌어안은 어머니의 팔이 이완되지 않았던 강한 어머니. 그 장면이 바로 한국의 모정다운 모습이다 여기에서 이 어머니가 서양의 어머니처럼 아이를 화염 밖으로 던져 버렸으면 죽지는 않았을 것 아닌지. 어머니의 공과를 따지는 것은 도리가 아니다. 그러나 구태여 방법의 의지를 가려본 것이다. 서양의 자연들은 죽어 있다 할 정도로 인력에 굴복해 왔기로 서양사람들은 매사에 능동적이고 공격적이다. 그러나 한국의 자연은 활성으로 모질기 그지없어, 그 앞에 무릎을 꿇지 않으면 재앙이 닥치기에 수동적이고 방어적이다. 단적으로 비유하면 서양사람들은 자연을 지배하는 과학적 사고와 도전적 용기가 있는 대신, 우리나라 사람들은 인간은 자연과 공생관계에 있어 공존을 넘어 상생의 대상으로 삼으며 심지어는 신앙의 대상으로 삼는 등 만물일원론에 가깝게 보수적이고 방어적이다. 한 여름에 애벌이 사는 벌집에는 어미 벌이 있어 어미 벌이 날갯짓으로 바람을 내어 애벌레를 보살핀다. 그런데 서양 벌인 양봉은 벌집에 엉덩이를 박고 능동적이고 공격적으로 날갯짓을 하는데 한국의 벌은 머리를 박고 수동적 방어 자세로 날갯짓을 한다는 것도 위기에 처한 모정의 동서양의 차이와 흡사하다. 따지고 보면 자연 상생 원리, 즉 활성과 비활성에 모정이 더하고 덜

함을 좌우하지 않나 싶은 것이다. 현실론적 이론에서 서양의 어머니는 합리적 효과에 희생하고, 한국의 어머니는 어떤 결과에 앞서 자기를 바치는 희생적 헌신이라 하겠다. 세상에서 가장 강한 힘은 사랑이다. 나라 사랑 남녀 사랑. 사랑이 적용되는 분야와 관계는 수없이 많아도 부모가 어머니가 자식을 향한 사랑만큼 큰 사랑이 또 있을까. 어머니의 뜨겁고 위대한 사랑의 힘이 세상을 지배하는 한, 누가 감히 이 위대한 사랑을 함부로 논할까. 가엾고 애절한 어머니의 따뜻한 모정을 뉘라서 잊을까. 또다시 필자의 기억 속에는 지난 2000년 8월 이산가족 상봉 행사에서 한국에 살고 있는 90세의 신재순 할머니가 50년 만에 북에 두고 온 아들은 김일성대학 교수로 성장한 70세의 조주경을 만나 얼굴을 부비며 애절함을 이기지 못 하는 주름진 노모의 꿈같은 상봉의 순간을 담은 사진을 간직하고 있다. 모자 모두가 노인이지만 꿈에라도 만나 보기를 간절히 소망했던 노모의 소망이 이루어진 그 불안한 기쁨을 어떻게 감당했는지. 아마도 지금쯤은 그토록 사랑했던 모정도 자식의 사랑도 몸은 비록 진토에 섞었을지라도 그 사랑과 눈물은 식지도 마르지도 않은 채 지금도 이 우주의 공기 속에 섞여 있으리라 믿는다. 주름진 두 얼굴이 겹친 사진 속에서 한없는 모자의 회한의 대화가 들리는 듯 애달프다. 모정 그 세계에 방법이 무슨 구실이겠냐만은 희생의 위대성을 되새겨 보았을 뿐이다.

간신奸臣

간사한 신하가 국정을 어지럽히니

중국 당나라의 현종은 범양절도사인 안녹산의 툭 튀어나온 배를 보고 그대의 뱃속에는 무엇이 들었기에 그렇게 툭 튀어 나왔소 하며 물었다. 그러자 안녹산이 대답하기를 이게 무엇이겠습니까, 다름 아닌 폐하에 대한 충성의 일편단심이 가득차 있습니다. 라고 자신있게 진심인 양 대답하였다. 현종은 처음에는 농담처럼 들렸지만 자신있게 서슴없이 하는 말에 진심이라 여기며 내심 감격하였다. 얼마후 현종은 안록산이 이끄는 15만의 반란군에 의하여 왕위에서 쫒겨나고 말았다. 한때는 유능한 인재 등용으로 당나라의 전성기全盛期를 이루기도 했던 유능한 현종이 달콤한 감언이설甘言利說에 이목이 둔해 충신과 간신을 가리지 못하여 안타깝게도 비극적인 종말을 맞게 되었다. 옛글에 말하기를 나를 착하다고 칭찬을 아끼지 않는 사람은 내게 해로움을 주는 사람이요, 나의 단점이나 허물을 지적하여 깨우치게 하는 사람은 곧 나의 스승이라 하였으니, 듣기 좋은 칭찬보다는 올바른 평가를 해주는 쓴소리가 나에게는 양약이라는 사실을 명심하여 새길 일이 아니던가. 역사상에서 간신에 의해 나라를 망친 사건들은 그 수를 헤아릴 수 없이 많다 하니, 임금인들 누구를 믿고 정사를 논하고 협의해 나가겠는가. 또한 북제의 무성제가 망한 것도 간신인 화사개 때문이었다. 무성제는 간신인 화사개의 꼬임에 빠져 국사는 외면한 채 향락享樂에 빠져 결국에는 왕좌에서 물러나고 말았다 또한. 옛글에는 경국지색이란 말이 있다. 옛날 한나라의 무제漢武帝를 모시던 악사 이연년이라는 사람이 있었다. 그는 음악의 재능이 뛰어나 노래는 물론이고 작곡 편곡에도 뛰어났을 뿐 아니라 가무에도 탁월한 재능을 가지고 타고난 사람으로 무제의 총애를 한몸에 듬뿍 받고 있었다. 하루는 무제 앞에서 춤을 추며 이런 노래를 불렀다. "북방의 아름다운 여인이 있어 둘도 없이 우뚝 섰네, 눈길 한 번에 성이 기울고, 눈길 두 번에 나라가 기운다, 성을 기울이고 나라를 기울게 함을 어찌 모르리, 아름다운 여인은 다시 얻기 어렵구나." 라는 노래와 춤으로 한무제를 위로하였다. 이 노래는 아무리 위엄이 하늘 닿는 임금이라도 아름다운 여인이 있으면 나라가 기울어도 여인을 포기하지 않는다는 영웅호걸들의 연정이 불같음을 말해주는 노래였다. 한무제도 이 노랫소리를 듣고 실제로 이런 여인이 있는지 물었다. 이때 곁에 있던 누이인 평양공주平陽公主가 말했다. 바로 이연년의 누이동생이 뛰어나게 아름답다고 귀엣말로 일렀다. 그러자 한무제가 즉시 불러들였는데 이연년의 노랫말처럼 아름답고 가무 솜씨가 뛰어났다. 한 무제는 그 여인의 아름다움에 한눈에 반해 빠져들고 말았는데 그 여인이 바로 한서漢書에 기록된 이부인李夫人이란 유명한 여인이었다. 옛날 오래된 병법서兵法書인 《육도六道》는 사람을 알고 세상을 논한다는 知人論世의 문제를 제기한 책이다. 사람의 겉모습이나 겉으로 드러나는 언행만으로 판단하면 용인에 있어 실수를 범하게 된다는 점을 강조한 글이다. 현명한 군주는 간신과 충신을 구분할 줄 안 후에 세상을 논할 수 있다는 의미심장한 가르침이다. 우리가 사는 세상사란 참으로 살얼음 밟기 같은 조심이 필요한 것인가. 겉은 어진 사람 같지만 속은 어리석고 겉으로는 공경하는 척하면서도 마음속은 교만한 이중인격자들 반대로 겉으로는 어리석어 우둔해 보이지만 속으로는 어질고 현명한 사람도 있으니 옛말에 물은 건너 보아야 그 깊이를 알고 사람은 겪어 보아야 그 인품을 안다 한 말이 참으로 맞는 말이다. 사람이 보통 이웃일 때는 사심없이 사귀지만 무엇을 도모함에 있어서는 먹줄로 재는 세심한 사려가 필요하다 하겠다. 간사奸詐라는 낱말은 남을 잘 속인다, 또는 아니면서도 사실인 것처럼 꾸민다라는 뜻 글이다. 21세기를 살아가는 우리 눈앞에도 그런 사례들을 많이 발견한다. 특히 정치권력 주변이 그러하다. 어떤 한 사람이 출세하면 생소한 인물들이 몰려들어 서로 공과를 과시하며 알 수 없는 공신들을 정리하느라 서열을 메기기에 급급한 양상에서 간충 구별이 쉽지 않은 세상이다. 지난 일이지만 어느 정당의 전당대회에서 차기 대통령후보를 선출했는데 평소 소신과 지조가 남달라 대쪽법관으로 불리던 사람이었다. 그러자 그 후보를 둘러싼 아부 경쟁이 극에 달하여 서로가 일등공신을 자처하며 권력암투가 벌어지는 등 옛날 왕조시대의 어전회의御前會議를 방불케 했다는 기사가 있었다. 이를 지켜보는 국민의 생각은 어땠을까. 대한민국을 수백 개 선거구로 나누고 그 선거구민의 다수가 최고의 선량이라는 믿음으로 선출된 사람들이 권력 앞에 머리를 조아리는 처량한 모습을 보면서 후회의 쓴웃음을 짓겠지만 덕분에 뽑힌 귀한 몸들은 자신을 지켜보는 지지자들을 어떤 변명으로 흩어진 마음을 달랠까. 아부해도 좋으니 높이만 되어라, 그런 소리로 들릴까. 예로부터 곡학아세하여 입신출세에 눈이 먼 간신들이 득세하는 시대는 망하거나 사회 분열의 아픔에 백성들은 도탄에 빠졌었다. 최고의 학벌과 정치력을 과시하며 최고의애국애족하는 사람처럼 행세하던 사람이 저보다 힘이 있어 보이는 이에게 아부하는 나약함이라니 우리 국민들은 누구의 말을 믿고 누구를 선택할까. 간신이나 다름없는 아부족이 없는 맑은 사회, 정의로운 사회는 언제나 정착될지.

생활의 질(삶의 바탕 질량)

사람이 살아가는 형태의 바탕성질

인류의 철학자로 널리 불리는 플라톤은 명성에 걸맞은 행복의 철학을 제시하여 지나치기 쉬운 인간 욕망의 질주에 과속방지의 표식을 한 셈이다. 어떻게 보면 인류의 영원한 스승인 선현들의 사상은 길은 달라도 궁극적인 목적지는 한 곳이 아닌가 싶다. 이는 인간이라는 존재의 삶과 가치라는 영역에서 현생과 내생에 이르기까지 영적인 영역까지 깊이 사고한 결과가 아닌가 한다. 플라톤의 행복의 철학이 제시한 인간의 삶의 질은 이러했다. 첫 번째는 내가 하고 싶은 수준보다는 조금은 못다 쓰고 못다 입고 또는 못다 사는 정도의 겸양 지심이다. 이 말을 들으면 참 인간의 소박한 소망이며 잔잔한 호수의 맑은 물을 보는 듯 신선하고 평화로운 인간의 조건이기도 하다. 넘치는 것보다는 그대로 인 것 화려하지만 사치하지 않는 것, 낭비보다는 절제하는 미덕과 오래보다는 건재한 것 풍요보다는 모자라지 않는 우리들의 삶의 진선미가 함축된 정도라 생각된다. 두 번째는 사람들이 칭찬하기에는 약간 모자라는 품성과 용모의 아내였다. 참으로 겸손한 생각이다. 보름달은 기울기에 가깝고 반달은 둥글기에 가깝듯이 옛말에 친구를 고를 때는 한 계단 올라서서 고르고 아내를 고를 때는 한 계단 내려서서 고르라 했다. 나에게 잘못을 가차없이 지적하며 엄격하게 충고할 수 있는 앞선 친구는 나의 허물을 자각케 하여 나를 빛나게 하는 스승이기 때문이고, 아내는 나와 평생을 같이할 동반자이니 나와 삶의 목적과 방법이 같아야 하므로 서로 지성과 혼의 교류를 위해서는 서로의 공감이 채워질 여백이 있어야 되고 활짝 핀 꽃보다 벙그는 봉오리처럼 더 아름다운 설렘이 있기에 조금은 덜 아름다움을 선택한 것이라 생각된다. 사람의 고운 것도 외모가 아닌 고운 마음씨가 아닌가. 세 번째는 나의 자만스런 것의 절반밖에 알아주지 않는 명예였다. 명예란 사람마다 간절히 바라 마지않는 나의 존재감이지만 자칫 나의 신분에 모자라면 나 자신은 불행하다 생각하지만, 남과 세상은 오히려 겸손함에 위로와 칭찬을 아끼지 않는다. 만일 나의 신분에 지나친 명예가 주어진다면 세상 사람들은 탐욕스러운 자로 낙인찍으며 질시의 시선이 그치지 않을 테니 나는 잠시 행복할지 모르지만, 나는 오래가지 않아 세상은 나를 냉정하게 버릴 것이다. 만사는 넘치면 모자람만 같지 못하니 말이다. 네 번째는 두 사람한테는 이기고 한 사람한테는 지는 체력이다. 사람도 신체가 건강해야 정신도 건강하다는 말도 있다. 자기를 유지하고 방어할 만한 체력은 유지해야 되지만 혈기 넘치는 체력을 과시하다 보면 자칫 남을 해치거나 자기를 해치기도 한다. 사람의 신체가 지나치게 쇠약하면 질병을 만나게 되고 지나치게 강하면 반드시 적수를 만나게 된다. 또 두 사람을 이기고 한 사람한테는 진다는 것은 심신이 굳건하되 자만해서는 안 된다는 처세의 신중함이 자기 보전의 근본임을 밝힌 것이다. 다섯 번째는 청중의 반수만이 박수를 치는 웅변력이었다. 청중을 향해 웅변을 토하는 것은 어디까지나 주제를 빌린 자기주장이다. 웅변의 첫째 조건은 청중의 공감이다. 청중이 공감하지 않으면 그 웅변은 그 자리에서 그쳐야 한다. 정중 절반만이 손벽을 친다는 것은 가식이 없는 청중의 호응도이거나 심리를 충동하는 기술이 묻어 있지 않는 진지함의 표시이다. 어느 주제의 전부를 청중에게 전달할 때는 주제의 목적과 세분된 내용이 온전히 전달되는 언어 구사가 명확하면 달변이 아니어도 청중은 동화되어 공감대가 형성된다. 우레 같은 손벽도 좋지만 조용하고 진지한 호응이 오히려 효과적일 수 있다. 청중에게 새로운 정보나 방법을 전하는데 연사의 유도 박수는 웅변의 성공 척도가 아니란 뜻이다. 간추리자면 적당히 모자라는 재력과 재능을 지니고 열심히 사는 것이 희랍인들이 바라는 삶의 질이었다. 지난 17세기 중국의 문인 김성탄에게 어느 정도로 세상을 사는 것을 원하느냐고 물었다. 그는 한가한 학도가 돈을 빌리러 왔으면서 말을 못꺼내고 머뭇거린다. 이때 뒤란으로 데려가 나지막이 얼마가 필요한가를 물어서 마련해 주고 지금 꼭 가야 할 일이 없으면 술을 한잔하고 가게나 하고 붙잡을 수 있으면 더 바랄 것이 없다 했으니, 이는 명나라의 삶의 질이다. 우리나라 조선조의 삶의 질은 스스로 분에 만족하는 자족이었다. 조신의 자적시에서 완연하다. "나! 나는 가는 곳마다 자족하네/ 몸이 천하므로 작은 벼슬도 영광이요/ 집이 가난하므로 박봉이라도 원망 않네/ 거처하는 곳은 무릎만 들이면 되고/ 음식은 배만 부르면 좋고/ 술은 있으면 마시고 없으면 그만/ 혼자면 자작 둘이면 대작/ 시는 잘지어 무엇하랴 내 뜻이나 담으면 그만/ 글도 피로하면 그만 읽고 자고 마니/ 이것이 모두 나의 자족이로세" 하였다. 삶에 초연했던 조신의 자적시에서 사람이 세상에 태어나 죽을 때까지 섭리에 순응하며 자유로 이 세상을 소요한 자연인 그에게는 어떠한 지모도 술수도 발디딜 틈이 없이 자연에서 나서 다시 자연으로 돌아가는 윤회의 수레바퀴에 실린 대로 흐르는 강물처럼 살다 간 참 자연인의 여여한 생이었다. 어쩌면 세상에 태어나 남이 진 무게를 나

눈 적도 희로애락 생로병사의 촘촘한 그물에도 바람처럼 걸림이 없고 도량형의 눈금에 적용 받음도 없이 가장 지순하고 맑은 삶의 질로 초지일관했던 드문 기록의 주인이었다. 자적을 말하면 신구 문명의 충돌처럼 여겨지기도 하겠지만 욕심에 쫓겨 방황하는 현대인들에게 영적 안식을 제공하는 진리이기도 한 교훈이다.

독일과 일본의 格

독일 그리고 일본의 국격

세계 제 2차대전의 전범국이었던 독일과 일본은 1945년 패전의 전화를 극복하고 세계7대 경제선진국으로 발전한 놀라운 저력을 가진 나라들이다. 그러나 경제대국이 모든 것을 대신하는 것이 아니라, 나라도 사람과 같이 격이라는 평가의 기준이 있다. 빈부 강약을 떠나 인류 세계에 끼쳤거나 끼치는 도덕적 의무 수행의 정도가 그것이다. 인류처럼 세계질서도 힘보다는 인류애적 평화주의가 최후의 승자였음은 물론이다. 지난 2000년 7월 독일 하원에서는 나치 치하에서 강제 노동을 한 사람들에게 50억 달러를 배상하는 법안을 556대 42라는 압도적인 표차로 통과시키고 전쟁범죄를 사죄하는 결의문을 채택하였다. 체결된 국제배상협정의 협상 대표였던 오토 람스도르프 전 재무장관은 배상법안 표결에 참여하는 의원들에게 여러분의 결정은 과거를 망각하지 않게 하고 이러한 잔학 행위가 다시 되풀이되지 않는 미래를 보증해 줄 것이라고 연설을 했다. 배상금액의 절반은 3000여 개 기업들이 모금을 하는데 2차대전 후에 설립되어 법적으로 아무런 책임이 없는 회사들도 참여했다. 비록 과거에 대한 부담은 없지만 미래를 새롭게 건설하는 몫을 다해야 한다는 이유였다. 다임러크라이슬러 도이체방크 지멘스 폴크스바겐 등 대기업은 물론 종교단체까지 나섰다. 독일의 양심이라는 노벨상 수상작가 '권터 그라스'는 배상 기금 마련을 위해 전 국민이 20마르크씩 내기 운동을 전개하자고 호소하였다. 이어서 나치독일이 유럽에 한 짓 이상으로 일본은 아시아에서 반인류의 전쟁범죄를 저질렀다. 한국과 중국 등에서 끌려간 20만 명의 여성을 위안소라는 이름의 군대 강간센타에 가두어 놓고 강간 윤간을 자행하는 성노예로 부렸다. 1937년 중국 남경에서 일본군은 20~30만명의 민간인을 학살했고 2만 명의 여성을 강간했으며 소위 731부대라는 악명 높은 부대에서는 인간생체 실험을 자행하는 등 차마 입에 담을 수 없는 갖가지 만행을 저질러 가는 곳마다 피비린내로 적시는 사람으로의 최악을 감행하였다. 이런 악랄한 범죄를 저지르고서도 일본에서는 남경대학살은 20세기 최대의 거짓말이라는 주제로 버젓이 세미나까지 열었다. 군인의 위안소에 대해서도 국가배상은 있을 수 없고 민간 보상이나 받아가라는 태도에서 한걸음도 물러서지 않았다. 그런가 하면 1970년 빌리브란트 서독총리는 폴란드 바르샤바의 게토라는 유대인의 집단 거주지에 있는 유대인 희생자를 기리는 추모비 앞에서 무릎을 꿇고 용서를 빌었다. 반면 일본은 진의가 불분명한 통석의 념痛惜之念이라는 애매한 표현으로 사죄하였다. 통석의 념을 어떻게 해석할까 통석은 가엽고 아프다의 뜻이고 념은 생각하다의 뜻이다. 언어로 구성하자면 아프게 생각한다, 라는 말이다. 이 말은 가해자가 피해자에게 진심으로 사죄하는게 아니라 제 삼자가 어떤 상황을 보면서 느끼는 감정 표시라고밖에 해석할 수 없는 단어다. 그 후 리하르트 폰 바이츠제커 전 독일대통령도 일본을 방문했을 때 마음으로부터의 진정한 사죄가 아니라면 차라리 그만두어야 한다고 충고한 바 있다. 일본이 아시아국가들과 새로운 미래를 건설하려면 진심에 숨겨 있는 양심으로 과거를 인정하고 솔직하게 사죄해야 한다. 그러고서도 상대국의 이해가 있어야 진정한 협력이 이루어진다. 잘못의 대가는 처벌이나 보상이 아닌 진심으로 뉘우칠 때 면죄 받을 수 있는 것이다. 필자는 만분으로 간추린 두 전범국의 태도에서 그 나라의 격格을 구분할 수 있다. 똑같은 방법의 죄를 짓고서도 대답이 서로 다른 것은 어느 한쪽은 거짓을 고한 위증의 죄로 가중적 처벌의 대상이다. 독일의 총리나 대통령의 사죄는 누가 보아도 국격에 걸맞은 진정한 사과지만 일본의 총리나 천왕의 변명같은 사과는 오히려 그 안에 어떤 오만하고 음흉한 계책이 있지 않은지 의심이 든다. 최근 들어 근거도 약한 독도의 영유권 주장은 그들의 범죄를 감추기 위한 연막전술은 아닌지 혹시 과거처럼 대륙정책의 흉계가 숨어 있는 것은 아닌지 의심스럽다. 현재의 국제질서 측면에서 본다면 한미일의 동맹과 북중러의 동맹의 대립 속에 양립하는 중요한 관계면서도 서로가 상대의 진심을 의심한다면 그 관계가 원만하다 할 수 없지 않은가. 물론 국가 간에는 정치와 경제와 역사를 구분하여 협력하고 교류하는 정략이 있지만 안보적 상호 보호 동맹의 관계는 해석의 성격이 다르지 않은가. 필자는 지난 2005년 10월 일본 여행 중 동경의 한 숙소에서 일제강점기 우리의 국토와 민족의 목숨과 정조까지 강탈했던 일본의 만행에 대한 반일 감정이 되살아나 아직도 이 땅의 산하에 진토가 되어 섞여 있을 우리 민족의 영혼에 바치는 향불 대신 〈귀향〉이라는 헌시를 써서 일본 땅에 목청을 돋구어 낭독하고 2011년 발행한 한국시대전에 실은 바 있다. 인간은 학습의 기회를 잃지 말고 지성을 습득하며 끊임없는 자기수양을 통해 신분에 맞는 도덕적 의무를 수행하며 포용과 겸양을 통해 타인과의 관계를 원만히 이루어야 인격자라 하듯 국제관계에 있어 어느 국가도 이와 다르지 않다. 유덕자필유인이다. 덕이 있는 이에게 좋은 이웃이 있다 하였으니 좋은 이웃의 힘이란 원리는 바로 인류의 과제인 공존공영 곧 대동사회의 밑돌임을 새겨야 한다. 죄는 당사자가 진위를 가리는게 아니라 객관적인 평가가 정하는 정도인 것이다. 변명으로 면죄받으려는 생각이 강할수록 죄의 무게와 그 후유증은 가중된다는 것은 역사가 증명한다. 지금이라도 진솔한 태도를 갖는 것이 선진국다운 국격을 유지하는 길이다.

아름다운 거절拒絕

부정을 멀리하는 선비의 장한 기개

우리나라의 역대 병요歷代兵要의 편찬이 완성된 것은 단종旦宗 시대였다. 편찬에 공이 컸던 하위지河緯地에게 수양대군이 품작과 벼슬자리品爵官職를 상으로 내리자 이를 거절하였다. 임금의 나이가 아직 어리고 조정 정세도 불안한데 종실인 대군이 벼슬과 상으로 조정의 신하들을 농락하는 것은 절대 부당하다는 것이 거절의 아유였다. 그러자 단종 임금이 불러서 상을 받기를 종용했지만 거절하고 낙향하였다. 수양대군의 야심에 뒤통수를 친 대담하면서 아름다운 거절이었다. 또한 선조宣祖의 외할아버지인 안탄대安坦大는 왕가의 외척이 된 이후 몸가짐을 조심하는 바람에 지극히 빈한貧寒하여 깁지 않은 옷을 입은 적이 없고 잡곡 섞지 않은 밥을 먹어본 적이 없었다. 만년晩年에는 눈이 어두어 몸져 누었는데 선조 대왕이 영화롭게 지내라며 가죽옷을 내리자 천인이 가죽옷을 입는 것도 죽을 죄요, 왕의 명을 어기는 것도 죽을 죄니 차라리 이대로 살다 죽고자 한다고 하였다. 그러자 다시 서민이 입어도 되는 개가죽이라고 속이며 드리니 이를 만져본 후에 “요즘은 개도 별종이 있나 보군(개별종).” 하면서 받지 않았다. 이 말은 왕가 친인척의 보신 습성을 경계하는 고사성어가 되어 널리 쓰여져 내려왔다. 자고로 최고 권력자의 주변에는 친인척들의 횡포가 대대로 끊임이 없는 작금昨今에 되살리고 싶은 별종의 개라 했던 유훈적 고사가 아닐수 없다. 또 숙종肅宗 때 고을 군수에 봉해졌던 홍만희의 집에는 아주 귀한 희귀목稀貴木인 종려나무가 있다는 말을 듣고 숙종 대왕이 캐어 올 것을 명하였다. 이 어명은 홍 군수에게 일생을 통하여 출세를 위한 절호의 기회가 주어진 셈이다. 그럼에도 불구하고 녹祿을 먹고 있는 외신으로서 초목을 바치는 것은 아부阿附한다는 혐의를 면치 못할 것이요, 그렇다고 그 나무를 기를 수도 없는 일이라 탄식하며 결국에는 그 종려나무를 캐어서 잘라 버렸다. 지금까지 기술한 세 선비들은 정도의 도리正道道理를 지키는 신념으로 목숨까지 내건 미담이었다. 중신인 하위지나 왕가의 외조부나 지방군수인 홍만회나 직위는 다르지만 목숨의 위험을 무릅쓰고 청빈과 정도를 지킨 지조가 임금을 욕되지 않게 하면서 조정 관리들에게 수범을 보임으로써 왕가 주변에 기생하며 국정을 농단함으로써 국기가 문란하여 나라가 피폐해지는 재앙을 미연에 방지하는 교학적 미담이 되었다. 이러한 청빈하고 정직한 거절의 미학이 상실된 혼탁하고 황량한 현대사회를 누가 만들었나 원망하기에는 때 늦은 감이 있다. 유사 이래 심산의 원천에서 솟아나 흐르는 물처럼 맑고 깨끗한 사회는 드물다 하지만, 그러하기에 노력한 흔적이 희미한 현대사회 그리고 현대 사회인의 가치관이 문제라 할 수 있다. 우선은 자식을 기르는 부모와 지식을 전수하는 스승과 나라와 백성을 다스리는 국가의 지성적 제도가 관건이다. 자식이 훌륭하기를 바라는 부모는 인륜과 도덕이 인성의 기본임을 통하여 효제와 충서의 가치를 심고 분수를 넘지 않는 수범과 교육을 병행해야 한다. 지식을 전수하는 스승은 세상의 동력인 문물, 과거에는 물론 확고한 국가관과 건전한 사상으로 미래를 선도하는 민주시민 육성에 정직과 청렴을 최고의 가치로 여기는 기상을 심어 주어야 하며, 국가는 최고의 학문과 도덕성을 갖춘 인재를 등용하되 그렇지 못한 사람에게 배려하는 자리를 마련하여 누구나 설 자리가 있게 하며 권선징악의 법률을 공평하게 집행하여 국가의 정의로운 미래를 대비해야 한다. 즉 나라와 스승과 부모가 일체가 되어 과실나무를 가꾸듯 토양을 기름지게 병해로부터 건강하게 곧고 굵기 위하여 무용한 가지치기와 수형에 맞는 과수 관리 등 실제로 문명 강국의 인재 육성 방법은 그 방법의 시행 노력 자체부터 문명 강국이어서 부정과 부패로 국가와 국민이 피폐하여 결국은 병들어 수명을 다하는 불행은 경험하지 않을 것이다. 왜곡된 사랑은 사랑이 아니라 독소다. 현명한 부형 엄격한 스승과 냉철한 벗 그리고 미래형 제도와 공정한 국가만이 풍요한 문물과 행복한 국민 그리고 문명 강국을 만든다. 공정하고 정직한 국민성이 나라를 오래도록 빛내는 관건이다. 아름다운 거절 그 속에는 남모르는 결기의 정신이 함축되어 있다. 다시 말해 자신과 도의와 현재와 미래를 아우르는 관해한 이상을 엿보인 선비의 기상이다. 시대가 바뀌어 시대적 가치관도 다르다 하지만, 개인이나 세상을 경영하는 철학의 원칙은 바뀐 바가 없다. 더구나 현대는 인류의 문명과 가치관이 국경도 초월하는 개방사회다. 나와 우리라는 개념도 나와 인류라는 개념으로 발전하여 가고 있다 생각을 바꾸면 세상은 멀리 보인다. 자신에게 비치는 시계를 지혜롭게 살피며 비단을 짜는 정성으로 살아가야 한다. 이로움 앞에 의로움을 생각지 않으면 높이 쌓은 덕도 모래성에 불과하다. 얼마를 살았느냐보다는 어떻게 살았느냐가 중요하다. 우리도 아름다운 거절에 훈련되어야 아름다운 삶을 살게 되리라.

허수상, 허수아비虛鬚像

거짓으로 만들어 들에 세운 인형

어느덧 오곡백과가 무르익고 백화가 만발하는 풍요의 계절 추수의 만족에 한 해에 쌓인 피로도 잊은 채 온 가족이 밝은 등불 아래 정겨운 얼굴을 마주하며 하늘과 땅과 조상에 감사하고 뜨거운 가족애로 서로를 위로하며 한 해를 돌이켜 더 나은 미래의 행복을 설계하는 등하가친지절, 창을 열고 하늘을 보면 거울처럼 티없이 맑고 한없이 높고 넓어 바라보는 자신도 하늘을 따라 거룩하게 느껴지고 눈앞에 펼쳐진 산하를 바라보노라면 만상을 가슴에 안아 키운 어머니 품속처럼 따스하고 자애로운 대지 이 땅에 발을 딛고 살아온 수목들은 풍성한 열매에 가지가 휘거나 고개가 숙여지는 아름다운 수고의 표정, 찬 이슬을 머금고 피어나는 가을 꽃들이 저마다의 향기를 뿌리고 잎마다 오색으로 물들어 붉게 타는 단풍이며 하얀 멧부리에 홀로 푸르러 왕중 왕을 뽐내는 낙락장송 세상 모두가 오색과 매혹의 향기로 충만한 축복의 금수강산, 풍요와 감사로 설레는 세상 앞에 어찌 사람만이겠는가. 피는 꽃과 청량한 바람과 지는 단풍잎도 낭만적이지만 가을바람에 허옇게 쉰 머릿결을 휘날리는 억새꽃이 노구를 가리지 않고 자연에 감사하며 조아리는 몸짓이며 청순한 여인처럼 고운 몸짓과 매혹의 향기로 유혹하는 코스모스가 무딘 발길을 끌어내는 계절 천상인지 무릉도원인지 극락일 수밖에 없는 가을, 이 크고 한량없는 감사의 계절을 사색하는 나는 과연 누구며 무엇인가. 사색의 길을 막는 어떤 번뇌 고개 숙인 곡식도 극성스럽던 새떼도 떠나고 없는 텅빈 들 가운데 한 일도 할 일도 없는데 바람에 기댄 채 서 있는 무심한 허수아비를 보는 순간, 나는 허수아비가 되고 말았다. 농부가 땀흘려 가꾼 곡식들이 영글 무렵 시원한 그늘만 찾아다니며 평생의 할 일이 바빠 버둥대는 벌레며 뛰노는 메뚜기 등 기름진 진수를 즐기다가 농사일은 거들떠보지도 않는 참새와 멧새들이 임자에게는 일언반구 물어도 보지 않고 달려들어 알곡식이 되기 위해 영글어 가는 뜨물부터 쪼아 먹는 염치없는 도둑들, 자라는 곡식들은 흰눈썹 날리며 새벽바람 마다않고 저녁별에 돌아가며 뼈아프게 가꾼 농부들에게 돌려줄 열매들을 영글기도 전에 털려버리고 억울한 심정을 호소할 길 없어 빈손

털고 상실한 아픔과 허탈감에 빳빳이 서고 만다. 주린 배를 채우고 오는 해의 기대를 새떼들에 빼앗기는 괘씸한 생각에 쓰다 버린 작대기를 십자형으로 묶고 짚풀로 살을 붙여 사람 모형 만든 다음 헤어진 저고리며 도막낸 바지를 입힌 다음 찢어진 밀짚모자를 눌러 씌워 각설이 형을 만들되, 성난 도깨비나 원한 맺힌 귀신 모양에 눈초리가 하늘을 향하는 귀신 쫓는 신장을 만들어 논밭에 세우고 바람 불면 소리 내는 깡통에 돌을 달면 참새와 멧새들은 귀신형의 허수아비가 무서운 게 아니라 그럴 거라 믿으며 저들의 목숨은 노리지 않는 농부들의 원만한 품성이 고마워 한 번은 김가네 한 번은 이가네, 이백이 넘는 성씨의 전답을 오가며 십시일반의 공평 부담하는 큰마음으로 농부들의 농사의 욕을 살리는 적선 같은 약은꾀를 적용하여 분노를 잠재우는 아량을 베푼다. 이런저런 사정을 지켜보는 허수아비는 새떼들의 약삭빠른 삶의 전략과 농부들의 너그러운 관용의 선비정신을 명확히 느끼지만 발설하여 시비를 가리는 일은 없는 게 낫다 싶으니, 땀흘리던 농부도 훔치던 새들도 말을 아끼는 허수아비도 한 시절을 뜨겁게 안아주다 떠나간 무상한 세상사 한시절의 모습. 옛날 옹진골 옹당촌에 사는 옹고집은 심술이 맹랑하여 매사를 고집으로 해내고 천석 볏가리 쌓아 놓고도 병든 팔십 노모에게 닭 한 마리 약 한 첩 봉양이 없고 중이 시주 오면 종놈 풀어 겁주어 쫓아낸다. 이를 괘

씸히 여긴 영암 월출산 취암사의 학대사는 허수아비를 만들어 놓고 옹고집의 사주팔자를 적은 부적을 붙이니 말의 머리 주걱턱까지 꼭 옹고집을 닮았다. 이래서 다시 한 놈이 생겨난지라, 이놈을 옹고집의 집으로 보내 가짜와 진짜 옹고집끼리 싸움을 붙여 세상의 권선징악 하는 줄거리가 〈옹고집전〉이다. 또는 홍길동이는 도술을 부려서 허수아비 홍길동 부대를 만들어 사회악을 뿌리 뽑으려는 대담한 도전을 감행하였다. 영국 시인 엘리엇은 허수아비가 십자가의 기본 틀로 만들어지는데 착안하여 마음속에 고난의 십자가 정신을 상실하고 사는 현대인을 허수아비로 하여금 웃기게 했다. 너희들은 나를 보고 속이 없다고 웃겠지만 나는 너희들을 보며 속이 없어 보여 웃는다. 또 브라우닝은 이렇게 읊었다. "내가 신을 만나면 꼭 한 가지 물어볼 일이 있다. 운명의 허수아비가 아니게 산 사람이 있다면 그게 누구인가 하고 말입니다." 또 밭두렁에서 일을 하던 남녀가 허수아비가 받쳐 든 우산 그늘에 쉬면서 우산 밑에서 은밀히 키스를 했다 해서 허수아비에 얽힌 낭만도 대단하다. 원래 허수아비는 새들에게 공갈 효과를 노린 것인데, 효과를 돋우려고 허수 즉 가짜 수염을 붙였다 하여 허수아비다. 그런데 요즘 세상에는 움직이고 생각하는 허수아비들이 세상 사람들을 가소롭게 웃긴다. 세상을 다 안다며 부리는 허세로 출세한 다음에는 제 잇속만 챙기면서 나라와 백성 몰래 쾌재를 부르며 홀로 행복해 하는 참새만도 못한 높은 사람들, 부적을 붙인 허수아비라도 만들어 새로이 권선징악 운동을 전개할 각오로 월출봉 취암사의 학대사라도 부르는 게 어떨까. 붓을 든 손으로 나 자신을 그리자면 아무것도 한 일도 할 일도 없이 눈부시게 꾸려 놓은 문명사회에서 무위도식하며 세상일에 이러니저러니 보이지도 들이지도 않는 몽상에 취한 채 아무도 없는 세상 언저리에서 낡고 성근 몰골 바람에 흔들려 기운 채 어렵사리 서 있는 속없는 허수아비로 서 있다는 사실. 나는 과연 허수아비일까. 사람일까. 생각에 잠겨 본다.

염라대왕閻羅大王

죽은 사람의 생전 선악을 가리는 대왕

중국 민속의 고사에 의하면 사람이 죽어 저승에 가면 십팔의 장관과 팔만의 옥졸獄卒을 거느린 염라대왕이 지금의 비서실장 격인 좌두나찰과 우두나찰을 거느리고 죽어서 잡혀온 사자들의 생전의 공과를 철저히 따져 공정 무사한 법적 책임을 엄히 묻는다. 어느 날인가 염라대왕을 보좌하는 우두나찰이 얼굴이 새파랗게 질린 채 허둥지둥 달려오더니 목 밑까지 차오른 막숨을 겨우 진정하더니 떨리는 입을 열었다. "폐하, 지금 일본군의 마쓰이 대장松井石根이 지옥에 당도했으니 자리에서 일어나시어 마중하는 게 좋을 듯하옵니다. 그 자는 이승에서 군인과 민간 아녀자를 무려 20만 명이나 무자비하게 학살했고 731부대라는 인간 백정팀을 만들어 수많은 중국인을 상대로 생체실험이란 백정 행태를 통해

목불인견의 죄상을 공모한 인간 백정의 수괴이니 깊이 통찰洞察하시옵기 바랍니다." 하고 간곡히 고하였다. 인간의 목숨을 무자비하게 학살한 통 큰 인간 백정이 오면 저승 최고의 권위를 자랑하는 염라대왕이라도 일어서서 마중하는 것이 저승사자들의 법조항에 명시되었기 때문이다. 이생에서조차 선택하지 않는 악법이 저승에 있다는 것은 상식에도 안 맞고 이치에도 안 맞는 인간 백정만이 적용받는 예외의 특권보장법인가 보다. 그러나 그는 세계적인 여론에 밀려 자국 군법에 의해 사형에 처해졌다. 당시 외국의 신문기자인 '로즈 파머'라는 기자가 입수한 학살 현장 사진이 루크지에 보도된 내용을 보면 동서고금의 역사에서도 유례가 없는 비인도적 만행이었다. 그러나 잔학한 천하의 인간 백정인데도 염라대왕은 자리에서 일어나 살인마를 영접하는 예를 지키지 않았다. 그 후 나찰이 염라대왕에게 자초지종을 묻자 대왕의 대답의 사유가 더욱 황당하였다. "내가 만일 용상에서 일어나 맞이하다가는 그 틈을 이용하여 용상에 앉아버렸을 걸." 하면서 대왕의 권위도 자존도 없는 철없는 아이 같았다. 그 다음은 캄보디아의 대학살자 폴 포트가 죽어서 지옥에 갔다. 아마도 이번에는 자기를 빼앗기는 것은 고사하고 겁이 나서 황급히 도망쳐 쥐구멍에라도 머리를 박고 숨만 쉬는지 알 수 없는 일이다. 마르크스에 심취한 자로 집권을 하자 공산 집권에 걸림돌이 되는 지식 계층을 비롯하여 기득권자 200여만 명을 무자비하게 집단 살해한 그 역시 인간도살 백정이다. 그는 킬링필드의 물감이라며 살생을 장려하기까지 했으니 하늘은 무심한 존재이던가. 과연 염라대왕이라 하여도 자리를 비우고 도망칠 만한 최악의 살인마다. 세계 최대의 불교 유적이라 할 앙코르와트가 있는 불교국가로 부처의 자비정신이 국기의 속에까지 들어있는 자비의 나라 일이고 보면 보다 충격은 크고 아이러니 한 역사가 아닐 수 없다. 또 5년간 800명의 인민의 적을 처형한 스탈린과 6개 강제수용소에서 800만 명의 유태인을 학살한 천하 제일의 인간학살자 히틀러와 함께 20세기 3대 학살자가 된 폴 포트는 수만 명의 해골로 쌓은 최대의 인골탑을 이승에 남기고 갔다. 킬링필드에서 발굴해낸 인골탑은 인간이 잔인해질 수 있는 극한 지표이며 인류가 악해질 수 있는 자책의 문화재自責文化財로 길이 보전永久保全하여 대소 통치자大小統治者의 심감心鑑이 되었으면 좋지 않을까. 죄罪란 무엇인가. 도의道義를 벗어난 악행, 벌罰을 받을 만한 일, 법을 어겨 형벌刑罰을 받아 마땅한 죄다. 옛말에 죄는 지은 데로 가고 덕은 닦은 데로 간다 했는데, 예로부터 이승에 살고 있는 인간이 가장 두려워하는 대상은 저승의 염라대왕이었는데 이승의 이름 있는 대살인자에게는 예외라니. 세상의 큰 죄인들을 벌하여 인간이 인간을 그것도 죄를 지었거나 직접적인 원한 관계도 아닌 불특정 다수를 아무런 죄의식도 없이 그것도 한둘이 아닌 웬만한 나라의 인구에 맞먹는 수의 무고한 생명을 풀 베듯 살해하는 살인의 원흉들을 인간세계에서 축출하려면 어떻게 해야 될까. 염라대왕에게도 법률에도 맡길 수 없으니 안일한 생각일지는 모르지만 나도 남과 같이라는 사랑과 자비심 그리고 용서의 마음을 기르기 위해 나와 사회와 국가와 세계가 가장 머리에 둘 목표가 인간애라 아니할 수 없음을 재삼 느끼게 된다. 역사는 참으로 아이러니한 경우도 많지만, 세상이 스승인 우리에게는 취사선택의 진지한고뇌를 한없이 요구하기도 한다 세상은 한없이 자유롭고 풍요하지만 사람의 마음속에는 상상을 넘는 탐욕과 잔인성이 내재되어 있다는 사실에 경악을 금치 못한다 노자와 맹자의 성의 선악을 떠나 인간끼리의 잔학성이라니 할말을 잊는다. 부끄럽지만 우리사회에서 빈번히 일어나는 자살이다, 살인이다 입에 담기어려운 일들이 우리를 슬프게 한다. 돈 때문에 사랑 때문에 시기로 오기로 자신이 못난 것을 남의 목숨으로 분풀이하는 악의는 분명 교육과 수양의 부족에서 오는 정신적 이탈이다 개인적인 감정이나 국가적인 이해도 다를 바 없다. 가지려는 탐욕과 지배하려는 탐욕이 무엇이 다른가. 인류사에서도 호전적인 군주나 국가는 똑같은 방법으로 패망했고 오히려 목숨을 건 싸움보다는 한 발 양보하는 화해 협력의 치세에서 더 오랜 역사가 유지된 사례가 많음을 보아왔다. 인류의 공동 목표는 화해 협력을 통한 인류평화가 아닌가. 우리는 더구나 외세침략과 동족상잔이라는 수치스럽고 아픈 역사를 경험한 바있는 민족이다. 우리 민족의 양심은 인류평화다. 감정에 의한 살인과 학살, 오죽했으면 실체도 없는 염라대왕을 비유했겠는가 잘못을 반성할 줄 모르는 것은 힘이 아니라 자만이거나 무능이고 열등의식에 불과하다.

동방의 등불東邦의 燈불

한국에 보낸 타고르의 송시

우리는 어느덧 3 · 1운동 100주년을 눈앞에 두고 있다. 강탈당한 나라를 되찾아야 한다는 삼천만 민족의 하나 된 절규로 인류세계를 향한 호소이기도 하였다. 자강의 힘을 기르지 못한 업이기는 하지만 인류평화를 짓밟는 침략의 원흉을 규탄하여 민족자결의 정당성을 요구한 정당한 주장이었다. 그러나 승자독식의 냉혹한 국제질서 속에서 상실과 희생의 통한에 가슴 적시는 불행의 시간은 더디도 가던 시기였다. 이때가 되면 한줄기 위안의 손길을 느끼는 동병상련의 소회를 회상하게 된다. 바로 동방의 등불이란 송시頌詩로 우리를 격려했던 인도의 시성詩聖 타고르다. 그는 교육자이자 무저항 독립운동가로 노벨 평화상을 수상한 간디와 함께 인도의 국부國父로 추앙받는 인물이다. 그는 또 1913년 아시아인으로는 처음으로 신에게 바치는 노래로 노벨 문학상을 수상한 대문호大文豪이기도 하다. 그가 작시 작곡한 〈자나가나마나〉는 인도의 국가로 불리고 있다. 타고르는 조국 인도와 비슷한 시기에 식민 치하에서 신음하는 한국인에 대한 애정과 관심이 남달랐다. 타고르는 한국을 소재로 한 시 두 편 동방의 등불과 패자의 노래를 남겼다. 이중 패자의 노래는 육당 최남선의 요청으로 3 · 1운동의 실패로 실의에 빠져있는 한국인을 위해 쓴 것이다. 동방의 등불은 그가 1929년 일본을 방문했을 때 이태로李太魯 당시 동아일보 동경지국장이 한국 방문을 요청하자 그에 응하지 못함을 안타깝게 생각하며 한국인에게 보낸 격려의 송시다. 1929년 4월 2일자 동아일보에 주요한 역朱耀翰譯으로 게재되었던 타고르의 동방의 등불을 소개한다.

일찍이 아시아의 황금시기에 빛나던 등불의 하나 던 코리아/ 그 등불 다시 한번 켜지는 날에/ 너는 동방의 밝은 빛이 되리라/ 마음에 두려움이 없고/ 머리는 높이 쳐들린 곳/ 지식은 자유롭고/ 좁다란 담벽으로 세계가 조각조각 갈라지지 않는 곳/ 진실의 깊은 속에서 말씀이 솟아나는 곳/ 끊임없는 노력이 완성을 향해 팔을 벌리는 곳/ 지성의 맑은 흐름이 굳어진 습관의 모래벌판에 길 잃지 않은 곳/ 무한히 퍼져나가는 생각과 행동으로 우리들의 마음이 인도되는 곳/ 그러한 자유의 천당으로/ 나의 마음의 조국 코리아여 깨어나소서.

이 시는 한국인이 일제 강점 하에 어려운 시기를 보내고 있으나 한민족의 우수한 문화와 민족성을 동방의 밝은 빛으로 표현하여 코리아의 밝은 미래를 낙관하고 있다. 인도와 한국이 다 같이 고난을 겪던 시절에 양국 간의 정신적 유대를 공고하게 해 준 이 시는 지금도 우리에게 감동과 희망의 비전을 제시하여 준다. 국내외적으로 혼돈스러운 요즈음 이 시를 다시 들춰내 음미해 보는 것은 그래도 희망의 불빛은 깨뜨릴 수 없기 때문이다. 이 글은 2002년 2월 동아일보에 게재한 박응격 객원 논설위원의 글이다. 필자는 타고르가 보낸 시를 읽으면서 이방인이지만 시성과 국부라는 그에 걸맞는 존칭을 떠나 남의 아픔을 양심으로 느끼며 내면세계의 자신을 아낌없이 보여주는 아량으로 절망을 희망으로 인도하는 대사를 자처한 귀한 인연이었다 하리라. 우리들은 조국의 운명이 바람 앞에 촛불처럼 흔들리던 현실 앞에서 가슴조이며 바라보는 그 순간에도 촌음이 다르게 명암이 엇갈리는 강자들의 책상 위에 한 조각 손익계산서가 되어 잔치의 제물처럼 가쁜 숨 몰아쉬던 조국의 운명을 회상한다면 피눈물을 쏟아넘치겠는가. 그런 때를 살던 뜻있는 우국지사들은 부모, 처자, 정든 고향을 버리고 혈혈단신 메마른 가슴에 오직 조국광복이라는 뜨거운 불덩이 하나 안고 산 설고 물 설은 이역만리 타국의 이방인으로 하나 둘 조우하며 단 하나뿐인 목숨이라도 조국광복에 약으로 쓰던 그

숭고한 조국애를 누가 감히 따라했던가. 동방의 등불이란 송시를 지어 동병을 앓고 있는 이웃나라의 아픔도 함께 아파하던 타고르의 대범한 세상관에 그렇지 못한 점을 부끄러이 여기며 나라의 존립이 위태로울 때에는 그 불행을 자기로 대신하려는 숭고한 조국애에 머리를 숙인다. 안으로 눈을 돌려보자 어떤 사람은 일신의 영화를 위해서는 나라도 민족도 외면하는 비정함을 살기 위한 수단으로 썼느가 하면, 어떤 이는 나라와 민족을 위해서 하나밖에 없는 목숨을 초개처럼 던지는 살신성인의 도리를 실천했으니 목숨과 정신의 가치는 무엇으로 평가 해야 옳을지. 더구나 자신의 나라가 처한 불행을 몸소 겪으면서도 이웃나라 민족의 아픔을 달래주려는 아량과 그나라의 미래를 축복하는 정신세계 타고르 인도가 낳은 시성 역사 속에 묻히기에는 아까운 이름이다. 필자는 일본에서 백두산에서 내 나라의 아팠던 과거사를 회상하며 붓으로 눈물로 양심을 표해보았지만 아무런 인연도 없는 대상에 보낸 사랑의 시는 참으로 뜨거운 양심의 발로였으리라. 나라사랑 아무리 되뇌어도 넘침이 없는 이름, 부모 같은 나라 영원한 사랑의 대상이 아닌가.

정정유심靜淨有心

고요하고 맑아야 마음의 참모습이

사람은 심정이 고요하고 나를 움직이는 생각이 맑으면 내 안의 주인이니 내 마음의 거짓 없는 실체를 볼 것이며 몸과 마음에 치우침이 없고 사상의 동요됨이 없으면 내 마음이 안정되어 흩어짐이 없음을 확인할 것이며, 삶이 정돈된 가운데 생각하는 바가 부끄럽지 않으면 생각의 참되다는 의미가 자랑스러울 것이니 내 마음의 정해진 상태로 세상 이치를 체득하려는 이 세 가지 방법보다 더 나은 것은 없다. 줄여 설명하면 정신이 맑고 고요할 때 내 마음의 참모습이 보이고 텅 비운 심리적 상태라야 내 마음이 바른가를 알고, 사심 없이 고요한 마음속으로 세상을 보고 그 길을 따르는 것보다 현명한 삶은 없다는 뜻이다. 옛날 어떤 위대한 철학자가 있었는데 그 철학자는 이른 아침마다 산책을 즐겨 하였다. 그런데 하루는 그를 알고 있던 이웃사람 하나가 찾아와서 산책에 동행하고 싶다며 허락해 줄 것을 요청하였다. 철학자는 이웃에 사는 사람의 요청을 냉정하게 거절하는 건 예의가 아니라 생각하고 허락을 하면서 한 가지의 주의할 점을 제시하였다. "나는 같이 가는 것은 허락하겠지만 나와 산책을 하는 동안에는 한마디의 대화도 없이 동행을 해야 하는데 오해 없이 약속하겠습니까?" 하고 다짐하자, 그렇게 하겠다고 약속을 한 다음, 두 사람은 신선한 새벽공기를 마시면서 즐겁게 산책길에 올랐다. 두 사람은 마을을 지나 아침 안개가 자욱한 숲 속으로 접어들었다. 뒤를 따르던 이웃 사람은 아무런 말도 없이 숲 속을 산책하노라니 자신의 마음도 조금씩 자연 속에 동화되면서 동시에 철학자가 자기에게 당부한 침묵의 의미를 이해할 수 있을 것 같았다. 두 사람이 그날의 산책을 즐겁게 마친 다음, 그날 저녁 동행했던 이웃 주민이 철학자를 찾아와 조심스럽게 말을 건넸다. "가까운 친척이 저희 집에 찾아왔는데 내일의 산책길에 그 친척도 함께 동행해도 되겠습니까?" 하고 물었다. 철학자는 전과 똑같은 조건을 제시하며 함께 할 것을 허락하였다. 그 다음날 새벽 이웃 사람이 친척을 데리고 철학자의 집을 찾았다. 철학자는 아무 말도 없이 가벼운 인사만 나누고 곧 산책길에 올랐다. 세 사람은 다시 마을을 지나 짙은 숲속으로 접어들어 조그만 오솔길을 조용히 걸었다. 이웃 주민은 어제와 마찬가지로 평온한 마음을 느꼈지만 새로이 가담한 이웃주민의 친척은 아무런 이유도 없이 침묵을 지키려고 하니 여간 신경이 쓰이는 게 아니었다. 자기는 평소 지인들과 동행을 하게 되면 공사를 막론하고 관심사에 대한 의견이나 정보 교환 등 담소를 겸하며, 시간도 피로도 잊으며 우정을 확인하는 즐겁고 유익한 시간으로 삼았기 때문이다. 그러자 자기도 모르게 이런저런 말이 튀어나오려는 것을 억지로 참느라 숲속의 맑은 공기도 새벽안개의 고요함도 느끼지 못했다. 이윽고 동쪽 하늘에서 눈부신 해가 떠올라 강과 산을 화려하게 밝히고 나뭇가지에서 밤을 새운 새들도 깨어나 지저귄다. 잠에서 깨어난 자연들이 하루의 삶을 시작하는 몸짓과 목소리가 사람의 기분을 상기시킴에 못 견디고 기어이 입을 열고 말았다. 혼잣말처럼 "너무 아름다운 아침이로군." 친척의 말은 딱 그 한마디였다. 그런데도 철학자는 산책을 중단하고 자신의 집 쪽으로 방향을 바꾸었다. 그리고 집에 도착한 철학자는 이웃 사람에게 이렇게 말하였다. "당신의 친척과는 이제 산책을 할 수가 없소. 말이 너무 많기 때문이오." 하고 말하였다. 그러자 이웃 사람이 "말이 너무 많다니요? 그는 산책 도중 한마디밖에 하지 않았소." 하고 대답하였다. 이웃사람의 항의성 해명에 철학자는 다소 언짢은 듯 말을 하였다. "당신은 그 사람이 입으로 하는 말만 들었지 마음속으로 하는 말은 듣지 못한 모양이구려, 실제로 그 사람은 소리 내어 한 말 외에 마음속으로는 수천 마디도 더 하였소. 오늘 산책은 그 사람으로 인해 아주 헛걸음이 되었소." 하였다. 멈추면 고요하고 고요하면 맑아지고 맑아지면 밝아지고 밝아지면 보인다는 성철 존자의 말처럼 철학자는 철저히 자기를 통제하면서 만유가 쏟아내는 수 없이 많은 말들을 귀담아 들으면서 산책을 하노라면 세상을 보는 시야와 견문을 넓히므로 세상을 판단하고 이해하는 안목을 넓혀왔던 터라 누구도 그와 동행하는 것은 맞지 않으며, 행동의 방향과 시간은 같아도 자연과의 영적 교류를 통하여 얻는 통찰력과 자연과의 신선한 만남을 통하여 심신의 쾌감을 느끼는 것은 본질적으로 다르지 않은가. 단, 동행자와는 화이부동하는 관계일 뿐이기에 철학자는 혼자이기를 고수하는 것이다. 고요한 가운데 생각이 맑으면 마음의 참모습을 본다 하였듯이 실사구시하는 결심으로 자기가 선택한 분야를 학습하고 탐구하여 그 분야에서는 달인의 경지에 이르른 박사 칭호를 얻었다 하더라도, 먼저는 자신의 참모습을 발견하고 그러는 과정에 어떤 전문 분야 뿐 아니라 세상을 더 넓게 보는 안목을 길러 자기 전부를 살아가는 전인적인 삶을 추구하는 훌륭한 철학자의 모습을 엿보았다. 옛글에도 살되 그 전부를 살고 보되 그 전부를 보라. 그대가 살고 봄에 그늘을 없애라는 교훈을 되새겨 본다.

상생철학相生哲學

더불어 살아가는 인간세계의 원리

붓다에게서 배우자. 이 이야기는 세계적인 사진기 제조업체로 유명한 일본의 캐논이라는 회사 이름 자체가 관세음보살의 관음觀音에서 유래되었다고 전해진다. 또한 회사의 창업 이념創業理念도 불교의 상생 개념相生槪念에서 따온 공생共生으로 회사는 물론 종업원에서 고객과 협력업체 및 대리점까지 모두의 이익을 추구하는 그야말로 사회의 공기로써 수범을 보이는 최고 수준의 윤리경영의 선구자先驅者적 회사이다. 끝없는 약육강식으로만 익숙해 가는 자본주의의 폐해를 극복하고 경제 정의를 실현하기 위하여 경제에 불교 이념의 접목 시도가 경제전문가들에 의해 활발히 모색되고 있다. 특히 일본과 미국에서는 이미 기업경영에 붓다의 가르침을 도입한 기업이 늘고 있는 추세라 말하고 있다. 그러나 아직도 우리나라에서는 불교와 경제의 접목 사례는 그리 흔치 않다. 삼성경제연구소 이언오 상무는 조선조에 들어서 유교를 숭상하고 불교를 억압하는 숭유억불崇儒抑佛정책을 시행함으로써 불교는 터전을 잃고 산중으로 은거하기 시작하여 불교는 세속의 전통을 잃어 백성들과의 공생 기반을 잃게 되었다며 불교 이념의 적극적인 이해를 통해 불교와 경제의 접목 경영을 모색해야 한다고 주장한다. 일본의 경우 경영인들이 추구하는 청부사상淸富思想은 일본이 자본주의를 도입하면서 불교의 가르침을 접목해서 만든 개념이다. 여기에서 또다시 청부淸富를 되새겨 보아야 한다. 청부는 바로 남을 이롭게 함으로써 자신의 이로움을 얻으라는 부처의 가르침이니 이는 곧 경제의 정의, 인류의 평화를 실현하는 바탕 정신이다. 최근 불교의 바람이 거세지고 있는 미국과 유럽도 마찬가지라고 한다. 티베트 불교에 감화된 미국인 마이클 로치는 1981년 다이아몬드 판매업체인 앤딘인터내셔널 다이아몬드사 창립 일원으로 들어가서 금강경에 담긴 붓다의 지혜를 경영 현장에 접목하여 마음을 비우고 부를 나누는 경영 원칙을 실천했다. 직원 네 명으로 출발한 회사는 로치 씨가 은퇴한 1988년에는 연간 1억 달러의 대기업으로 성장했다. 반면 우리 한국인의 불교에 대한 인식은 불교는 현세의 삶을 덧없는 것으로 보고 자본 축적이나 노동에 관한 윤리가 없다는 것이라며 서울대학교 박세일 교수는 불교의 가르침은 너무 적은 것에 집착하지 말라는 것이지 현세를 부정함이 아니라며 중생을 구제하는 보살 정신이나 사바세계를 부처의 세계로 만들려는 정신은 모두 현세를 긍정하는 것이라고 주장한다. 또한 장오현 동국대 경제학과 교수는 사치나 궁핍에 빠지지 말며 수입을 4등분하여 4분의 1은 자신에게 4분의 2는 사업에 투자하고 4분의 1은 저축하라는 붓다의 가르침은 노동윤리의 정화라고 주장한다. 또 성균관대 경영학과 유필화 교수는 화엄경에 있는 자리이타自利利他정신은 현대 기업의 마케팅 철학인 철저한 고객 지향 정신과 같은 말이라고 주장했다. 또한 서강대 경영학과 노부호 교수는 경영 혁신을 추구하는 기업은 부처를 밖에서 찾지 말라, 모든 것은 마음먹기에 달려 있다며 일체유심조一切唯心造의 가르침에 유념해야 한다고 강조한다. 이처럼 신지식인으로 세상 경영에 참가하는 기업가와 지식인들이 붓다의 가르침이 인류사회에 선견지명을 가지고 미래까지 통찰한 붓다의 가르침의 요체는 무엇이었던가. 첫째 남을 이롭게 함으로써 스스로를 이롭게 하는 자리이타 정신이 철저한 고객 만족을 지향하는 경영 방침이고 둘째 세상에 변하지 않는 것은 없다는 제행무상은 과거에 포로가 되어 혁신을 두려워 말라는 개혁 정신이고 셋째 밖에서 진리를 찾지 말라는 말은 내면세계에 철저하여 기업의 생리를 아는 조직 내의 의견을 존중해서 자력갱생의 토대를 다지라는 뜻이고, 넷째 이것이 있어 저것이 있게 되는 연기법을 이해하여 고객과 조직의 상호 이익을 추구하는 경영이어야 하고 다섯째 모든 것은 마음먹기에 달려 있다는 일체유심조의 원리를 이해하여 이루되 자만하지 않고 더디되 성급하지 않는 합리 경영을 추구해야 하고 일의 성패는 마음먹기에 달렸다 하여 창조 정신을 권하였다. 여섯째 모두가 부처가 될 수 있다는 성불 정신으로 자기 능력을 쏟으면 성공할 수 있다는 자신감과 긍정적 사고를 길러 최선을 다하는 풍토를 다져야 하고 일곱 번째 실천하지 않는 사람은 수행자의 반열에 들 수 없다는 가르침은 아무리 좋은 생각을 가진 인재라도 이를 실천하지 않으면 혁신도 개척도 희망도 없는 것이니, 뜻이 있으면 반드시 그 길을 걸으라는 가르침이고 여덟 번째는 고요하면 맑아진다는 가르침과 같이 텅 비운 마음으로 세상 한가운데 들어 사심 없이 사고하라, 그래서 자신이 주인이 되어 어떤 일에 결단을 내리는 주인의식을 가져야 하고 아홉 번째 간절한 원을 세워 정진하라는 가르침은 자신이 최선으로 선택한 목표를 향해 초지일관 정진하면 성공의 길이 열린다는 진리이고 열 번째 눈에 보이는 형상에 집착하지 말라는 가르침은 사람은 자기 의지나 사상에 갇혀 더 이상의 세계를 돌아보지 않으면 변화하는 세상에 동참하지 못한다. 마치 어린 코끼리를 1미터 쇠말뚝에 묶어 키우면 3톤 거구도 그 말뚝을 벗어날 줄 모르는 것처럼 부동의 관습에 갇히면 다변 세계 경영에 실패하기 때문이다. 붓다의 사상 세계를 집대성했다고 볼 수 있는 8만대장경 속에는 종교라는 이념을 초월한 우주자연의 이치와 경영의 정의로 만유 일원에 근거한 철저한 과학적 세상관을 선포한 붓다의 위대성을 입증한다고 말한다. 여기에서 말하는 상생 경영이란 바로 붓다의 대표 사상이라 할 수 있다. 붓다는 우리 인간이 우주 속에 존귀하니 우주 자연과 상생의 길로 가자는 가르침을 제시할 뿐이다. 붓다는 정심 응불 실천으로 붓다가 될 수 있다는, 철저히 자신을 낮추고 마음을 비운 인간세계의 유일하고 위대한 하심과 보시의 영원한 스승이다.

무욕無慾

가질 수 있어도 갖지 않는 겸손함

중국의 군웅이 할거群雄割據하던 춘추전국시대 다시 말하면 진나라의 시황제가 폭정을 일삼자 지방의 패권자들이 천하통일의 야심을 품고 오랜 세월을 두고 벌이던 전쟁이 끊임없어 붙여진 시대의 별칭이다. 그 춘추를 가리지 않고 이어지던 패권전쟁 속에서 유방劉邦이라는 장수를 도와 한漢나라를 세워 중국 천하를 반분했던 대업의 개국공신인 장량張良은 공신들에게 내리는 왕작王爵 즉 지방을 다스리는 제후라는 임금의 자리를 정중히 사양하고 초야에 묻혀 방원각方圓閣이라는 정자를 지어 널리 두루 원만한 세상을 꿈꾸는 장부의 거처로 삼아 청빈한 생활을 즐겼다. 생각건대 그 오랜 기간 이어지는 전란 속에서 자신의 영웅심과 용맹을 어떻게 쓸 것이며 천하를 다스릴 영웅이 누구인지 선택하는 일도 쉽지는 않았을 터, 그러나 그는 전쟁을 이기는 힘은 용맹이지만 천하를 다스리는 것은 덕이라 예견하였음인지 유방이란 인물을 선택하였고 자기가 지닌 용맹과 지략을 쏟아 전국시대를 잠재우고 덕 있는 임금으로 인해 천하태평의 대망을 이루는 데 큰 공을 세웠으니 제후라는 왕작보다는 지친 심신을 달래면서 폭정에서 해방된 백성 속에 들어가 맑은 삶과 마음으로 더 넓은 세계를 사색하는 청빈낙도의 길을 선택하였음이 분명하였으리라. 그러나 세속에 몸담는 두 아들이야 그의 깊은 뜻을 선뜻 이해했을 리 만무하였다. 자기들의 선친과 똑같은 공신들은 높은 자리에 올라 갖가지로 영화를 누리며 자신들의 존재에 만족하건만 우리 가족들은 보잘것없는 삶에 만족해야 하는지 불평을 하지 않을 수 없었다. 두 아들의 이러한 생각을 모를 리 없는 장량은 자기의 웅지를 이해할 때까지의 기다림보다는 그들의 마음을 인정하고 이해하도록 설득하는 게 우선한다는 마음으로 두 아들을 불러 놓고 자신의 진의를 고백하였다. 두 형제는 들으라, 포악무도한 진시황제가 백성들을 도탄에 빠뜨려 그 원성이 하늘에 닿았으니 현명하고 의로운 한나라를 세운 유방을 도와 이 나라를 반듯하게 일으켜 세웠다. 이제는 초나라와 한나라의 승부를 겨루는 전쟁이 끝나고 백성들이 부역과 전쟁의 짐을 벗고 편안한 삶을 살아가게 되었으니 이만하면 이 아비가 할 일은 다했다고 생각한다.

대장부가 세상에 태어나 학정에 시달리는 만백성을 도탄에서 구해냈으니 장부로서 이보다 더 큰 세상 일이 어디 있겠느냐. 만일에 그 이상에 욕심을 가진다면 스스로 나를 망치게 되리라. 보아라 살구꽃 삼월에 피고 국화꽃은 구월에 핀다. 이것은 비록 수목에 불과하지만 정해진 때를 알기 때문이니라. 욕심이란 끝이 없는 것, 벌써 다른 공신 중에는 권좌를 탐하다가 결국은 한패공에게 죽임을 당하는 일들을 보지 않느냐. 만일 인간세계에서 누가 더 훌륭한가 묻는다면 비록 초야에는 묻혀 살지만 나라의 융성과 백성의 평안을 위하여 근심한다면 임금보다 못하다 하겠느냐. 너희들은 태평성대를 살고 있다. 나를 바르게 세우고 학문에 정진하여 대공무사의 지혜와 덕을 기른다면 짧은 영화를 위하여 백년의 황금 같은 인생을 소비하고 처량한 생을 원망하지 않을 것이니 뜻을 크게 길러 분수대로 성공하려는 격 높은 웅지를 가지라 훈계하였다. 예나 지금이나 삶의 형태는 달라도 살아가는 진리는 변하지 않았다. 살구꽃은 삼월에 피고 국화꽃은 구월에 피는 것처럼 우주가 운행하는 섭리가 다르지 않은데 무엇을 달라야 한다고 변명하는가. 이도 경세하라. 인간이 지켜야 할 도리로 세상을 경영하라. 그리고 이를 보본하라. 사람이 바르게 살아 근본인 하늘의 섭리에 보답하라. 그렇지 않으면 반드시 실패와 불행을 경험하게 된다. 우리가 사람이니 짧은 교훈을 평생 좌우명으로 삼아야 한다. 현대인들은 옛사람들이 어리석었다고 말한다. 이것을 생각하면 된다. 동네 어귀에 천년의 수령을 자랑하며 마을의 수호신이자 쉼터가 되어주는 느티나무가 있다. 천년 전 눈에 넣을 만한 씨앗이 땅에 묻혀 땅의 습기와 하늘에 뜬 태양의 온기에 힘입어 두 잎으로 싹터 거목으로 성장하였다. 천년의 세월이 흘렀지만 살아가는 환경과 방식과 성질까지 티끌만큼도 변함이 없다. 다만 다르다면 크기와 세월의 흔적뿐이다. 작은 홀씨가 수억 배의 크기로 성장했지만 변한 게 없는 것처럼 우리 인간도 삶의 형식만 바뀌었을 뿐인 것처럼 말이다. 자고 이래로 순리를 어기고서도 잘 된 것은 없다. 인간은 다른 생명과는 달리 자유로운 행동과 높은 이해의 지혜를 가졌다. 그래서 만물 중에 영장이라 불리며 우리에게 생명과 자유를 허락한 자연에 감사하고 서로를 아끼는 경천외인을 기본 덕으로 인정한다. 다만 지나친 욕심을 억제하며 자연과의 관계 인간과의 관계를 공생의 인연으로 인정하며 사는 것을 지켜 나간다. 이러한 인류사회의 보편적 가치를 존중하지 않고 더하고 더 가지고 더 오래였으면에 집착하며 고요하고 맑은 세상을 어지럽혀서 선과 악이라는 경계를 설정하여 사람이 사람을 다스리는 권선징악의 법이라는 방편으로 살아간다. 비단 장량이라는 시대의 영걸뿐이겠냐만은 우리가 유복한 삶을 살아가는 것은 자신을 낮추고 욕심을 내지 않는 현명한 선현들의 사상과 밭을 갈고 씨를 뿌리려는 문명의 선구들이 희생한 덕이려니 어찌 가벼이 여기며 흘러간 역사라 치부하겠는가. 무욕이란 자신을 나눔이며 덕이다. 또한 무욕이란 아무것도 가지지 않는 것이 아니라 가지지 않아도 되는 것을 갖지 않는 것이다. 그러고 보면 욕심이란 덧없는 공상에 불과한 허욕이다. 밥에 밥을 더하고 옷에 옷을 더하는 격이다. 옛글에 공을 양보하여 명예가 드높고 이익을 나누어 사람의 마음을 얻으니 이는 군자의 도리이며 지조이다. 장량이 만일 제후의 자리에 올랐다면 또 다른 정적을 만나 정쟁을 치르는 수난과 국가의 환란을 자초했을지도 모를 일이 었으니 사람의 곧고 맑은 지조는 세상을 태평케 하는 바른 길이니 가히 의로운 영웅심리의 결로라 하리라. 자신을 낮추어 천하를 얻는 현명함이야 영원한 장부의 길이 아닌가.

제야의 소회除夜의 素懷

눈을 들어 세상을 보라
그리고
물 같은 평정심으로 네 안의 너를 보라
이 세상에서 너는 누구며 또 무엇인가를
이 서릿발같은 역설적 화두 앞에
누가 자유롭다 하는가
부끄럽지만 필자는 몸 둘바 없어 차라리 매를 든 도둑이 된다.

나는
생겨나 살아가는 이 땅에 입맞춤하며 낳아 기른 부모처럼 목숨 깎아 섬기며 숙명으로 정해진 길 따라 살기 위해 청정한 마음밭에 어떤 씨앗을 뿌려 가꾸었는지 크게 뉘우쳐 다함이 없다.

사람은 누구나
누가 초대하지 않았어도 이 세상에 오고
누가 부르지 않아도 어디론가 떠나는
부초 같은 생
매인 바 없으니 한바탕 누리다 가면 어떠며
타고 난 자유니 마음 가는 대로 누리면 어떠랴.

이성과 방종 사이를 오가는 시비는 하늘이 준 천성의 양심으로 정의함이 옳지 않은가. 세상에 존재하는 사물은 반드시 연기의 법칙에 부합하는 근본에 기인하는 것 사람에게 부여된 몫이 중의 생명과 자유가 으뜸이지만 삶이란 자유만이 보장하지 않으며 오히려 자연과 사람과의 원만한 관계와 질서적 조화에 있음이 분명하다. 그러함으로 나는 누구며 무엇인가를 강조하는 것이다.

세상을 바라보는 눈은 있어도 나를 바로 보는 눈은 어두워 자아 성찰을 게을리했던 허물이 세상에서 나는 매를 든 도둑이라 자처하기에 이른 것이다.

나와 세상 사이 아무리 스스로 거룩하다 자찬해도 나는 만물 중에 한 톨의 개체에 불과한 존재 그 이상일 수 없는, 것 그러므로 우주의 섭리를 존중하고 분수에 맞는 길을 물어감이 옳다. 과정의 실패와 고난은 욕심에서 오는 것 오히려 좌절과 병고를 스승으로 삼으라는 석가의 가르침에서 위안을 얻으며 나는 지금 어디에 서 있는지를 점검해야 한다. 어느 선사의 선시처럼 이번 생은 망쳤다에서 나 스스로 포기하기에는 아직도 살아있다는 실증적 인식에서 오히려 무지를 나무라며 자신을 돌아보는 과제가 기다린다. 어느덧 어둠에 싸여 가는 서재의 적막이 나를 끝없는 사유의 바다로 유인하며 나와 세상 탓에 손을 끈다. 창틈을 엿보던 바람도 자고 외로이 서 있는 가로등이 제야를 재촉하듯 등을 밝힌다.

그리도 희망에 부풀었던 대망의 정유년.

파란만장한 잔짐을 진 채 굽고 비틀어져 만신창이가 된 흉한 몸으로 절며 격랑의 준령 앞에 초췌한 모습으로 서 있다 어쩌면 나의 처지와 닮은 모습이 안타깝다. 그렇지만 석별이란 또 하나의 만남이라는 말처럼 눈물 뒤에 오는 기다림에 희망을 갖자. 큰 산에 불이 나자 산새 한 마리가 둥지를 지키기 위해 멀리있는 냇물을 입에 물어나른다. 사력을 다했지만 몸을 담던 둥지와 함께 최후를 맞는 산새의 운명에서 삶의 무상을 본다. 경에 이르기를 일심이면 못 이룰 일이 없으리라는 말과 산새의 죽음을 어떻게 이해할까. 그렇다, 살아있음의 가치는 눈앞에 있지 않고 삶의 저 뒤에 있음이라면 이해될까. 공자는 사람이 가장 두려워 할 것은 죽음이 아니라 죽은 후의 들림이라 하였다. 사물과 생명의 진정한 가치는 생사를 넘어 남겨진 것에 대한 이성적판단이 정한다. 어느 시인은 참으로 진정한 사랑의 승리자를 열매를 위해 떨어지는 꽃잎에서 배운다고 읊었다. 시인이야말로 사물 밖의 사물을 보려한 지성이 보인다 하겠다. 꽃잎은 향기롭고 화려하지만 궁극적 목표는 열매를 위해 존재했음을 확인하게 된다. 앞서 소개했던 산새의 죽음은 가슴아프지만, 그 죽음이 남긴 진한 의미는 우리의 단순한 감정을 압도한다. 진정으로 나는 누구인가 라는 물음 앞에 놓이는 영역은 감당하기 어렵도록 광범위하고 진지하다. 자신을 닦고 가정을 정제하며 사회와 국가와 국민을 근심하며 세계라는 광범위한 영역까지 그뜻이 미침은 한이 없다. 그래서 사람이란 이름으로 산다는 것 그것은 결코 쉽지 않다는 것을 암시한다. 한편으로는 우리는 국가의 주인을 선택하는 권리 특정한 이익을누리는 권리를 가진 반면 나라를 지키는 의무와 납세 그리고 법과 질서의 당사자로 권리와 의무의 균형 잡힌 공정의 원칙 속에 살고 있다. 더 나아가서는 인간에게 지워지는 또 한 영역의 윤리적 도덕적 사명이 우리에게 지워진다. 현행 법률은 삶의 현실이고 뒤의 윤리와 도덕은 그 영혼 세계에까지를 관장하는 무한의 사명인 셈이다. 먼저는 부모와 자식은 혈육관계이니 친함이 으뜸이고 나라를 다스리는 군주와 신하는 의로써 지켜가야 하는 섬김의 관계이고, 부부는 가정을이루고 자손을 생산하며 평생을 동반하는 귀한 인연으로 사랑과 희생의 보루고 먼저 난 사람과 후에 난 사람은 서로 공경하고 믿으며 벗끼리는 뜨거운 우정과 상호신뢰로 사회 구성의 자산이 되는 동료다. 인간이 갖추어야 하는 윤리와 도덕은 인간이 이룬 사회에서는 현행 법률에 우선한다. 할 만큼 중요한 덕목이다. 인간사회의 모든 법과 제도와 윤리와 도덕도 하늘을 공경하고 사람을 귀히 여기며 사랑하는 행위로 귀결된다. 비단천처럼 짜여진 우주의 섭리와 인간의 도리와 법과 제도 자유로이 숨쉴 틈도 없는 세월에서 살아있다는 것은 세상이 나에게 큰 용서를 내린 은덕이 아닐 수 없어 언제나 몸은 낮추고 눈은 높여 세상을 바로 보려 한다. 어느덧 맑은 하늘에는 동짓달 보름달이 완월이 되어 세상을 내려다본다. 정유년이 남긴 이 땅의 운명은 가혹을 넘어 잔인했다. 천명을 받은 군주는 어리석어 나라와 민족의 자존과 희망을 무너뜨렸고 권세와 탐욕이 만연한 위정 의장에는 나라와 민족보다 집단에 충성하고 뒤질세라 사회 곳곳에서는 패륜과 살상과 반목과 원망이 하늘을 찌르는 인간으로서의 본질을 벗어난 약육강식의 악습이 난무한 광경, 더하여 이 나라와 민족의 생존을 위협하는 망령들이 사면을 채우는 현실 속에서 뼈를 깎는 자성으로 출범한 군주의 각오를 믿는 수밖에 없어 간절히 비노니 우리의 진심으로 잃어버린 이성과 팽개쳐진 윤리와 도덕과 양심으로 중죄를 용서하고 다시는 이 땅에 허물의 잔재가 걷치고 희망과 용기와 사랑이 넘치는 무술년이 맞아지기를 엎드려 빈다. 아 사랑하는 내 나라와 형제들 그리고 금같이 소중한 역사와 문화와 전통이 날로 빛나는 영원한 들날을 소망하며…….

청류淸流

강 그 원천이 맑았거니

왜 하필 중국의 역사서냐고 나무란다면 먼저는 나의 미천한 학식과 역사관 그리고 망국의 절망기에 태어나 역사적 변혁기에 성장하면서 자립 의지 부족으로 학습의 기회 상실에서 오는 공황기를 손쉽게 면하고자 고전에 의지한 바, 그 인연으로 눈에 띄는 한 도막 역사 속에서 청류처럼 맑고 의연함과 그 이치를 숭모하여 치국의도로 삼은 황제들의 포용과 충서사상 그래서 이루었던 태평성대의 위대성이 현대사회에 타산지석으로 삼아 부족함이 없다. 여겨져 인용하려 함을 밝히는 바이다. 한 나라의 개벽과 역사를 주도한 위인들은 한결같이 그 뜻이 맑고 안목이 깊고 넓었으며 경천애인의 숭고한 치세 이념으로 왕도에 임했으니 거대한 중국 천하를 연 황제의 성은 공손이고 이름은 헌원이다. 헌원은 태어난 지 얼마 안 되어 말을 하는 등 영민하였고 성장 후에는 매사에 사리가 분명하였다. 당시 신농씨의 세력이 쇠퇴하자 제후들은 다투었고 백성은 도탄에 빠졌다. 그러기에 헌원은 신농씨에게 복종하지 않는 세력 중 치우만 제외하고 모든 세력을 복종토록 하였다. 헌원은 군대를 재정비 하고 오곡을 경작케 하여 백성들을 풍족케 하였으며, 다시 치우와 싸워 이겼다. 그러나 치우가 다시 난을 일으키자 탁록 전투에서 그를 사로잡아 죽였다. 그러자 제후들이 헌원을 천자로 받들어 신농씨를 대신하게 하니 헌원이 황제의 칭호를 얻게 되었다. 황제는 탁록산 아래에 도읍을 정하고 천하를 순회하였다. 황제는 하늘로부터 제위를 상징하는 보정과 시간을 재는 신책을 얻었다. 나아가 의식주와 상제 절차를 정하고 천기를 이용하여 백성뿐 아니라 모든 생명을 이롭게 하는 정책을 폈다. 또한 황제는 스물다섯의 아들이 있었고 둘째 창의의 아들인 전욱이 황제의 제위를 이어받아 선정을 베풀었으며 다시 헌원의 장자였던 청양의 손자인 제곡이 전욱 황제의 뒤를 이어 하늘을 숭상하고 백성을 사랑하며 자신의 수양에 힘써 덕치를 근본으로 천하를 다스렸다. 황제는 다시 그 손자에게 양위되었으나 그에 미치지 못하자 제곡 황제의 아들인 방훈이 제위를 물려받으니 그가곧 요이다. 요는 하늘처럼 인자하고 신처럼 지혜로웠으며 백성들은 그를 태양처럼 우러러 섬겼다. 황제는 교만하지 않고 덕으로 다스리니 천하가 태평하였다. 또한 희씨와 화씨에게 명 하여 일월성신의 운행 법칙과 영농법을 백성들에게 보급하고 일년을 삼백예순여섯 날로 하되 삼 년에 한 번의 윤달을 두어 시간의 오차를 바로잡게 하였다. 요는 말년에 이르자 후사를 걱정하였고 그 뜻을 이해한 방제가 요의 아들 단주를 추천하니 단주는 호전적 기질이 있다며 승낙하지 않았다. 또한 대신인 환두가 공공을 추천하자 공공은 호언가로 사심의 소지가 있다며 거절하고 다시 대신들이 신중을 기해 곤을 추천하자 승낙하였다. 그러나 당시에 불행하게도 큰 홍수가 발생하여 산을 휘감고 들을 삼키며 백성들을 도탄에 빠트렸으나 구 년이란 세월이 흐르도록 완전한 치수를 수행하지 못하자, 다시 황제를 추천토록 명하였다. 그러자 조야의 대소 관리들이 머리를 맞댄 오랜 논의 끝에 우순이란 노총각을 천거하였다. 일설에 의하면 그의 아비는 예의도 없고 교만하였으나 우순은 지극한 효성으로 집안을 화목하게 다스린다고 그의 사람됨이 훌륭함을 솔직히 아뢰었다. 그러자 요는 그를 시험해보기로 하고 두 딸을 그의 아내로 주며 그의 능력을 시험하였다. 그러자 순은 아내들에게 부덕과 수양을 강조하는 등 뛰어난 제가의 도리를 실행하는 등 숨은 능력을 보였다. 그러자 황제는 다시 아홉 아들을 보내어 그를 돕게 하였더니, 그 아들들은 순의 담대한 기질과 단호한 신념에 감복하는 것이었다. 그런데 그의 아비는 의외로 순을 질투하였지만 지극한 효성으로 아비를 개과천선토록 설득하였다. 그런후에 황제는 순을 불러 아버지는 위엄이 있고 어머니는 자애로우며 형은 우애하고 아우는 공경하며 자식은 부모에게 효성스러워야 함을 가르치는 예관의 자리에 임명하자 능히 감당하였고 다시 제후와 사신을 접대하는 사관에 임명하자 명철히 수행하였다. 또한 치산치수의 정책도 능력을 발휘하자 드디어 황제가 양위의 뜻을 전하기에 이르렀다. 이에 순이 덕의 부족을 들어 간곡히 사양하였다. 그러나 요는 다음해 정월 초하룻날을 기해 순에게 황제의 자리를 대행케 하였다. 그러자 순은 역법을 재정비하고 하늘과 산천과 신과 조상에게 제를 올리는 동시에 제후들을 접견한 후공후백자남의 자리를 서열에 맞게 내리며 옥으로 만든 신표를 일일이 나누어 주었다. 또한 도량형의 정비에서 길흉빈군가의 가례를 제정하고 조정에 바치는 진상품을 작위에 따라 공평히 배정하였다. 길을 뚫고 물길을 바로잡았으며 죄의 질에 따라 형벌을 고려하는 등 상벌 기능을 쇄신하였다. 급기야 황제는 순에게 천자의 자리를 맡기고 은거한 지 이십 년 만에 아들인 단주를 대신하여 순에게 천자를 양위하며 말했다. 세상 모든 사람에게 손해를 보게 하며 한 사람만 이익되게 할 수는 없는 법이라며 아들인 단주를 버리고 순을 선택한 바른 도리를 엄히 설명하였다. 양위한 지 팔 년 만에 황제가 붕어하자. 천하 백성과 문무백관이 부모를 잃은 듯 슬퍼하였다. 순은 요의 삼년상을 마치자 단주에게 천하를 양보하고 남쪽으로 낙향하자 모든 제후들이 단주가 아닌 순을 의지하며 국사를 논하기에 이르렀다. 이에 순은 이게 하늘의 뜻임을 겸허히 받아들이며 다시 황제의 자리에 복위하였다. 그 후에는 우와 고요와 설과 후직과 백이와 기와 용과 수와 익에 이르기까지 신하들을 적시적소에 임명하여 천하를 다스렸다. 우는 물과 토지를 후직은 농사를 설은 백성을 교화하는 일을 고요는 형벌을 수는 농공상의 기술을 익은 산림과 하천을 백이는 모든 제례를 기에게는 가무와 풍류를 용은 황제의 명령의 사령으로 백성의 의사를 수집하여 정사에 반영하는 등 모든 치국의 근간을 총망라하여 빈틈없는 국정의 기틀을 바로 세워 일사불란하게 하늘에서 백성에 이르기까지 성심을 다하는 선정을 베풀었다. 많은 신하들의 업적에 우열을 가리자면 우의 치적이 가장 돋보였다. 순은 천자에 오른 후 처음으로 천자의 깃발을 꽂은 수레를 타고 부친인 고수에게 인사를 가서 매우공손하게 자식의 도리를 다하였다. 이복동생인 상에게 제후의 자리에 봉하였으나 자기의 아들인 상균은 제위를 이을 재목이 아니라며 배제하였다. 황제는 치적으로 공이 탁월한 우를 제위의 적임자로 지목하여 두었다. 얼마 후 황제는 남쪽 지방을 순회하다 창오라는 고을에서 승하하니, 순은 스무 살에 효자의 반열에 올랐고 서른 살에 등용되었고 쉰 살에 천자를 섭정하고 쉰 여덟 살에 황제가 붕어하였고 삼년상을 마친 예순한 살에 황제에 올라 천하를 순치한 지 삼십구 년 만인 백 세에 붕어하였으니 장구한 천수를 누렸다. 돌이켜보면 시황제인 공손헌원에서 요를 거 순에 이르는 도도한 역사의 강은 굽이는 있었지만 무애한 청류의 물줄기는 변함없이 곧게 흘렀음은 본래 시원이 청정하였음을 역설한다. 성군인 세황제의 진인사대천명의 사상이 범부였으면 행운을 탐했을 시간을 자기수양의 기회로 삼아 절차탁마의 고난을 극복하는 여유와 당당한 패기 대의 실현을 극복의 사명으로 여겨 천명을 받아 하늘을 부모처럼 나라와 백성을 자기 몸처럼 아끼고 사랑하였으니 가히 왕도를 실현한 성군이었고 인류 역사에 큰 획을 긋는 대기만성의 표본이었다 하리라. 인류의 유구한 역사 속에 명멸해간 수많은 영웅호걸과 군주 중에 태양처럼 눈부시게 기억을 남긴 군주가 과연 몇이었을까. 여기에 적은 이들을 위대하다 여기며 감히 단졸한 기억을 더듬어 적었음을 밝혀둔다.

선비의 기개氣槪

진晉나라 시대의 역사서에서

예양이란 사람은 진나라 사람으로 진나라의 대부 범씨와 중항씨를 섬겼으나 충성도에 비교하여 상응한 대우 곧 인정을 받지 못하였다. 당시 진나라는 범씨와 지씨, 위씨, 한씨, 조씨, 중항씨가 정권을 잡고 있었다. 그중에서도 지백의 세력이 가장 강했다. 예양은 얼마 후부터는 지백을 섬기게 되자 가장 총애를 받았다. 당시 지백이 조양자를 몰아내려 하자 조양자는 한씨 위씨와 짜고 지백을 죽인 후 지백의 후손까지 멸족을 시키고 소유한 땅까지 셋으로 나누어 가졌다. 뿐만 아니라 지백의 해골에 옻칠을 해서 술잔으로 쓰는 등 잔인하고 철저하게 보복하였다. 그러자 지백을 섬기던 예양은 깊은 산속으로 숨으면서 이를 악물고 철치부심하였다. 의로운 선비는 의리를 지키고 현명한 여인은 사랑하는 사람을 위하여 화장을 한다 하였던가. 지백은 진실로 나의 진심을 알아주었으니 죽음을 각오하고 지백의 원수를 갚아주는 것이 선비된 자의 도리가 아닌가. 예양은 이름을 바꾸고 의도적으로 죄수로 가장하여 조양자의 궁 안으로 들어가게 되었다. 예양은 은밀히 비수를 몸에 지닌 채로 호시탐탐 기회를 노렸다. 그런데 마침 조양자가 사용하는 뒷간의 벽을 바르는 일을 하고 있었다. 그러던 어느 날 조양자가 뒷간에 들어오자 때를 놓칠세라 비수를 꺼내 찔러 죽이려 하였으나 경계심이 강한 조양자에게 발각되어 실패하고 말았다. 예양은 체포되어 심문을 받게 되자 고개를 곧게 세우며 고백였다. 나는 오직 나를 바르게 인정해 준 지백의 원수를 갚아주려 했을 뿐이라며 당당하게 실토하였다. 그러자 모두가 그를 죽여야 한다고 하였지만 조양자는 예양을 풀어주라 명하였다. 나는 앞으로 조심하고 경계하면 될 일이지만 저 자는 참으로 의로운 자가 아닌가. 지백은 이미 죽었고 그 후손조차 남아있지 않은데 가신된 자로서 심기던 지백의 원수를 갚아주겠다며 목숨을 아끼지 않은 의기는 천하가 알아줄 어진 이가 아니던가. 예양은 몸에다 옻칠을 하여 문둥병 환자로 변장을 하고 숯을 삼켜 목소리를 쉬게 만들었다. 혹시 자기를 알아보는 이가 있는지 시험삼아 저잣거리에 나가 구걸을 하였는데 자기 아내조차 알아보지 못하였다. 예양이 친구를 찾아가니 친구는 그를 알아보며 울면서 말하였다. "자네를 바라보니 목이 메이는군. 자네라면 조양자의 신하가 되어도 총애를 받을 것을, 조양자가 자네를 가까이하게 한 후에 복수를 하는 것이 오히려 쉽지 않겠나." 그러자 "내가 조양자를 섬기면서 한편으로 죽이려 한다면 두 마음을 가지고 주인을 섬기는 것이 되니 나도 내가 하려는 일이 쉽지 않음은 알지만 두 마음을 가지고 주인을 섬기는 자들을 후세까지 있게 할 수 없어서라네." 얼마 후의 일이다. 예양은 조양자가 말을 타고 지나갈 다리 밑에 숨어 있었는데 조양자가 다리를 지나는 순간 말이 놀라는 게 아닌가. 그러자 조양자가 말했다. "이 다리 밑에는 분명히 예양이 숨어 있을 테니 잡아 오너라." 조양자는 잡혀온 예양을 꾸짖으면서 "너는 이미 범씨와 중항씨를 섬기지 않았더냐. 지백이 그를 죽일 때에는 그들을 위해 복수하지 않고 오히려 지백을 섬기더니 어찌하여 유독 지백의 원수를 갚으려 하느냐." "맞는 말이지만 틀린 바도 있소. 범씨와 중항씨를 섬겼지만 그들은 나를 보통사람으로만 대우했기에 나도 보통사람으로 보답했을 뿐이오. 그러나 지백은 나를 국사로 대우하였기에 나 또한 국사로 보답하는 것이오." 그 말을 들은 조양자는 감격하여 눈물을 흘리면서 말하였다. "애석하도다 그대는 지백을 위해서 충절을 다했다는 명예는 지켰고 나 역시 그대를 충분히 용서하였다. 그러나 이제는 그대를 살려줄 수가 없구나." 조양자는 병사들로 하여금 예양을 포위케 하자 예양이 다급하게 말하였다. "옛말에 충신은 명예와 절개를 위해 죽을 의무가 있다고 하였소. 비록 내가 마땅히 죽지만 원컨대 당신의 옷이라도 내 칼로 쳐서 복수의 뜻을 이루게 하여 주시오." 조양자는 예양의 의로움에 감탄하여 자기 옷을 베도록 허락하였다. 예양은 칼을 뽑아 조양자의 옷을 세 번 내리치면서 비로소 지하에 잠든 지백에게 작은 보답을 하게 되어 기쁘다며 자기 칼을 가슴에 찔러 자결하였다. 자아실현, 그 용기와 기개에 한 없는 동경을…….

王인가 白丁인가

공자가 태산을 지나다가 깊은 산속에서 여인의 애절한 통곡소리를 듣고 수레에서 내려 그 여인의 사연을 듣기로 하였다. 사연인즉 삼년 전 사나운 호랑이가 시아버지를 해치더니 작년에는 내 자식을 어젯밤에는 남편마저 죽임을 당했다며 슬픔을 이기지 못해 하늘을 원망하며 우는 것이었다. 가족을 맹수에게 잃느니 보다 그 산골을 벗어나 사는 게 낫지 않겠느냐는 말에 나라에서 가혹한 세금과 부역을 강요하며 명을 어기면 무서운 형벌을 내린다니 차라리 숨어 사는 게 낫지 않겠느냐는 것이었다. 공자가 제자들에게 나라의 가렴주구苛斂誅求는 호랑이보다 무섭다며 탄식하였다. 천자의 제위를 물려받은 걸傑왕이 제위를 물려받자 제후들이 등을 돌리기 시작했다. 걸왕은 가혹한 세금과 부역으로 백성들의 힘을 소진시키고 나라의 재물을 약탈하여 백성들이 서로 화목하지 못하게 만들었다. 백성들은 저 태양은 언제 지려는가. 차라리 오늘 저 태양과 함께 지고 싶구나 라고 탄식하기에 이르렀다. 그 원성 높은 걸왕을 지게 한 임금은 백성을 위해 공을 세우지 못하면 내가 벌하리라며 백성을 가족같이 섬긴 탕湯왕이었다. 또한 탕왕이 붕어하고 여러 대를 거치는 동안 은殷나라는 쇠퇴하여 갔다. 그 후 주왕紂王이 오르자 백성들의 원성은 하늘을 찔렀다. 주왕은 총명하고 말재주가 뛰어났다. 또한 맨손으로 맹수를 제압할 정도로 용맹스럽고 교만하여 신하들의 말에는 귀를 기울이지 않았을 뿐 아니라, 주색에 빠져 방탕하였고 특히 달기라는 여인의 미색에 빠져 정사는 게을렀다. 주왕은 막대한 세금을 거두어 녹대를 돈으로 채우고 거교를 곡식으로 채웠다. 궁궐로 악공과 광대를 불러들이고 연못에 술을 채우고 나무에 고기를 빽빽이 매달아 놓고 남녀들의 옷을 벗겨 음탕한 짓을 하게 하면서 음주가무로 밤을 새웠다. 급기야 백성들의 원성이 높아지고 제후들이 등을 돌리자, 왕은 벌을 엄하게 하면서 서백과 구후와 악후를 중용하여 삼공으로 삼았다. 구후는 아름다운 딸을 주왕에게 바쳤는데 음탕한 짓을 싫어하자 죽여 버리고 후사가 두려워 구후도 죽인 후, 포를 떠서 소금에 절여두었다. 악후가 이를 말리자 악후마저 포를 떠서 죽였다. 이 소식을 들은 서백은 탄식을 하였다. 그런데 한 신하가 이를 듣고 주왕에게 일러바쳤다. 주왕이 서백을 유리상자에 가두자 서백을 따르던 굉요 등이 미녀와 보물, 준마 등을 주왕에게 바쳐 서백은 풀려났다. 서백이 낙수 서쪽에 있는 땅을 바치자 기뻐하며 서백에게 제후들을 징벌할 수 있는 권한과 더불어 서쪽지방 제후들의 우두머리로 삼았다. 서백이 덕을 베풀고 선정을 하자 제후들이 서백을 따르게 되었다. 서백의 세력이 강해지자 주왕의 이복형인 비간이 서백을 징계하라 일렀지만 주왕은 듣지 않았다. 서백이 세상을 떠난 후 그의 아들 주周나라 무왕이 동쪽 지방을 징벌하여 맹진지방에 이르렀다. 이때 주나라의 깃발 아래 모여든 제후가 팔백에 이르렀다. 모든 제후들이 무왕에게 주왕을 징벌하자고 권하였으나 무왕은 때가 되지 않았다며 다시 주나라로 돌아갔다. 주왕은 갈수록 음탕해졌다. 미자라는 사람이 몇 번이나 충고했지만 듣지 않았다. 그러자 미자는 은나라로 떠나버렸다. 그러나 비간은 신하는 죽는 한이 있어도 왕에게 충성을 다해야 한다며 계속해서 주왕에게 간언하였다. 그러나 도리어 주왕은 진노하였다. 성인의 심장에는 구멍이 일곱 개 나 있다고 들었다. 내 오늘 알아보리라. 마침내 주왕은 비간의 가슴을 갈라 심장을 도려내었다. 기자는 너무 두려워 미친 척하였으나 주왕은 그를 잡아 가두었다. 그때 마침 주나라 무왕은 제후를 거느리고 주왕을 징벌하였다. 그러자 주왕도 군대를 일으켜 목야에서 결전을 벌였으나 결국 패하고 말았다. 주왕은 성으로 도망쳐 녹대로 올라가 보석으로 호화롭게 장식한 비단옷을 뒤집어쓰고 불에 뛰어들어 자살하였다. 무왕은 주왕의 목을 베어 깃대에 높이 매달았다. 달기도 처형하였다. 무왕은 기자를 풀어주고 비간의 묘에 봉분을 올려주었다. 그리로 주왕의 아들 녹보에게 봉토를 주어 은나라의 제사를 끊이지 않게 하였다. 이로써 주나라 무왕은 천하의 패권을 누리게 되었다. 임금은 나라를 내 몸같이 아끼고 백성을 부모같이 섬기는 게 정도이거늘 왕관은 눈이 없는지라 백정의 머리에 잠시 얹혔다 내려간 짧지만 지루했던 악마의 최후. 역사에도 가정이 있었던가. 진정 하늘에 천심이 있었던가. 인간 범부에서 왕까지 탐욕에 기운 마음에 노예가 되어 참인간이 무엇인가, 인도는 무엇이며 왕도는 무엇인지, 인간사 진실의 주변을 맴돌다 어떤 이는 길을 찾고 어떤 이는 영영 길을 잃는 미아가 되어 먹줄 같은 우주의 섭리에서 가까이 또는 멀리 떠돌다 가는 것. 세상 사람들이여 그대는 그대의 이름을 적은 삶의 증표를 어느 곳에 꽂고 가려는가. 선과 악 그 선택이 그리 어렵던가. 아-허무한 인생인 걸!

자신을 향해 쏘다

"자네는 사냥을 잘하지만 자신을 향해 쏘지 못하니 솜씨가 별로구먼." 옛날 당나라의 미조선사가 길을 걷다가 사슴을 쫓는 사냥꾼에게 던진 한마디 말이었다. 그 말을 들은 사냥꾼은 놀랍게도 그 자리에서 활을 부러뜨리며 마조선사의 제자가 되겠다며 정중히 절을 하며 간청하는 것이었다. 그가 바로 훗날 높은 이름을 세상에 떨친 혜장선사다. 부처는 가르침을 통해 생명이 있는 모든 것에 불성이 있으며 이를 깨달아 수행하면 부처가 될 수 있다 하였던가. 사람이 가장 경계할 것 중에 탐욕과 성냄과 어리석음이 으뜸이다. 그중에 먼저가 탐욕이라 할 수 있다. 사람을 탐욕의 동물이라고 한다. 사람은 본래 지혜롭고 영장의 기질이 강하며 의식주의 형태가 다르듯 살아가는 방법도 다양하다. 농상공을 비롯해서 나라를 다스리는 관리도 있고 백정도 있고 사냥도 있다. 여기에서 소개된 사냥이야말로 한 발의 화살이 적중만 된다면 먹을 양식과 값진 모피를 얻을 수 있으니 탐낼 만한 직업이 아니던가. 다만 그 얻어지는 내면에는 차마 목견하기 어려운 잔인함이 있기에 천하게 여겨졌던 이유도 있었으리라. 잘 훈련된 야성의 사냥꾼은 사슴의 특성과 활동하는 길목까지 숙지하고 단 한 번에 목숨을 취할 수 있는 예리한 화살을 장착하고 있다가 아무 정황도 모르고 먹이를 찾아 나서는 사슴은 자기방어 수단이라고는 겁 많은 경계심과 위험신호를 탐지하는 유난히 큰 귀와 속도를 낼 수 있는 네 다리로 모두가 공격이나 방어 수단이 아닌 도피에 필요한 기능 뿐이다. 경계심만 가지고 먹이를 찾아나선 사슴은 치밀한 계획과 흉기를 든 사냥꾼의 화살을 맞고 쓰러진다. 목숨이 끊길 때까지 느끼는 고통과 죽음의 공포. 본능적으로 탈출의 충동을 느끼는 효과 없는 몸부림과 오직 죽음을 예견하지 못한 겁에 질린 눈동자의 당황한 움직임이 전부인 패자의 죽음 앞에 회심의 미소를 짓는 사냥꾼의 희열이 교차하는 잔인한 광경이 마조선사의 뇌리를 스쳤으리라. 선사의 차마 못하는 자비심의 발로가 곧 부처의 출가 사유였으리니, 자신의 부귀영화를 단연코 버리고 만상이 겪는 번뇌에서 벗어나 해탈의 경지에 이르러는 깨달음의 첫 걸음에는 불살생의 계율로 시작되었다 해도 과언이 아니다. 더구나 천상천하유아독존이라 선포했듯 우주 만물과 인간은 서로 소통하고 교감하는 하나된 공동체니 모두가 존귀하다 하였으니 누가 누구를 죽이고 죽여야 하는가. 지배하는 지략과 제압하는 완력만이 인간에게 주어진 천부의 전부가 아니다. 인간에게 주어진 영장의 기질은 오히려 죽임과 지배를 통한 삶의 완성이 아니다. 천지자연의 섭리와 상생 법칙에 순응하여 천지자연의 조화를 도와 공생하는 순리를 존중하여 실천하는 사명적 책무도 잊어서는 안 된다. 본래 삶이란 소유도 경쟁도 일종의 수단이다. 씨앗을 먹은 새가 영양을 섭취한 후 배설을 통해 재생의 기회와 자리 옮김의 효과를 나타내는 호혜의 상생이면 좋겠지만 먹고 먹히는 만물의 생태를 어찌 부정만 하겠는가. 다만 필요 이상이나 분에 넘는 살생을 금한다는 불생이다. 측 차마 못하는 긍휼지심으로 대처하란 뜻이다. 어진 임금 앞에 소 한 마리가 백정의 손에 끌려가자 임금이 이르기를 그 소가 너무나 가엾으니 양으로 바꾸라 명한다. 소와 양의 죽음의 가치가 달라서 내리는 명이 아니다. 죽음을 향해 끌려가는 소가 죽음의 공포에 얼마나 떨 것인가. 차라리 눈에 보이지 않는 양을 지칭한 것이다. 백성을 하늘 같이 여기는 임금의 성심이니 누구의 목숨인들 귀하지 않았던가. 마조선사가 사냥꾼을 불러 세운 것도 이와 다를 바가 아니다. 불심을 생명으로 여기는 선사의 뜻 중에는 사람은 언제 어느 일에나 역지

사지하는 여유로운 마음으로 사물을 보며 될 수 만 있다면, 형평의 가치를 찾으려 노력하자는 가르침이었으리라 짐작한다. 다행히도 마음을 바꾸어 살생의 생활방식을 과감히 탈피하고 선사의 높은 뜻을 좇아 정진 후에 세상에 높은 이름이 빛나는 경지에 오른 선업은 세인의 사표가 됨은 물론 비록 삶의 수단은 사냥꾼이었으나 불성이 있어 개과천선하여 성불에 가까운 경지에 이르렀음은 기적에 가까운 성취임이 분명할 뿐 아니라, 활을 꺾음으로 해서 지속적으로 잔인한 살생의 비명소리가 그쳤으니 얼마나 큰 보시행이며 선업이던가. 생명이란 한 번 빼앗기면 다시 구할 수 없는 것이기에 존중하는 것이다. 어느 철학자는 사람은 행복하기 위하여 태어난다고 하였다. 철학자가 추구한 행복의 조건은 무엇일까. 소유일까 감정일까. 아마도 무엇을 얼마나 가지느냐보다 무엇을 어떻게 느끼느냐에 무게를 두었을 것이다. 소유를 달성하기 위해서는 노력이 필수지만 소유의 한계를 정하지 않으면 탐욕이 발동하고 이를 억제하지 않으면 그 소유는 재앙이 되어 오히려 자신의 행복을 앗아가는 결과를 가져오게 된다. 작은 것에 만족하고 결과를 인정하는 것이야말로 행복을 유지하는 길이다. 자신을 향해 쏠 수 있는 용기와 지혜야말로 자신을 바르게 지키는 철학이다. 어떤 일이든 결과만큼이나 중요한 것은 과정이다. 과정이란 역지사지와 성찰의 기회를 한 여과 기간이기 때문이다.

날마다 새로워지는 삶을 위하여 자신을 경계하는 지혜의 화살을 준비할 일이다.

청렴하고 분별력이 뛰어난 배해

한나라 때의 배해는 자를 숙칙이라 하며 하동 문희현 사람이었다.

재주가 총명하고 식견이 넓으며 도량이 남다른 사람이었다. 그는 소년시절부터 왕륭과 함께 이름을 날렸다. 당시의 재상인 종회가 진나라의 문제에게 추천하여 재상의 비서직에 채용되었고 인사 담당 자리가 공석이 되자 다시 종회에게 물었다. 그러자 배해는 청렴하고 사리를 밝게 통달한 사람이며 왕륭은 간단하고 분명하게 판단하여 결말을 짓는 자로 두 사람이 모두 적임자라 하며 추천하였다.

그러자 문제는 결국 배해를 임명하였다. 배해는 인품이 고결하고 풍채도 뛰어났으며 노자 사상과 주역의 교리에 정통했다. 당시 사람들은 그를 옥구슬처럼 잘 다듬어진 훌륭한 사람이라며 옥인玉人이라 했는가 하면, 숙칙(배해)을 보면 고결한 인품에 옥으로 된 산玉山처럼 비추어 자신이 부끄러워진다며 극찬하였다. 문제의 뒤를 이어 무제가 천자로 등극한 후 댓가지를 이용해 진나라가 몇 세대나 이어갈지 점을 쳤다. 그런데 결과는 일一이라는 숫자가 나왔다. 그러자 무제는 왕조가 한 대로 끝난다는 뜻이 아닌가 하여, 불쾌하고 불안하였고 대신들도 놀라 얼굴이 사색으로 변했다. 그러자 배해가 점괘를 이렇게 해명했다. 제가 알기로는 노자의 말에 하늘은 하나라는 존재를 얻어 저렇게 맑고 밝으며 땅은 하나라는 존재를 얻어 저렇게 만물을 생성시키며 왕과 신하들도 하늘과 땅과 같이 하나의 도를 얻어 천하를 바르게 한다 하였습니다. 이 점괘에 나타난 하나라는 숫자도 아와 다를 바 없으니 지금과 같은 선정을 한다면 억만년인들 길겠습니까. 그러니 경사스러운 징조입니다. 그러자 무제는 기쁜 나머지 옥인옥산의 별칭에 맞게 국사의 중책을 맡겨 천하의 융성을 도모하였다. 청렴과 박식 그 고결한 인품답게 나라에 공을 세운 옥인이란 애칭이 부러운 시대가 아닌지.

태평성대太平聖代의 선구先驅

선현여능選賢與能 어진 인재라야 능히 천하를 도모할 수 있었다는 글을 기억한다. 이웃 나라 중국의 고대역사에서 오랜 역사를 지배해온 군주정치에서 찬란한 문화를 유지할 수 있었던 것은 투명하고 청렴한 관료사회의 전통이었다. 천자를 중심으로 거대한 관료조직 사회가 유지되었기 때문이다. 최고 지성들이 안정적인 천자 제도를 신봉하면서 일탈 없는 충성심을 발휘하였기에 가능하였으며 자연히 최고의 지성을 등용하는 맑은 인사 제도가 중시되었다. 이와 같은 수천 년이라는 장구한 역사의 여정을 뒷받침한 시대적 근간은 춘추전국시대에서는 세객의 유세說客遊說 즉 만백성을 상대로 하는 시대의 현자와 스승들의 충심 어린 교육과 설득이 주효하였고 한 대에 들어서는 선거라 해서 인재를 등용함에 있어 중론衆論을 중시했던 제도로서 연緣을 탈피한 인성과 지성 중심의 용인정책을 실시하였고 위와 진 시대에는 구품중정제九品中正制라 하여 관료 체계를 아홉 단계를 두어 직품 수행의 능력과 품성 그리고 장래성을 고려한 승품 제도를 통하여 인재를 등용하여 왔으며 당대에 들어서는 나라와 제도를 가리지 않고 이어온 역사 가운데 시행적 착오나 제도의 보완점을 고려한 끝에 획기적인 정책으로 등장한 제도가 과거제도였다. 과거제도란 어떤 화두를 제시(시제詩題)하여 응시자들이 화두의 목적에 맞는 해답과 대안 국가 미래의 구상까지 풍부한 지식과 신념 사상이 뛰어난 인재를 선발하여 등용하는 정책을 실천하여 왔으며 우리나라에서도 오랫동안 시행하여 왔다. 공자가 가장 이상적인 군주로 추앙했던 군주는 요와 순堯舜 황제로 성군聖君이라 했으며 그 시대를 태평성대太平聖代라 일컬었다. 그 시대상은 어땠을까 전해지는 설명에 따르면 도둑이 없어 밤에도 대문을 잠그지 않았으며 네 부모 내 부모 따로 없어 선도하였으며 다툼을 부끄러이 여기며 탐욕을 범죄시한 결과 사회정의가 강물처럼 흘렀다고 하였다. 나아가 고아와 과부 홀아비 장애인 등 소외계층에 복지제도를 펴서 군주나 관리 시대를 원망하는 백성이 없으니 성군의 나라 태평성대를 이루었던 것이다. 물질과 문명이 고도에 달한 현대도 태평성대가 꿈이거늘, 그것은 나에서부터 훈련과 담금질이 관건이 아닐는지.

선비의 세 가지 選擇

◎ 먼저는 벼슬길에 나아가 專心專力으로 國家와 民族을 爲해 일하는 겨우

◎ 둘째는 상황을 살펴 나아가거도하고 물러서 기도하는 경우

◎ 셋째는 벼슬을 마다하고 草野에 묻처 學文을 닦으며 後世教育에 專念하는 경우

朝鮮時代를 局限해서 본다면

一. 먼저는 栗谷李珥를 들 수 있다.(1536-1584)

勿論 栗谷도 王과 뜻이 맞지 않거나 사대부들의 모략이 있는 경우 또는 學文의 熱情을 못이긴 경우에는 사직하고 落鄕한 경우도 있으나 政治改革을 通한 國家重興을 이룩해야겠다는 情念과 執

念이 一平生의 理想國家를 爲해 努力을 아끼지 않았다.

栗谷은 二十歲때 漢城府에 首席으로 合格하여 나라에 이름을 알린 후 아홉 번이나 課擧에 壯元하여 九度壯元의 別稱과 함께 大司憲 大提學을 거처 戶曹吏曹兵曹 判書等을 歷任하여 一生을 國家에 獻身하였다.

二. 退溪李滉(1501-1570)은

가능하면 벼슬을 사양하고 草野에 묻처 學文에 專念하며 後進養成에 힘썼다. 明宗은 卽位하며 불렀지만 나가지 않았다. 임금은 國師로 삼아 나라를 바로 하려 하였으나 응하지 않는 것을 탄식하는 招賢不至難이라는 詩題를 臣下들에게 내리는 가하면 畫工을 불러 退溪故鄕을 그리고 名筆宋寅을 불러 陶山靈와 陶山雜詠을 그림위에 쓰게 하여 임금이 休息房에 병풍으로 쓸 만큼 退溪를 흠모 하였다.

寅祖때 朝堂에서 退溪와 栗谷이 마주 앉았다. 당시 退溪는 六垢才 栗谷은 三十才였다. 栗谷이 임금께서 이제 막 즉위하시어 國事가 多難한 때 인데 落鄕하시는게 적당치 않다 생각 됩니다 하자 퇴계는 道理로 보면 그러하나 늙어 병이 많고 재주도 따르지 않으니 어쩔 수가 없다 하고 뜻을 굽히지 않았다. 이에 栗谷이 벼슬하는 사람은 남을 생각해야 되는데 어찌 자기 一身만을 위하려 하십니까. 退溪는 벼슬자리는 남을 위해 힘쓰는 자리이나 그 은혜가 남에게 미치지 못하면 무엇 하겠는가!

三. 세 번째 花潭徐敬德(1489-1546)은 南冥曹植에 비유되는 선비다. 花潭은 송도(松都開城) 성거산(聖居山)에서 흘러내리는 花潭기슭에 띠 풀로 엮은 정자에서 思索과 讀書로 平生을 보냈다. 어머니의 성화에 답하고 자 43세에 成均館生員試에 合格했으나 나가지 않았고 靜庵趙光祖가 설치한 賢良科에 花潭을 薦擧했으나 나가지 않았다.

徐敬德은 다음의 詩로 自己를 表했다.

공부할 때는 경륜에 뜻을 두었더니 늙어가니 도리어 가난이 달디 달구나 부귀는 다툼이 있어 끼어들기 어렵고 산수는 금하는이 없어 몸두기 편하네 나물 캐고 낚시질하면 배를 채울 수 있고 달과 바람 읊조리니 정신이 펴이는 구나 학문은 깨우쳐 쾌활을 아는지라. 헛되이 한 평생 보내지 않게 되었네

지금이야 옛날과 달라 學文을 닦아 富貴榮華를 누리는 時代라서 學文의 分野와 目的도 多樣하지만 古今의 價値觀도 다르다 할

수 있다. 古代는 先公後私的思考가 强했다.

莫話하고 學文이 갖는 價値와 目的은 古今에 不變이나 쓰는 사람의 意志가 關件이라하겠다.

堯임금의 牧民觀

내 자식을 위해 백성을 버릴 수는 없다.

나보다 남을 우선하는 이타적 목민관이야 말로 참으로 신선한 충격이며 왕도의 이상실현이다 하겠다. 드넓은 중국 땅을 지배하는 황제는 하늘 다음으로 높고 위대한 존재임에도 치국의 도는 비우는 덕이야 말로 만인지상의 표상이 아닐 수 없으리라 이는 아마도 타고난 천성의 덕성을 밝히며 자신에 대한 바른 인식과 더불어 관해한 세상 관에 이르는 수양의 덕 도가 아닐까 싶다 堯임금은 하늘처럼 인자하고 신처럼 지혜로웠으며 언덕처럼 든든하여 백성들이 태양처럼 섬겼고 푸른 하늘처럼 우러렀다 하였으니 금석지감이 들일이다. 세월이 수천 년이 흘러 상전벽해상전이 몇 번이나 거듭한 지금에서도 그의 사상이 혜성처럼 빛나고 아침이슬처럼 신선한 충격은 실로 보배로운 교훈이 아닐 수 없다 현대 사회야 말로 과거의 시상과 기우들을 뛰어 넘어 우주 자연의 섭리까지 규명하는 과학문명 시대로 우주자연과 사람의 생사에 이르기까지 새로이 규명됨으로 대명천지에 만상의 본질과 조화의 이치가 밝혀지는 가운데 유독 인간의 내면세계에 잠재한 부計진치의 해를 허물만 햇빛을 피해 있는 것이다. 밀림 속에 들어가 초목이 공존하는 생존의 현상을 보면서 자칭 만물의 영장이란 칭호가 부끄러움을 느끼게 된다. 사람은 두 다리로 직립하는 동물이고 자유자재한 삶의 수단을 가진 행운의 소지자와 그러나 당신은 일생을 두 다리에 의존 할 뿐 하나의 다리로 은일분도서 있지 못하는 것으로 하여 급 삶의 본질을 깨달아야 한다. 모든 것은 상대성과 연기의 법칙에 의하여 작동한다. 성공도 행복도 혼자서는 이룰 수도 느낄 수도 없는 것이다. 슬픔과 기쁨이 함께 하는 것이 완전한 삶이며 생로병사가 생의 조화와 사람이 지향하는 성공과 행복도 원하면 잡히는 물질이 아니다. 농부가 수확을 목적으로 씨를 뿌리면 수확을 하기 까지는 사계절이 걸리듯이 목적의 씨앗을 뿌리는 자는 시기 선택과 시비시기를 맞추고 돌보는 노력이 절대 필요하다. 하늘과 땅과 씨앗은 사람이 하는 것에 비례한다는 사실을 명심해야 한다.

인류가 존재하는 곳은 어디에서나 최고가 되어 보려는 야심찬 영웅 호걸들은 호시탐탐 타인의 방심과 약점을 노리면서 저마다 호연지기를 거른다. 권세도 영원은 없다. 오히려 높이 오를수록 추락의 간격은 길다. 그래서 옛 선연들은 지혜의 적음보다는 덕의 상실을 근심한다 하였다 堯임금은 황제의 자리에 있으면서도 자식보타 백성을 더 사랑한 것은 자식을 버리고 백성을 선택한다는 단순한 논리가 아니다. 황제의 자식은 학문과 수양을 쌓아 세상에 나아갈 기회가 많으나 백성들은 뜻을 세워 자신을 닦아 세상에 나아가기가 지단하다. 그래서 황제는 신분에 관계없이 자신의 꿈을 펴는 의회를 균등히 하여는 성군다운 뜻을 표한 것이라 하겠다. 사람이나 그릇이나 가득차면 더 이상의 쓸모가 없게 된다. 사람이 자기주관에 가득 차면 객관적인 영역을 거부하게 되고 그릇도 비어 있어야 쓸모가 있듯이 여백이 없는 가득함은 거기에서 그칠 뿐 혹 더 새롭고 발전적인 것은 기대하기 힘들다. 자식을 위해 백성들을 버릴 수 없다는 요임금의 깊은 뜻에는 백성이 있기에 나라가 있고 나라가 있기에 황제의 자리도 있음이리 아무리 무소불위의 권력과 만백성이 우러러 섬기는 위대성이 있어도 엄격한 차서는 백성과 나라 다음 지리라는 엄중한 직문임을 하는 현명하고 지혜로우며 인자한 성군이자 영원한 사표라 칭하여 뭇 사람이 없으리라 옛날 어느 부족국가의 왕이 여가를 틈타 신전을 찾아가 기도를 하였다. 부족소국으로 열강의 횡포에 나라의 운명이 백천간두에 선 것을 면하려는 욕심이었다. 기도를 마치고 신전을 나설 즈음 그 신전기인 사람이 왕에게 물었다. 왕께서는 무슨 소원을 비셨나요. 그러자 왕은 나는 오늘 나와 내가 즉 그리고 왕실의 안전을 빌었소 하고 대답하자 신전지기는 정색을 하면서 혼잣말처럼 무엇인가 불쾌감을 드러내었다. 그는 왕에게 이렇게 말한 것이다. 신전에 신발을 벗고 들어 갈 때는 임금이더니 나왔을 때보니 탐욕이 가득 찬 소인배이구나 같은 대열에선 사람이라도 어떤 이는 천하무쌍한 성군이고 어떤 이는 모리배소인에 불과한 천군이니 육척육신에 잠재한 도량의 크고 작음은 이렇듯 다르더라 나라와 백성의 흥망성쇠는 나라를 다스리는 군주의 덕에 있음이나…

안타까운 운명

조선인조 (14년 1636년)에 일어난 병자호란은 여진족(청나라의 전신)의 침략에 의한 환란으로 1592년에 일어났던 왜구의 침략인 임진왜란에 버금가는 피해를 입을 만큼 처참한 환란이었다. 여진족은 인조의 항복을 받고 돌아가면서 십만(일설에는 50만)명의 젊은 백성을 포로로 잡아다가 심양성 부근에 노예시장을 만들어 놓고 돈을 받고 팔아넘기는 사람 장사를 감행하였다. 천민은 25-50냥 보통 양반은 100냥 왕실이 나기라 귀족들은 최고 1500냥까지 받고 팔아 팔아먹는 반인류적 악행을 자행하였다. 그때 당시 강화도에 사는 가난 했던 선비 강해수는 계모와 아우와 외동아들들을 포로로 빼앗겼다. 풍편소문에 들리기를 한 사람당 100냥 씩 만 가지면 데려올 수 있다는 소식이었다. 가난한 형편에 100냥도 어려운데 300냥이라니 그래도 최선을 다한 결과 100냥은 마련했으나 200냥이 모자라니 무슨 수로 가족을 구할지 하늘이 무너지는 듯하였다. 때마침 또 다른 소문에 그 나라에는 담배값이 두 배 이상 비싸므로 100냥으로 담배를 사서 팔면 200냥이 넘을 테니 세 가족도 가능하지 않을까 짐작이 되었다. 강해수는 서둘러 담배를 사서 여진족에게 판 결과 200냥에 불과하였다. 그러나 세 사람이 한 가족이니 우연을 믿고 인신매매장에 나가 가족을 면발치에서 발견하고 맨 먼저 200냥을 지불하고 계모와 아우를 데려오고 아들은 동정을 호소할 생각으로 두 가족을 원했는데 불행하게도 계모가 사망하였는데 사망자는 위패로 대신한다는 것이었다. 그러나 계모도 부모이니 위패라 거절 할 수가 없었다. 계모의 위폐와 아우를 구하고 나서 외아들은 돌려 달라 애원했으나 듣지 않았다. 그러는 사이 철모르는 아들은 아버지를 부르면서 데려가 달라며 애원하는 외자식의 절규는 못들은 처자식을 사지에 서구하려는 애비의 절통함을 외면한 장사치는 목전에서 아버지를 연호하는 어린수년을 100냥을 던지듯 지불하고 끌고 가는 것이었다. 부모와 자식은 생사도 나누는 천륜이거늘 애원하는 어린 목숨을 던져 버리듯 생이별로 한아비의 심정은 어땠을까 나라의 흥망성쇠는 하늘이 아니라 그 나라의 임금과 관리들의 능력에 달렸으니 임금과 신하는 나라와 백성 앞에 누구인지를 뼈저리게 성찰해야 하지 않을까.

고대 중국 주나라의 시조는 황제를 보필하던 후직이었고 그의 후손 중에는 고공단보 라는 이가 있었다. 그는 후직의 뜻을 이어 청을 덕을 쌓고 의를 행하여 온 백성들의 신망이 매우 높았다. 어느 해던가는 오랑캐인 융적의 침입을 받아 재물을 요청하자 자물을 내어주었다. 얼마 후 또 다시 처 들어와 땅과 백성까지 요구하자 모든 관리들이 분개하여 대적하고자 하였으나 고공단보의 생각은 달랐다. 백성들이 나를 왕으로 옹립한 것은 자신들을 안전하고 이롭게 하기 위함이었소. 융적이 우리를 공격하는 것은 이 땅과 백성을 자기 것으로 만들기 위함이요. 백성들은 나에게 속하던 융적에게 속하면 무슨 차이가 있겠소 그들은 일신의 안전이 우선이요 만일 나의 자리가 백성보다 중히 여겨 전쟁을 한다면 수 많은 백성이 무고히 죽임을 당하여 자신과 가정이 파탄할 테니 나는 그들의 고통을 외면하면서 왕으로 군림하는 것은 참아 못 하겠다며 단호한 결심을 하였다. 그리하여 고공단보는 사병단을 거느리고도 읍인“빈”을 떠나 “기산”아래 터를 잡았다. 그러나 도읍인 빈에 살던 백성들도 가족을 이끌고 왕을 따랐다. 그 소문은 널리 퍼저 인근 제후국의 백성들까지 왕을 찾아 기산으로 모여들었다. 그 후 나라를 침범했던 융적이 망하자 융적의 풍속을 고치고 성을 쌓고 가옥을 건설하며 서로운 제소와 관직을 제성하여 백성들을 편하게 다스렸다. 또 한편 고공단보에게는 세 아들이 있었는데 장남인 태백과 차남인 우중은 부왕인 고공단보가 막내인 계력을 후계자로 삼고자 한다는 걸 짐작하고 형만 이란지방에 몸을 숨기고 말았다. 고공단보의 뜻대로 막내인 계력은 즉위하여 오래도록 태평성대를 이어갔다고 전한다. 고사에 현명한 부모는 백분의 스승보다 낫다는 말이 있다. 스승이 진실로 제자를 사랑하고 지식과 성심을 길러 장차 인재양성에 최선을 다 하지만 부모는 혈연이어서 모든 것을 자연스레 닮기 때문이다. 비교 할 바는 아니지만 환란에 대처하는 왕들의 견해와 방도가 나라와 백성의 운명을 바꾼다.

나라보다 백성이 먼저라 사직을 걸렀던 고공단보 단장의 치욕 속에 왕좌는 회복했으나 백성들의 원성에 성심을 상하던 인조의 국가관에서 우리는 무엇인가를 깨닫게 되고……

선비의 품격

선비란 학식과 수양은 갖추었으나 나아 직 벼슬길에는 오르지 못한 미세출의 재원들을 존칭하는 말이다.

고구려 9대 임금인 고국천왕 시절의 안유와 을파소晏留乙巴素에 얽힌고 사애서 당시 조정의 요직을 독차지한 의적들이 무소불위의 권력을 휘둘러 조아朝野의 원성이 하늘을 찌르면서 왕과 조성의 명이서지 않기에 이르러 나라가 큰 혼한에 빠졌었다. 이를 소상히 알게 된 고국천왕이 드디어 크게 노하여 권력을 남용하여 국법을 무시하고 나라와 백성에게 위해가 된다고 판단되는 관리들을 모두 잡아 참형으로 다스리려 하자 오히려 당사자들이 세력을 규합하여 반란을 목적으로도 생으로 침입하였다. 그러자 미리 대비하여 훈련된 관군이 이를 격파하고 주도자들을 모조리 숙청하여 버렸다. 그리고 그 후부터 임금은 명을 내려 나라 안에서 현명하고 정직한 인재들을 널리 구하였다. 그러자 많은 백성들이 입을 모아통부지역에 살고 있는 안유晏留라는 선비를 추천하였다. 왕 앞에나 아간안유는 소신은 아직 어리석어 임금님을 보필할 능력이 부족하여 왕명을 받들 수가 없습니다.

하오나 감히 유리왕 때 대신을 지낸을 소의 손자인 을파소를 추천 드리옵니다 하고 아뢰었다 고국천왕故國川王은 그 말을 듣고 관원을 보내어 예를 갖추어 초빙하였다. 그리고 그에게 우태라 하는 육품의 작위를 내리자 을파소가왕에게 나아가 지위가 낮으면 영이 서지 않으니 어찌 정사를 펼 수 있겠습니까 하고 고하자 임금이 아주 파격적인 결심으로 국상으로 임명하여 국사를 맡게 하였다, 그러자 국척과 원로들은 물론 거성세대관리들이 새내기선비로 아직은 경륜이 부족하고 경험이 전무 한 초년지기에게 중책을 맡기는 것은 크게 위험한 인사라며 우려의 목소리가 높았다. 그러나 을파소는 임금께서 나를 크게 신뢰하여 대접하기를 두터이 하시는데 어찌 제가 옛날처럼 숨어살 생각을 하겠습니까. 오직 소신의 성심을 다 바치겠습니다 하면서 을파소를 공명정대한 기풍으로 쇄신하는 가하면 상벌을 신중하게 공평무사의 원칙에 따라 시행하니 원성이 사라졌다. 옛글에 성가지도는 검여근이고 위정지요는 공여청 이라하였다.

나라를 다스림에 첫째덕목인 공평하고 청렴하면 나라가 자연스럽게 융성하지 않던가. 을파소가 임금에 다한 보은과 자기를 천거해준 안유대한 우정 그로 인해 새롭게 자기 앞에 다가선 나라와 백성을 성심을 다하여 섬기는 보람은 땅이 꺼질 듯 벅찬 가운데 최선의 역량을 발휘하였다. 보국안민태평성태는 대장부의 청운의 꿈이 아니던가 을파소는 자신을 풀처럼 낮추었고 집사는 서리 같이 냉엽과 냉철의 지혜를 기울였다. 옛글에 춘풍추상이라 하였잖은 가남을 대함에 있어서는 봄바람처럼 온화하고 자신에게 있어서는 가을의 첫 서리 같이 날카롭고 냉정히 자성하는 의유내강의 자세로 세상에 임하는 것이 선비의 도리라 여겼을 것으로 미루어 보았다. 조야의 우려를 말끔히 씻고 친위 세력들의 국정농단여파를 슬기롭게 극복하여 나라를 바로 세워 임금의 위상과 국격을 높여 백성들의 나라에 대한 신회와 만족을 가져왔으니 그는 혜성같이 나타난 일대의 장부였다. 아마도 그의 현명과 청렴과 위국충정의 시원은 대신을 지낸 조부의 역량도 크지 않았을까. 그 후 임금께서는 자신의 출세기회를 포기하면서까지 청정한 양심으로 인재를 천거한 아유를 대사자라는 관직에 봉하셨고 산상왕에 이르러 을파소가 천수를 다하여 세상을 떠나자 안유와 을파소는 진정한 선비의 품격을 갖춘 시대의 존재목이 없다며 온 백성들은 통곡을 하여 마지 않았다.

역사와 인물의 평가는 멀리 보이는 때에 내린 정의가 진정한 정의다. 당시의 평가는 객관성도 정확성도 확실하다 하기 어렵다. 뿌리 없는 민족은 없듯이 오래된 역사라 가벼려 여길 수 없는 것은 한 나라의 역사는 고금을 잇는 전통이 며맥이 하나인 후세의 교훈서기 때문이다. 온고지신이라 옛것을 거울 삼아 미래를 설계하는 역사의 거울이기 때문이다.

우리는 자칫 옛것이라 천대하기 쉬우나 나 자신과 그리고 조국이 나를 있게 한 뿌리임을 명심해야 한다.

香谷 崔炳輪
思惟의 窓

인쇄 2019년 1월 25일
발행 2019년 1월 30일

지은이 최병륜
발행인 서정환
펴낸곳 신아출판사
주소 전북 전주시 완산구 공북 1길 16(태평동 251-30)
전화 (063) 275-4000 · 0484 · 6374
팩스 (063) 274-3131
이메일 sina321@hanmail.net
출판등록 제465-1984-000004호
인쇄 · 제본 신아출판사

ISBN 979-11-5605-599-0 03810

값 15,000원

이 도서의 국립중앙도서관 출판시도서목록(CIP)은 서지정보유통지원시스템 홈페이지 (http://seoji.nl.go.kr)와 국가자료공동목록시스템(http://www.nl.go.kr/kolisnet)에서 이용하실 수 있습니다.(CIP제어번호: CIP2019002922)

Printed in KOREA